新世纪高等学校教材

体育学基础课系列教材

毛振明　甄志平◎主　编

JIANMEICAO JIAOCHENG

健美操教程

何　荣　王长青◎主　编

北京师范大学出版集团
BEIJING NORMAL UNIVERSITY PUBLISHING GROUP
北京师范大学出版社

图书在版编目(CIP)数据

健美操教程/何荣，王长青主编.—北京：北京师范大学出版社，2010.10（2019.9重印）
（新世纪高等学校教材.体育学基础课系列教材）
ISBN 978-7-303-11046-9

Ⅰ. ①健… Ⅱ. ①何…②王… Ⅲ. ①健美操-高等学校-教材 Ⅳ. ①G831.3

中国版本图书馆CIP数据核字（2010）第095231号

营销中心电话 010-58802181 58805532
北师大出版社高等教育分社网 http://gaojiao.bnup.com
电子信箱 gaojiao@bnupg.com

出版发行：北京师范大学出版社 www.bnup.com
北京新街口外大街19号
邮政编码：100875
印 刷：天津中印联印务有限公司
经 销：全国新华书店
开 本：730mm×980mm 1/16
印 张：20
字 数：315千字
版 次：2010年10月第1版
印 次：2019年9月第5次印刷
定 价：30.00元

策划编辑：饶 涛 祁传华 责任编辑：祁传华
美术编辑：毛 佳 装帧设计：毛 佳
责任校对：李 菡 责任印制：马 洁

编　委　会

编写说明

随着新一轮课程改革的深入发展，我国各体育院校健美操课程建设也迅速展开，为适应课程改革的需要，我们组织编写了该教材。本教材的编写，始终贯彻以传授健美操基本知识、技术和技能为先导，以培养学生能力为重点，以促进学生身心协调发展为指导思想；在教材内容选编上，遵循整体性、发展性、科学性的选编原则，既注重学生教学、训练技能的培养，又增加了科学指导大众健身的教学内容，从而满足学生主体需要，服务学生未来的工作和生活；本教材注意吸收国内外健美操科研新成果，融入了丰富的健美操教学的成功经验。

本教材分为理论篇与实践篇。为适应不同学生对健美操知识的不同层次需求，体现健美操内容与大学生认知结构的统一，理论篇在内容结构的设计上，遵循由易到难、由浅入深的选编原则，全面而系统地阐述了健美操基础理论知识，健美操教学、训练原则与方法，健美操健身的理论与方法等内容。实践篇的内容设计主要满足学生和社会对健美操实践的需求，突出健美操理论与实践的统一，以达到提高教学训练效果为指导思想。实践篇主要介绍健美操基本动作与教学、健美操基本姿态控制训练、竞技健美操难度动作的技术与教学、健美操教学示范套路以及啦啦操运动等内容。本教材不仅可作为体育院校健美操课教学，同时还可作为普通高校本、专科体育选修课教学参考用书。

本教材由河北体育学院健美操教研室主持编写，何荣教授、王长青教授担任主编。参加编写的人员有：第一章，何荣、季彦霞；第二章，方向丽（廊坊学院）、赵华；第三章，沈丽英（河海大学）、孔宁宁；第四章，李玉林（河海大学）、季彦霞；第五章，李丹(首都体育学院)、付丽敏；第六章，付丽敏、赵华；第七章，赵乾琪、张莹；第八章，张艳玲、张欣；第九章，王美(首都体育学院)、李洋；第十章，蓝涛、尹冬冬(邢台学院)；第十一章，何荣、张艳玲、张欣、李洋、蓝涛；第十二章，杨巧静(天津体育学院)、王泽霖(华北电力大学)。动作示范模特：李洋。本教材最后由北京体育大学马鸿韬教授、天津体育学院马桂霞教授审定。

本教材在编写过程中，参考、引用的有关资料均列于书后的参考文献中，在此表示衷心的感谢！由于编写人员水平有限，不妥之处敬请指正。

目 录

理 论 篇

实　践　篇

理 论 篇

第一章 健美操概述

内容提要： 本章主要阐述健美操的概念、内容与分类，健美操的发展简况及健美操的功能与特点，为深入学习健美操奠定理论基础。

教学目标： 通过学习了解健美操的起源、发展及未来趋势，并能深入理解和掌握健美操的概念、分类及健美操运动项目的特点与功能。

第一节 健美操的概念与分类

一、健美操的概念

健美操起源于美国，其英文“aerobics”的意思为“有氧运动”或“有氧操”。“健美操”是我国学者根据它的运动特征所起的中文名称。健美操最初的形式是身体动作加上音乐伴奏，后来又综合了体操和现代舞的元素创编成操。美国明星简·方达以自己的声誉和现身说法证实了健美操能保持身体健美，并出版发行了相关书籍。此后，健美操便作为一项独立的体育运动项目兴起并蓬勃发展起来。但由于是一项新兴项目，人们对健美操的认识理解各不相同，关于它的概念也众说纷纭。

有人认为“从健美操的英文原名(aerobics)来看，健美操的基础和实质是有氧练习，具体到健美操本身的运动特点就是持续一定时间的低强度的全身性活动”。

被称为韵律体操创始人的瑞典著名现代体操家 Meekman 认为：“韵律体操可当作节奏体操的新式动作形态体操。”“将人体的运动规律融贯进动作中去”，体现“运动员的喜悦、动作的创造性和现代音乐与身心的结合”。

日本佐藤正子是瑞典体操家 Meekman 的推崇者。她认为健美操的定义应是：“将具有效果的爵士技巧中之独立性和多中心性，应用于身体运动上，并根据体操的原理，融于运动之中，使之成为体操之体系化上的一环。”

我国一些学者依据对健美操理论与实践经验的总结，对健美操的定义也提出了各种各样的看法。

“健美操是融体操、舞蹈、音乐于一体，通过徒手、手持轻器械的身体练习，达到健身、健美和健心目的的一种新兴体育项目。”

“健美操是在音乐伴奏下，以身体练习为基本手段、以有氧运动为基础，达到增进健康、塑造形体和娱乐目的的一项体育运动。”

纵观健美操的特点与发展，结合国内外专家的观点，我们认为健美操的概念应为：健美操是在音乐的伴奏下，以健、力、美为特征，融体操、舞蹈为一体的体育运动。它既是一种增进健康、塑造形体、娱乐身心的大众健身方式，又是一个竞技运动项目。

二、健美操的分类

健美操是体育中的一个综合性的边缘学科，随着健美操运动的不断发展，出现了种类繁多的类型，为了便于区分和运用，有必要对健美操进行合理的分类。本文根据不同的目的和任务，将健美操分为大众健美操和竞技健美操两大类(详细分类见表1)。

表1　健美操分类表

大众健美操			竞技健美操
徒手健美操	轻器械健美操	特殊场地健美操	
有氧健美操	踏板操	水中健美操	男子单人
形体健美操	哑铃操	固定器械健美操	女子单人
拉丁健美操	杠铃操	垫上健美操	混合双人
搏击健美操	皮筋操		三人(混合或同性别)
舞蹈健美操	健身球操		集体六人(混合或同性别)
健身街舞	花球操		

(一)大众健美操

大众健美操也称健身健美操，是一种有氧运动，其主要目的是“锻炼身体、保持健康”。大众健美操的动作简单，实用性强，为了保证一定的运动负荷和锻炼的全面性，动作多有重复，并多以对称的形式出现，还可使用轻器械或在特殊场地进行锻炼以增强锻炼效果，音乐速度也较慢，一般为每10秒20～24拍。大众健美操的练习时间可长可短，在练习的要求上也可以根据个体情况而变化，并且严格遵循健康、安全的原则，在保证安全的基础上，达到锻炼身体的目的。它适应不同年龄、性别、职业人群的锻炼需求，受到广大群众的喜爱，已在世界范围内得到广泛的普及与开展。

(二)竞技健美操

竞技健美操是以竞技为主要目的运动形式，对身体素质、技术能力和艺术表现力有较高的要求。竞技健美操以成套动作为表现形式，在成套动作中必须展示连续的动作组合、柔韧性、力量与七种基本步伐的综合使用并结合难度动作的完美完成，是展示人体健、力、美和全面素质的竞赛项目。竞技健美操有特定的竞赛规则和评分办法，在参赛人数、比赛场地和成套动作的时间等方面都有严格规定。竞技健美操音乐速度为每 10 秒 26 拍以上，在动作的设计上也要求更加多样化。

第二节　健美操发展简况

一、健美操的起源与发展

(一)健美操的起源与发展

健美操源于 20 世纪 60 年代末，最早是美国太空总署为太空人所设计的体能训练内容。1968 年美国太空总署 Kenneth Cooper 博士根据宇航员所处的特殊环境和对宇航员身体机能的特殊要求，为太空人的体能训练设计了一些动作并加上音乐伴奏。这种有氧运动形式出现不久便因其对身体机能，尤其对心血管功能的重要影响及动作配音乐伴奏的新颖性引起了人们的注意。1969 年杰姬·索伦森综合了这种有氧操的特点，并结合当时流行于美国黑人的各种爵士舞和非洲民间舞，创编了一种操舞结合的健身舞。这种舞带有娱乐性，形式新颖，把较强的节奏性和自然而大幅度的动作融为一体，对现代健美操的形成产生了深远的影响。20 世纪 70 年代末，健美操运动逐渐被大众所接受。随后美国电影明星简·方达根据自己的健身体会和经验撰写并出版了《简·方达健身术》一书，引起了世界轰动。该书于 1981 年在美国首次出版后，一直畅销不衰，并被译成 20 多种文字，在 30 多个国家发行。该书的出版与发行加强了世界各国人民对健美操的认识，掀起了各国竞相开展健美操运动的高潮，也使得健美操运动得以在世界范围内迅速传播。目前，健美操不仅在欧洲等发达国家发展较快，在一些发展中国家和地区也得到不同程度的开展。各种健美操俱乐部、健身中心和健美操培训班吸引了许多健美操爱好者，人们把参加健美操运动作为健身防病和丰富精神文化生活不可缺少的部分。

(二)竞技健美操的产生与发展

随着大众健美操在世界范围内的广泛开展，具有竞争性的健美操比赛也开始出现。可以说比赛使健美操成为一个真正的体育运动项目，使其逐渐发展成了一项有组织的竞技性体育运动。

竞技健美操首先出现在美国和日本。在美国，从事健身行业的教练为了使健身活动更具有挑战性和竞争性，便创编了竞技健美操。1983 年，国际健美操联合会成立，并在美国举办了首届全美健美操锦标赛。健美操在日本出现也较早，其主要目的是为了健身。早期具有代表性的人物是佐藤正子，她于 1977 年开始讲授健美操，1980 年开设健美操学校，并出版了《自学健美操》一书。日本是将竞技健美操与大众健美操有机结合的国家，通过比赛，调动了广大群众的积极性，吸引了更多的健美操爱好者参与健身活动。日本健美操的开展也对周边国家产生了积极影响。1984 年，在日本举行了首届远东地区健美操大赛。1983 年和 1984 年在美国和日本的两次大赛成功举办后，健美操运动在世界各国全面兴起。1985 年国际健美操与健身联合会成立，除每年举办健美操专业比赛外，还组织各种培训班，培养了大批健美操人才。1990 年，美国和日本分别举办了健美操世界冠军赛和健美操世界杯赛，标志着竞技健美操已作为一个新兴体育竞赛项目，正式登上了国际舞台。

(三)我国健美操的发展

1. 大众健美操的发展

现代健美操热传入中国是在 20 世纪 70 年代末 80 年代初，开始是引入了扭动全身各关节的非洲民间舞蹈与基本体操相结合的迪斯科健美操，后来加以改编，加入中国元素，创造了具有中国特色的徒手健美操和持轻器械的健美操。1982 年 2 月中国青年出版社出版了《美·怎样才算美》一书，选登了陈德易创编的“女青年健美操”和牛乾元创编的“男青年哑铃操”，从此“健美操”一词迅速被广大体育工作者采用。1982 年底，上海电视台录制了娄琢玉的形体健美操、持环健美操等专题节目，该节目的播出极大地促进了健美操在我国的传播。

高校健美操运动的开展在中国一直处于领先地位，1984 年北京体育学院(现改名为北京体育大学)成立了健美操教研室，率先开设了选修和专修课，培养了一大批健美操师资。1985 年，北京体育学院创编了 6 套《青年韵律操》在全国范围广泛推行，对健美操的普及与推广起到非常大的推动作用。目前健美操已被教育部列为高校体育教育专业的主干必修课，并已成为我国各级各类学校体育课或课外活动中一项深受师生欢迎的教学内容和锻炼项目。1987 年我国第一家健美操健身中心“利生健康城”面向社会开放，首次把健美操这项新的体育运动介绍给广大人民群众，其新颖的锻炼方式、良好的健身效果很快被人们所接受，吸引了大批的健身爱好者，使越来越多的人喜欢并参与到健美操运动中来。

2. 竞技健美操的发展

我国竞技健美操是在大众健美操蓬勃发展及健身健美操比赛的基础上发展起来的。我国第一次健美操比赛是 1986 年 4 月在广州举行的“全国女子健美操表演赛”，为我国竞技健美操的形成打下了良好的基础。1987 年 5 月，由康华健美研究所、北京体育学院、中央电视台等单位联合举办了全国首届“长城杯”健美操友好邀请赛。这是我国首次全国性的竞技健美操比赛，标志着我国竞技健美操正式形成。1988 年至 1998 年 10 年间，我国的竞技健美操处在不断的研究探索中并逐步完善和发展。1999 年，我国正式使用《国际健美操规则》，这标志着我国竞技健美操正式与国际接轨。2002 年 8 月，在立陶宛举行的第七届世界健美操锦标赛中，我国竞技健美操运动员获得男子三人操第七名，团体总分第七名的好成绩，进入世界八强。2004 年 6 月 5 日，在保加利亚举行的第八届世界健美操锦标赛上，我国健美操运动员获得六人操项目第三名。2005 年在德国举行的第七届世界运动会中，中国队六人操项目战胜健美操强国罗马尼亚队，勇夺金牌，登上了世界竞技健美操的冠军领奖台，实现了中国竞技健美操在世界大赛上金牌“零的突破”，这标志着我国的竞技健美操发展到了一个新的水平。2006 年 6 月，在我国南京举行的第九届世界健美操锦标赛上，我国竞技健美操运动员获得男子单人操第一名、六人操第一名、女子单人操第二名、三人操第二名和团体总分第二名的好成绩，实现了我国竞技健美操在所有的项目上前所未有的突破。从 2005 年杜伊兹堡世界运动会到 2009 年高雄世界运动会，中国竞技健美操队六人操项目一举实现“五连冠”。这一系列的成果标志着我国竞技健美操运动已经进入了世界第一集团军。

二、健美操国际组织的建立

随着健美操运动在世界范围内的广泛开展，参与健美操锻炼的人群越来越多，形成了一种“健美操热”，人们逐渐认识到了健美操运动的强大生命力，同时也看到了孕育其中的巨大商业价值，许多热心于健美操运动的有识之士发起并成立了一些健美操组织，使健美操成为一项有组织的体育运动，促进了健美操运动的普及与发展。

（一）国际健身协会

1. 国际健身协会（IDEA）

国际健身协会是目前较大的国际性健身组织之一，成立于 1982 年，总部设在美国，目前有来自 80 多个国家的 23000 名会员。国际健身协会致力于为世界各地的健身专家提供最新健身信息和继续教育的机会。国际健身协会有自己的多种出版物并每年举行各种活动，如在世界上较有影响的“IDEA 健身大会”等。

2. 亚洲健身协会(ASIAFIT)

亚洲健身协会成立于 1991 年，总部设在香港，是亚洲地区最有影响力的健身性国际组织。亚洲健身协会通过它的全球网络，支持教育、宣传健康，并致力于推动健康和健身教育在亚洲地区的发展。亚洲健身协会有自己的专业出版物并组织各种健身的宣传和教育活动，如“Asiafit 健身大会”等。

3. 国际健美操与健身联合会(FISAF)

国际健美操与健身联合会成立于 20 世纪 80 年代中期，总部设在澳大利亚，有会员国 40 多个。国际健美操与健身联合会在亚洲和太平洋地区较有影响力，除每年举办健美操专业比赛外，还组织各种健美操培训班。

(二)竞技健美操国际组织与赛事

竞技健美操是以竞赛夺冠、争取优秀为直接目的的健美操比赛。它是在健身健美操的基础上发展起来的，属于提高范畴。竞技健美操受竞赛规则的限制，有特定的竞赛规则，必须按照特定的规则要求组织编排、进行训练和比赛。

1. 国际体操联合会(FIG)

健美操世界锦标赛是国际体操联合会的正式比赛项目，每两年举办一次。国际体操联合会成立于 1881 年，总部设在法国，是国际单项体育联合会，是国际奥委会正式承认的正规国际体育组织，具有悠久的历史和把握项目发展方向的能力，1994 年接受健美操为其正式的比赛项目，并颁布了第一本竞技健美操竞赛规则，自 1995 年举行第一届健美操世界锦标赛，到目前已经举办过十届。

2. 国际健美操联合会(IAF)

国际健美操联合会，总部设在日本，每年举办健美操世界杯赛。美国是健美操开展较好，也是较早的国家，日本紧跟发展趋势，健美操项目发展较快。1984 年日本成功地举办了首届远东区健美操大赛。在这之后，日本每年举办的健美操比赛有许多国家和地区的运动员参赛。1990 年开始改为健美操世界杯赛。1990 年以前，健美操成套动作中舞蹈成分较多，随着健美操运动的不断发展，技术水平的提高，规则的修改，运动员在成套动作中充分发挥每个人的独特个性，使动作更具健美操的风格。

3. 世界健美操冠军联合会(ANAC)

世界健美操冠军联合会成立于1990年，总部设在美国。主要组织国际健美操冠军赛、青年健美操冠军赛这两大赛事。

这些健美操国际组织致力于健美操运动的发展及在全世界的普及，为扩大健美操在世界范围的影响，提高健美操运动技术水平作出了重要贡献。尤其是FIG，虽然只是在1994年才接受健美操为其正式的比赛项目，但由于FIG是世界上成立最早、最有影响的组织，具有把握项目发展方向的能力，由其提出的“健美操进入奥运会”的目标，得到了世界各国健美操组织的热情支持与信任，也只有FIG才能担当起把健美操带入奥运会的重任。近年来，这些健美操国际组织之间开始了一系列合作行动，但从今后的发展来看，FIG将占据健美操运动的主导地位，将在健美操运动发展中发挥更大的作用。

三、健美操运动的发展趋势

(一)大众健美操的发展趋势

1. 市场前景更加美好

随着经济的发展，人民生活水平的提高，生活方式也在发生着巨大变化，体力活动减少，脑力劳动增加，工作和生活的压力加大，使人们更加意识到健康的重要性，对健身的需求日趋强烈，健身健美操以其独特的魅力受到人们广泛的喜爱，市场前景将更加广阔。

2. 种类和练习形式将更加多样化

为满足锻炼者的各种需求，目前，健身健美操的种类和练习形式呈多样化的趋势，如：各种器械健美操和近年来出现的水中健美操，以及一些正在流行的特殊风格的健美操。这些新兴练习形式的出现主要是根据每个参加锻炼的人的年龄、性别、身体状况、健康水平和所要达到的目的的不同应运而生。因此，健美操要寻求自身的发展，最大程度地适应市场发展的需要，就必须不断地满足人们的不同需求。

3. 科学化程度将不断提高

随着科学素质的不断提高，人们不断寻求更加科学化的健身方式。是否科学、是否能真正达到锻炼身体的目的是人们选择健身项目的一个非常重要的考虑因素。另外，科学化是保证健身健美操练习效果的关键，只有不断提高科学性，才能使参加健美操练习的人真正达到有效锻炼身体的目的。

4. 更加注重健身指导的服务质量

目前，随着各类健身场所的不断增多，健身市场竞争激烈。经营最终通过服务才能实现，服务质量的高低，直接关系到大众健身质量和经营者的经济效益，甚至影响健身市场的兴衰。因此，为健身消费者提供及时、优质、高效的服务，从而使锻炼者达到预期的健身目的，是各类健身场所经营者必须努力的方向。

(二)竞技性健美操的发展趋势

1. 更加注重艺术性和创新性

竞技健美操的艺术性主要体现在成套动作的多样性、连接动作的流畅性、场地空间的多变性和音乐风格的感染力、运动员的表现力以及集体项目中同伴之间的配合等等。竞技健美操成套动作中艺术水平的高低不但是比赛中争取裁判认可、获得良好成绩的保障，也是能否得到观众喜爱的主要因素。

新规则的变化更加注重健美操的艺术性。在艺术评分标准里强调了动作创编的复杂性与创新性。只有将艺术的创新性、完美的技术和运动员具有独特风格的表演相结合，才能在今后的国际比赛中取胜。因此，竞技健美操成套动作编排中，确保动作的原创性和多样性，并且设计出有新意的操化、托举、配合，以及过渡和连接动作，不断创新，提高成套动作的艺术价值，将是竞技健美操的未来发展方向。

2. 成套动作的完成更趋于完美

新规则对评分内容进行细化的同时，对难度动作的技术要求几乎完美，加大了对错误的减分尺度，要求成套动作展示完美的姿态和关节的准确位置。因此，提高动作完成的规格和质量，追求成套动作高规格、高质量的完美完成，不仅体现在难度动作上，还要体现在操化动作、过渡连接、托举配合等所有成套动作内容的完美完成上。规则的导向不仅要求健美操成套动作难、新、美，更要向精、稳、准的方向发展。

3. 向难、美方向发展，突出健美操的观赏性，拓宽项目发展空间

健美操成套中“难度组合”的出现体现了技术的高难度、特色化，其独特的连接方式使成套动作高潮迭起。难度动作是一套操的骨架，操化是一套操的血肉。难度组合数量出现越多，操化组合的自由空间越大，只有把操化特色和难度动作的高、难、美高度融合与统一，才能显现出竞技健美操的竞技美。

新规则将双人操、三人操比赛场地改为 $10\times10m^2$，另外集体项目的 3 次托举，允许托举的尖子做违例动作。例如可以做绕横轴和纵轴的翻转动作。除此之外增加了地面的滚翻动作。规则的变化，扩大了健美操的表演空间。不仅比赛场地的平面面积增大，更增加了立体空间的范围，从而极大地增加了健美操动作的活动范围，丰富了健美操动作的多样性和新颖性，为健美操动作的创编提供了广阔的创造空间，也为健美操项目的发展提供了广阔的发展前景。同时，这种表演空间的扩大，使健美操动作更有立体感、动感和美感，增强了视觉冲击力，提高了健美操的观赏性。

第三节　健美操的特点与功能

一、健美操的特点

(一)增进健康美的实效性

健美操是根据人体解剖学、人体生理学、体育美学、体育心理学等多学科理论为基础，以健康、健美为目的而创立与编排的。与其他体育项目相比，讲究健美舒展，强调力度和弹性，趋向不停顿的连续走、跑、跳，使练习者消耗过剩的脂肪，增强肌肉力量，提高协调灵敏性。另外，健美操动作丰富，可以针对不同身体部位进行练习，对人体的影响较为全面，对塑造健美的体形、培养健美体态、提高人的协调性和弹跳能力，培养审美意识均有良好的作用，因此，参加健美操运动可达到增进健康、健美的效果。

(二)强烈的时代性和韵律感

健美操把基本体操、现代流行时尚运动项目如拉丁舞蹈、爵士舞蹈、流行街舞等特有动作元素与音乐节奏巧妙地结合起来，形成了具有鲜明特色和强烈时代感的新型体育项目。其动作素材多为富有时代感的现代舞蹈、时尚体操，其音乐多取材于迪斯科、爵士、摇滚等现代音乐，节奏强劲有力、旋律优美。健美操动作具有强烈的节奏性特点，并通过音乐充分地表现出来。健美操音乐因其动作风格特点的需要而更强调旋律的激昂振奋，节奏的鲜明强劲，使健美操体现出一种鲜明的韵律感，充满青春活力，符合当代青年的审美需求。

(三)高度的艺术性

健美操是融体操、舞蹈、音乐于一体的追求人体健与美的运动项目，属健美体育的范畴，具有高度的艺术性。健美操的艺术性主要体现在其“健、力、美”的项目特征上。“健康、力量、美丽”是人类有史以来所追求的身体状况的最高境界，在健美操运动中，无论是健身健美操还是竞技健美操，都无不表现出“健、力、美”的特征，包含着高度的艺术性因素，使健美操不同于其他运动项目，这也正是人们热爱健美操运动的原因之一。

健美操动作协调、流畅、有弹性，使练习者不仅锻炼了身体、增强了体质，而且从中得到了“美”的享受，提高了审美意识和艺术修养。健美操运动员在比赛中所表现出的健美的体魄、高超的技术、流畅的编排和充沛的体力等，无不给观众留下深刻的印象，充分体现出健美操运动的“健、力、美”特征和高度的艺术性。

（四）广泛的适应性

健身健美操的动作套路形式多样，节奏有快有慢，套路有长有短，动作有难有易，运动量和运动强度的大小可任意调节，练习起来简便安全，对场地器材的要求也不高，适应不同行业、各个年龄层次、不同性别、不同身体素质、不同技术水平的人的锻炼需求，各种人群都能从健美操练习中找到适合自己的练习内容和方式，都能从健美操练习中得到乐趣。如中老年人可选择低强度的有氧练习，达到锻炼身体、娱乐身心、保持健康的目的。对于具有较好身体素质、有意进一步提高的年轻人来说，可选择难度较高、运动量较大的竞技健美操作为练习手段，通过竞技健美操练习，不仅锻炼了身体，而且可提高技术水平，满足其进取心要求。由此可见，健美操运动具有广泛适应性的特点。

二、健美操的功能

（一）增进健康、增强体质、塑造健美形体

经常进行健美操锻炼可以达到增强体质、提高身体素质的效果。长期参加健美操锻炼可以增强人体运动系统功能；促进心血管系统机能提高，提高呼吸系统机能水平，改善消化系统与神经系统机能，使人的心肺耐力、肌肉力量、平衡性、灵敏性、柔韧性和协调性等身体素质得到提高。健身健美操作为一项有氧运动，其健身功效已基本达成共识。有研究认为，有氧运动最能发展人体的心肺功能，而健美操不仅具有有氧运动的功效，且兼备发展身体素质的作用，可以说健美操是目前增进健康、增强体质较为理想的运动。

“形体”分为姿态和体型。姿态即我们平时的一举一动表现出来的行为习惯，受后天因素的影响较大。体型是我们身体的外形，通过体育锻炼也可适当改善。良好的身体姿态是形成一个人气质风度的重要因素。健美操练习的动作要求和身体姿态要求与我们日常生活中的状态要求基本一致。因此，通过长期的健美操练习可改善不良的身体状态，形成优美的体态，从而在日常生活中表现出一种良好的气质与修养，给人以朝气蓬勃、健康向上的感觉。健美操运动还可塑造健美的体型。通过健美操练习，尤其是力量练习，可使骨骼粗壮、肌肉围度增大，从而弥补先天的体型缺陷，使人变得匀称、健美。其次，健美操

练习还可消除体内和体表多余的脂肪，维持人体吸收与消耗的平衡，降低体重，保持健美的体型。

(二)陶冶情操、调节心理

健美操锻炼能使人在接受美和享受美的过程中提高美的鉴赏能力，陶冶美的情操。健美操动作具有独特的表现力和感染力，音乐激昂，具有强烈的韵律感，能使人很快地进入角色，全身心地投入到锻炼中来。健美操的集体配合以及队列、队形的变化更加富有艺术欣赏价值，人们不仅在锻炼中强健了身体，还受到了美的熏陶，提高了艺术素养。

随着时代的发展和社会的进步，人们在享受科学技术所带来的舒适生活和各种便利的同时，也受到了来自方方面面的精神压力。研究证明，长期的精神压力不仅会引起各种心理疾患，而且许多躯体疾病也与精神压力有关，如高血压、心脏病、癌症等。体育运动可缓解精神压力，预防各种疾病的产生是科学研究已证实的事实。健美操作为一项体育运动，其动作优美、协调，能全面锻炼身体，同时有旋律优美的音乐伴奏，是缓解精神压力的一剂良方。在轻松优美的健美操锻炼中，练习者的注意力从烦恼的事情上转移开，忘掉失意与压抑，尽情享受健美操运动所带来的欢乐，从而缓解精神压力，使人保持更强的活力和最佳的心态。

(三)增进社会交往、促进体育文化交流

目前，无论是国外还是国内，参加健美操锻炼的人越来越多，来自社会阶层的人群，一起参加健美操锻炼，扩大了人们的社会交往面，把人们从工作和家庭的单一环境中解脱出来，有机会接触和认识更多的人，开阔眼界，从而为生活开辟了另一个天地。大家一起跳、一起锻炼，共同欢乐，互相鼓励，增强了人与人的社会交往。

健美操运动从诞生起就表现出强大的生命力，随着健美操运动的深入发展，国际、国内赛事的频繁开展，不同国家、不同地区的人们在竞赛提供的体育文化交流平台上广泛交流与沟通，将更能促进世界人们之间的交往，更能促进健美操运动的普及、发展与提高。

思考题

1. 试述健美操的概念、分类。
2. 简述竞技健美操的发展趋势。
3. 健美操的特点与功能有哪些？

第二章　健美操术语

内容提要： 本章主要介绍了健美操基本术语、健美操基本动作术语、健美操专项术语以及健美操术语的运用，对本章的学习将有利于健美操项目的教学与训练以及健美操科研工作的开展。

教学目标： 学习和了解健美操术语的理论知识，并能正确、规范地应用健美操术语，为健美操教学、训练以及科研工作的开展创造有利条件。

术语是语言的一种特殊表现形式，是指各门学科的专门用语。健美操术语就是用来描述健美操项目的专门用语，用来表达健美操动作名称及描述动作、技术过程的专门用语和专有词汇。健美操术语随着健美操运动的发展而发展，正如恩格斯所说："一门学科提出的每一种新的见解，都包含着这门科学的术语的改革。"健美操术语发展到现在，已逐步形成较为完善的体系，但随着健美操运动的发展，健美操术语将会不断地发展和完善。

健美操术语来自实践又指导实践，在健美操的教学、训练与俱乐部课程中被大量运用。健美操术语的规范使用，有利于学生对健美操动作的学习与理解。健美操术语是用于记录动作、编写教案、教材及专业书籍时的书面用语。综上所述，健美操术语是传播健美操知识、技能，进行健美操交流所不可缺少的重要工具，对健美操项目的教学、训练、竞赛、传播、科学研究、成果的推广与应用，以及健美操文献的编撰、出版、检索和有关信息的传递都将产生深远的影响，而且对促进我国健美操事业的发展具有重要意义，因此健美操术语的正确、规范使用对健美操项目的发展起到至关重要的作用。

第一节　健美操基本术语

目前，健美操项目中出现及使用的术语来源广泛，其中一些术语借鉴于其他项目，如体操、艺术体操等。本节按照分类原则，对健美操项目中出现的各种术语进行汇总与分类。

一、基本方向术语

(一)基本方位术语

为表明人的身体在场地中所处的方位，我们一般借鉴舞蹈中基本方位术语，把开始确定的某一面(主席台、裁判席)定为基本方位的第一点，按顺时针方向，每45度为一个基本方位，将场地划分为8个基本方位，即1点、2点、3点、4点、5点、6点、7点和8点(见图2-1)。

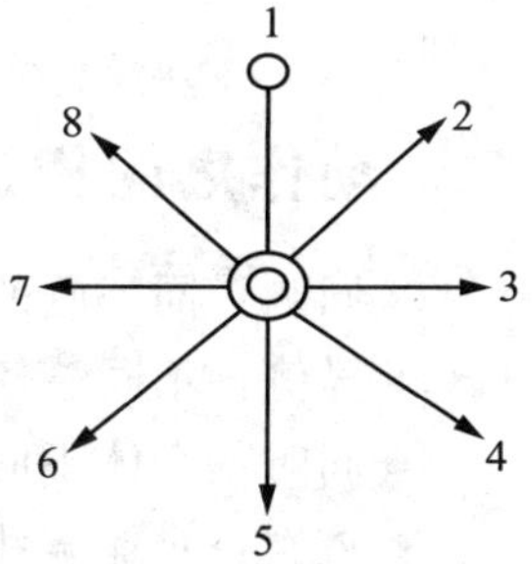

图 2-1　场地基本方向

(二)基本方向术语

1. 基本方向：以人体直立时作基准，分前、后、左、右、上、下六个基本方向。

- 前：胸所对的方向为前。
- 后：背所对的方向为后。
- 左：左侧所对的方向为左。
- 右：右侧所对的方向为右。
- 上：头顶所对的方向为上。
- 下：脚所对的方向为下。
- 向内：四肢向人体中线运动称向内。
- 向外：四肢离开中线运动称向外。

2. 中间方向：指两个基本方向之间45度的方向。分前上、前下、侧上、侧下等。如前与上之间称前上，以此类推。

3. 斜方向：三个基本方向之间构成的中间方向。分前侧上、前侧下、后侧下等。如前、侧、上之间称前侧上，依次类推。

(三)运动轴术语

- 运动轴：人体运动时三个互相垂直的基本轴，是描述人体转动时的假想轴。包括额状轴、矢状轴和垂直轴。(见图2-2)
- 额状轴：又称横轴。通过身体重心

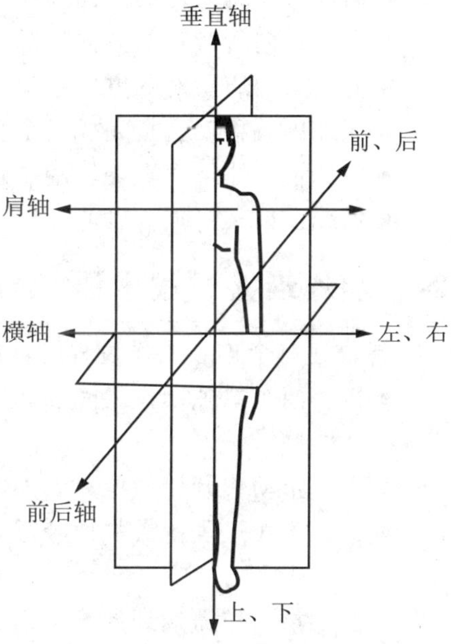

图 2-2　运动轴图例

左右的连线称额状轴，与矢状面垂直的轴。

● 矢状轴：又称前后轴。通过身体重心前后的连线称矢状轴，与额状面垂直的轴。

● 垂直轴：又称纵轴。通过身体重心上下的连线称垂直轴，与水平面垂直的轴。

二、动作之间相互关系术语

● 同侧：同一侧的上肢和下肢动作的配合。如出左脚，举左手。

● 异侧：不同一侧的上肢和下肢动作的配合。如出左脚，举右手。

● 同时：身体不同部位要在同一时间做动作。如踢腿同时手臂侧举。

● 依次：身体某些部位相继做同样性质的动作。如两腿依次跳成开立。

● 交替：肢体做不同的动作反复练习。如臂侧举、上举交替练习。

● 对称：左右肢体做相同的动作但方向相反。如两臂侧上举。

● 不对称：两臂同时做不同的动作。如一臂上举，一臂侧举。

三、移动术语

● 移动：身体向着相应的方向参考点运动所产生的位移。

● 向前：向胸所对的方向移动。

● 向后：向所背对的方向移动。

● 向侧：向肩所对的方向移动。

● 原地：无移动。指完成一个步伐后回到原位。

● 转体：身体绕垂直轴转动一定的度数。如转体 360 度。

● 弧线：以某一点为轴心，以一定距离为半径所形成的圆圈。

四、动作连接过程术语

在描述一个连续动作过程时，用于表达动作的相互关系及先后顺序。

● 接：两个单独动作之间强调要求连续完成时用“接”。如单足转体接垂直劈腿。

● 由：指动作开始的位置。如由直立姿势开始。

● 经：动作过程中需强调经过某一部位时用“经”。如两臂前举经上绕至侧下举。

● 至：指动作需达到的某一指定位置。如两臂由下至侧上举。

● 成：指动作完成后的结束动作。如直体跳成纵劈叉落地。

第二节　健美操基本动作术语

一、基本姿势术语

● 立：人体站立的姿势。如直立、并立、开立、点地立、单脚立、起踵立等。

● 蹲：屈膝站立的姿势。如并腿半蹲、分腿蹲等。

● 跪：两腿并拢屈膝，膝与小腿前部着地，上体与地面成垂直的姿势。如跪立、跪撑等。

● 撑：上肢和(或)身体某部位支撑在地面上的姿势。如俯撑、仰撑等。

● 坐：以臀部和(或)大腿着地，上体与地面成垂直的姿势。如并腿坐、分腿坐等。

● 卧：身体躺在地面上的姿势。如俯卧、仰卧等。

● 倾：身体与地面不成垂直又不失去平衡的姿势。如身体前倾等。

● 弓步：两腿分开约一大步，一腿屈膝约 90 度，另一腿伸直，全脚掌着地，上体与地面成垂直的姿势。如前弓步、侧弓步等。

● 平衡：用脚或身体某一部位支撑地面，身体保持一定时间的静止姿势。如燕式平衡等。

● 劈腿：两腿分开成 180 度着地的姿势。如纵劈腿、横劈腿等。

● 俯：人体与地面约成平行时，胸对地面称俯。

● 仰：人体与地面约成平行时，背对地面称仰。

二、基本动作术语

● 举：四肢移动范围在 180 度内，并稍停止在某一方位的动作。如手臂前举、上举等。

● 屈：弯曲和缩小身体或身体某一关节角度的动作。如体前屈等。

● 伸：扩展和伸直身体或身体某一关节角度的动作。如胸前平屈伸至侧举等。

● 摆：臂或腿向某方向做匀速挥动的动作。如钟摆跳等。

● 振：臂或上体做加速而富有弹性摆的动作。如振臂等。

● 踢：腿用力加速摆的动作。如前、后、侧踢腿等。

● 压：四肢或上体做向下加力压的动作。如压肩、压腿等。

● 倒：身体(或肩部)由高向低做弧形运动。如自由倒地等。

● 绕：身体或身体某一部位做大于180度、小于360度的弧形摆的动作。如两臂向内绕至侧上举。

● 绕环：身体或身体某一部位做360度或大于360度的圆形摆的动作。如手臂绕环等。

● 转体：绕身体垂直轴转动的动作。如单足转体720度。

● 水平：身体保持与地面平行的一种静止动作。如分腿水平支撑等。

● 波浪：身体某部位关节依次做柔和屈伸的动作。如手臂波浪、身体波浪等。

● 跳跃：双脚离地，身体腾空并保持一定姿势。如团身跳、交换劈腿跃等。

● 支撑：手、臂或身体某些部位撑在地面上，肩轴高于或平行地面的动作。如直角支撑等。

● 极点：身体摆动到最大幅度而回摆的那一点。如托马斯腿向侧摆至极点时控制等。

● 摆越：腿从上面或下面越过身体某部位的动作。如分切时腿摆越过手成直角支撑等。

● 全旋：单腿或双腿做绕环式的动作。如托马斯全旋等。

● 倒立：在支撑中，头在下脚在上，一种倒置身体的垂直静止动作。如托举过程中出现的倒立动作等。

● 滚动：身体不同部位依次接触地面，但不经过头部翻转的动作。如侧滚动等。

● 滚翻：身体不同部位依次接触地面，并经过头部翻转的动作。如前滚翻。

● 手翻：用手支撑，并经过头部翻转的动作。如在托举过程中出现倒立手翻动作等。

三、基本技术术语

● 梗：下颌内收，颈部伸直的动作。如梗头。

● 提：由下向上的运动。如提肩、提臀。

● 沉：身体某部位放松下降的动作。如沉肩。

● 挺：一般是指胸部或腹部向前展开。如挺胸。

● 含：指两肩胛骨前伸，胸廓内收。如含胸。

● 夹：由两侧向中间收紧。如夹肩。

● 收：向身体正中线靠拢或还原到起始位置。如收腹、收腿。

● 推：以手作用于地面或对抗性用力。如推起、前推。

● 蹬：腿部由屈髋屈膝到伸直发力的过程。如蹬地、侧蹬。

● 控：身体或肢体举在一定高度上，并保持一定时间。如控腿、控水平。

● 屈伸：通过髋关节的弯曲和伸展。如提臀起髋关节的屈伸技术等。

● 弧形：通过髋关节屈伸使身体重心沿抛物线轨迹运动的动作。如在托举配合中的弧形下技术等。

● 顶肩：指手在支撑或推离时，肩胛骨上回旋，用以加固提高支撑位置及加大推掌力量的技术。如在背水平难度中的顶肩技术。

● 跟肩：指上体前跟，肩部向前加速移动的技术。如跳转720度成俯撑中的跟肩技术。

● 推手：指手在支撑的一瞬间，前臂肌群和屈腕肌群以短暂有力的收缩，做推离支撑点的技术。如俯卧撑推起中的推手技术。

● 含胸：是指两肩或胸内收，稳定身体重心，利于动作翻或转动的技术。如跳起成俯撑的含胸技术。

● 挺胸：指两肩和胸外展，使动作更富美感的技术。如操化动作中的挺胸技术。

● 立腰：指腰腹部肌肉适度收缩，脊柱伸直上立，做短暂固定的紧腰技术。如弓步跳和后吸腿跳中的立腰技术。

● 提腰：指髋关节前屈使腰部上提的技术。如科萨克跳中的提腰技术。

● 送髋：指使髋部向前上做远离支点的技术。如锐角支撑成仰撑的送髋技术。

第三节　健美操专项术语

一、健美操动作强度术语

人体运动时对地面产生一定的作用力，而地面同时也给予人体相应的反作用力，即“冲击力”。这种冲击力随着每一个动作自下而上通过人体向上传递并逐渐消失。根据冲击力的大小可分为四种形式：无冲击力、低冲击力、高冲击力和超高冲击力。

● 无冲击力：两脚始终接触地面，身体重心在两腿之间，没有腾空的动作。如弹动、蹲、弓步等。

● 低冲击力：指有一脚始终接触地面。如踏步、交叉步、V 字步、并步、漫步等。

● 高冲击力：指有腾空阶段，对身体有一定的冲击力，一般指跑跳动作。如开合跳、弓步跳、后踢腿跑、弹踢腿、吸腿跳、大踢腿跳等。

● 超高冲击力：在空中滞留的时间更长约占两拍。如分腿跳、击足跳等。

二、动作表现形式术语

● 弹性：健美操中所指的弹性是关节自然地屈伸，给人一种上下起伏、轻松、自然的感觉。

● 力度：指动作的用力强度，通常以肢体的速度和控制技术来体现力度。

● 节奏：指动作的用力强弱交替出现，并合乎一定的规律。

● 幅度：指动作路线的大小，一般是动作经过的轨迹越大则幅度越大。

● 风格：一套动作所表现的主要艺术特色和思想特点。

● 激情：充满健美操特点的强烈兴奋的情感表现。

三、下肢基本步伐术语

健美操的基本步伐分类方式有很多种，按其冲击力的大小可分为低冲击力、高冲击力和无冲击力动作；按其动作完成形式可分为交替、迈步、点地、抬起、双腿这五类。（见表 2-1）

表 2-1　健美操基本步伐分类表

类别	低冲击力动作		高冲击力动作		无冲击力动作
交替类	踏步 走步 一字步 V 字步 漫步 恰恰步 十字交叉步 桑巴步	March Walk Easy walk V-step Mambo Step Just Grapevine Cross Step Samba	后踢腿跑 侧并小跳（小马跳）	Jogging Pony	

续表

类别	低冲击力动作	高冲击力动作	无冲击力动作
迈步类	并步 Step touch 侧交叉步 Grapevine 迈步点地 Step tap 迈步屈腿 Step curl 迈步吸腿 Step knee 迈步弹腿 Step flick	并步跳 Step jump 迈步吸腿跳 Step knee jump 迈步后屈腿 Step curl jump	
点地类	脚尖前点 Tap forward 脚跟前点地 Heel 脚尖侧点地 Tap side 脚尖后点地 Tap back		
抬起类	吸腿 Knee lift 踢腿 Kick 弹腿 Flick	吸腿跳 Knee lift jump 后屈腿跳 Leg curl jump 弹踢腿跳 Flick jump 摆腿跳 Leg lift jump	
双腿类		并腿纵跳 Jump 分腿半蹲跳 Squat 开合跳 Jumping jack 弓步跳 Lunge jump	弹动 Spring 半蹲 Squat 弓步 Lunge 提踵 Calf raise

四、健美操专项技术术语

● 弹动技术：弹动技术主要是指踝关节、膝关节、髋关节的屈伸。下肢弹动技术的关键环节是健美操步伐中脚着地时的滚动技术。健美操中所有的脚着地动作，均是由脚跟过渡到全脚掌或由前脚掌过渡到全脚掌，然后迅速屈膝—屈髋缓冲，这种自然的缓冲动作就是弹动产生的原因。其主要目的是使身体保持稳定，同时缓冲地面对肌肉、关节的冲击力，避免造成运动损伤。

● 平衡与重心移动技术：健美操动作中我们要靠维持原有的平衡与克服运动所产生的倾倒来保持动作的稳定性，由于重力作用与运动所产生的力的作用会使人体的稳定性发生变化，因此我们会利用人体的运动机能给予我们的能力保持人体的平衡与稳定性。健美操中常用的方法：一是加大支撑面积；二是降低重心，运动中重心越低稳定性越强；三是重心偏离的稳定，人体运动中重心不可能是永远平稳的，而是随着运动方向的力而变化，而人体在生理机能上有着平衡补偿功能，在运动中重心偏离时，我们可以利用人体本身的配重进行调节。

● 控制技术：控制技术主要是腰腹背部肌肉对身体姿态的控制和操化动作的控制以及肌肉的收缩与放松的弹性控制。身体姿态的控制主要是指人体在运动过程中(非特殊条件下)，保持自然挺拔，头部稍昂起，颈椎、胸椎、腰椎在保证正常生理曲线情况下(不包括特殊动作与难度缓冲动作等)的直立。操化动作的控制是指操化动作的肌肉发力与控制。

● 落地技术：健美操的落地技术为落地时，由脚跟过渡到全脚掌或由前脚掌过渡到全脚掌，然后迅速屈膝一屈髋缓冲。所有动作在瞬间一次完成，用以分解地面对人体的冲击力。同时躯干和手臂保持良好的姿态，肌肉用力控制以保持动作的正确与稳定。

五、竞技健美操难度动作术语

2009～2012 年版《竞技健美操竞赛规则》中把健美操难度动作分为四类：A 组一动力性力量、B 组一静止性力量、C 组一跳与跃、D 组一平衡与柔韧。健美操的难度动作共有 300 多个，四类难度动作的根命名分类如下(见表 2-2)。

表 2-2　难度动作根命名表

组别	Based name	根命名	动作速记符号
GroupA-Dynamic strength A 组一动力性力量	1. Push up	1. 俯卧撑	
	2. Wenson push up	2. 文森俯卧撑	
	3. A frame	3. 提臀起	
	4. Plio push up	4. 俯卧撑腾起	
	5. Cut	5. 分切	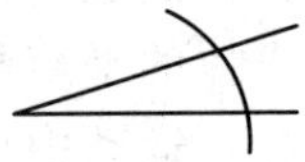

续表

组别	Based name	根命名	动作速记符号
	6. Helicopter	6. 直升飞机	
	7. Leg circle	7. 旋腿	
	8. Capoerira（1arm horzontai)	8. 开普（单支撑侧水平劈腿）	
	9. Flair	9. 托马斯	
Group B-Static strength B组—静止性力量	1. Straddle support	1. 分腿支撑	
	2. Straddle V support	2. 分腿高直角支撑	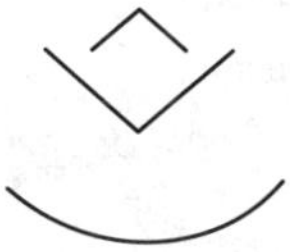
	3. L-support	3. 直角支撑	
	4. Lever support	4. 水平肘撑	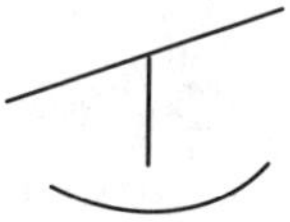
	5. Lifted static wenson support	5. 后举腿静力文森支撑	

续表

组别	Based name	根命名	动作速记符号
	6. Planche	6. 水平支撑	
Group C-jumps and leaps C 组—跳与跃	1. Tuck jump	1. 团身跳	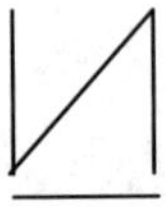
	2. Straddle jump	2. 屈体分腿跳	
	3. Gainer	3. 给纳（前摆转体）	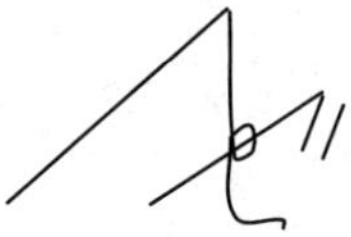
	4. Cossack jump	4. 科萨克跳	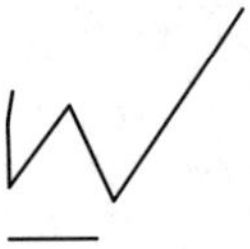
	5. Tamaro(from sagittai scale to PU)	5. 塔玛诺(燕式平衡成俯撑)	
	6. Straddle jump	6. 屈体分腿跃	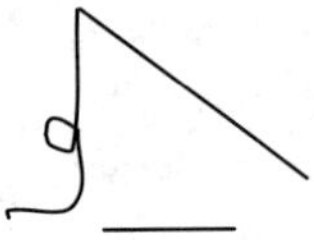
	7. Pike jump	7. 屈体跳	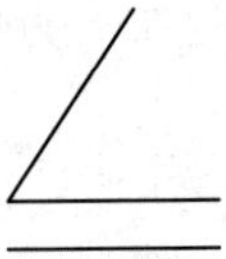
	8. Split leap	8. 跨跳	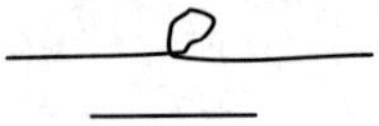
	9. Sagittal split jump	9. 纵劈腿跳	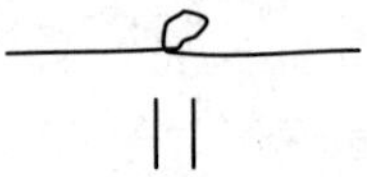

续表

组别	Based name	根命名	动作速记符号
	10. Frontal split jump	10. 横劈腿跳	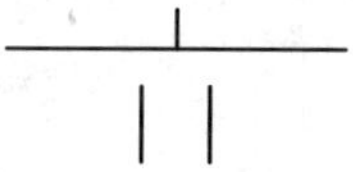
	11. Kick	11. 剪踢	
	12. Switch leap	12. 交换腿跳	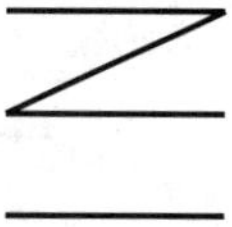
	13. Scissors leap	13. 剪式变身跳	
	14. Free fall	14. 自由倒地	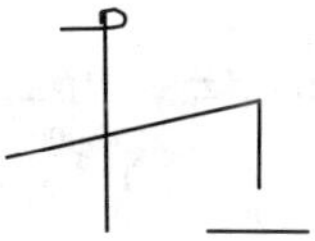
	15. Air turn	15. 跳转	
Group D-flexibility and various D组—平衡与柔韧	1. Sagittal split	1. 纵劈腿	
	2. Frontal split	2. 横劈腿	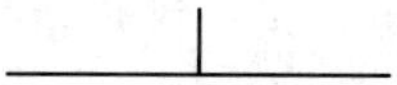
	3. Illusion	3. 依柳辛	

续表

组别	Based name	根命名	动作速记符号
	4. Vertical split	4. 垂地劈腿	
	5. Turn	5. 单足转体	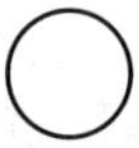
	6. Sagital balance	6. 前搬腿平衡	
	7. Four consecutive sagital high leg kicks	7. 四次连续高踢腿	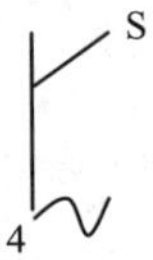

第四节　健美操术语的运用

健美操术语除了用于课堂教学、训练及健身中，在编写教案、教材及专业书籍时也需要使用专门的术语，用于规范、传播和交流。下面将介绍常用的记写方法及要求。

一、健美操动作术语构成形式

(一)学名——是由动作术语所组成的名称。它应具备准确、简明、组合的特点，是一种规范化、全国统一的动作名称术语，常用在公开发行的图书和各种正式文件中。

(二)命名——是指在国际重大比赛中，第一次成功完成创新难度动作的运动员名字或国家所命名的动作名称。如依柳辛、托马斯等。

(三)简称——指把一个较繁、较长的动作名，简化成一种动作名称，如两点俯卧撑(单臂单腿俯卧撑)，团跳 360(团身跳转体 360 度或跳起 180 度团身再转 180 度)。

（四）俗称——指目前广泛流行，并基本定型的简短通俗名称，也包括从其他项目移植过来的名称。如双飞燕等。

（五）图解——是用图形、图像表示动作名称。常与前几种形式结合运用。

二、健美操动作术语的结构

按结构术语的要求，健美操动作术语一般是由开始姿势、动作部位、动作方向、动作形式、动作做法和结束姿势六个部分构成（见表 2-3）。

表 2-3　健美操术语的结构

动作术语	结构部分与排列顺序					
	开始姿势	动作部位	动作方向	动作形式	动作做法	结束姿势
两臂向内绕至侧上举	两臂由体侧开始	两臂	向内	直臂	绕环	至侧上举
跳起成纵劈叉落地	直立	两腿	向上	纵劈叉	跳起	成纵劈叉

三、健美操单个动作的记写方法及要求

（一）描述一个完整动作，一般应由下列几个因素构成：预备姿势、动作方向、动作形式、动作时间的关系、动作连接过程、结束姿势。

（二）注意应按照动作的节拍顺序记写每个动作的做法。

（三）注意用词的顺序，一般先下肢，后上肢。

（四）在记写时要注意指出方向的变化，动作的重复次数。

（五）只记写第一个动作的开始姿势，后一个动作的开始姿势可以省略，因为下一个八拍的开始姿势即前一个动作的结束动作。

（六）后边若干拍与前若干拍动作完全相同，记写时可以省略，但要注明动作相同，方向相反也要注明。

举例：以下是对一个八拍健美操动作的记写。

预备姿势：直立。

1 拍右脚向前迈一步，重心位于两脚之间，同时两臂胸前屈，握拳。

2 拍左脚向前迈一步，与右脚并拢，手臂动作同 1 拍。

3 拍右脚向后退一步，重心位于两脚之间，同时屈臂后摆。

4 拍左脚向后退一步，并于右脚，手臂动作同 3 拍。

5 拍同 1 拍，动作相同。

6拍左脚向前迈一步，与右脚并拢，同时两臂上举，握拳。

7拍右脚向后退一步，重心位于两脚之间，同时两臂胸前屈。

8拍左脚向后退一步，并于右脚，同时屈臂后摆。

四、健美操成套(组)动作的记写方法

(一)文字记写法

通常这种方法用于编写书籍、专业教材等。它是根据对术语记写的要求，详细、准确地写明具体动作和过程。这种方法较为复杂，但具有描述准确性高的特点，尤其作为竞赛、考核、测验等规定动作，为了力求统一，不产生误解，在书写时必须完全按照规范术语的要求。文字记写法通常和照片或动作插图一起使用，达到直观、准确的目的。

举例：

1 2 3 4 5 6 7 8

动作说明	下　肢	1～4拍右腿连续吸腿跳两次；5拍左吸腿跳；6拍左弓步跳；7拍转体右吸腿跳；8拍还原。
	躯干与手臂	1拍臂胸前屈，握拳；2拍臂下举；3拍臂胸前平屈；4拍还原；5拍臂上举，手腕相触，掌心向外；6拍臂侧下举，立掌；7拍左臂侧举，花掌；8拍还原。
	面　向	1～6拍1点；7～8拍3点。

1 2 3 4 5 6 7 8

动作说明	下 肢	1～4 拍右、左弓步跳各 1 次；5～8 拍右、左大踢腿跳各 1 次。
	躯干与手臂	1 拍左臂前举，右臂侧举；2 拍还原；3 拍双手扶头；4～8 拍臂侧下举。
	面 向	1 拍 3 点；2～8 拍 1 点。

（二）缩写法

大部分健美操上肢动作变化比较复杂、灵活，同时可认为是步伐的配合动作，因此通常省略上肢动作不写，而以健美操基本步伐名称本身直接记写，只用两三个字就可以表明该动作。如交叉步、侧并步等。动作之间的连接过程用"＋"表示。这种方法简便实用，但无法准确描述具体的动作过程细节，一般多用于快速记录等。

举例：以下是对一组 4 个八拍健美操动作的记写。

第一个八拍：右脚开始 2 次一字步。

第二个八拍：右脚开始向前走三步吸腿跳，左脚开始向后走三步吸腿跳。

第三个八拍：右脚开始 2 次并步＋右脚连续 2 次并步。

第四个八拍：左脚十字步＋踏步 4 次。

（三）图解法

图解法可分为双线条影像绘图法和单线条简图法。双线条影像绘图法能像照片一样清晰地、立体地勾画出动作的外部形态、服饰及头部的具体形态。但这种绘图法要求绘图者具有一定的美术基础和专业技术的基础，因此不被普及，只在书籍和专业教材中使用。而单线条简图法能比较简单、直观地再现动作与过程。它的特点是运用方便、快捷。这种方法多用于记录动作和编写教案。单线条简图法在健美操教学、训练中应用广泛，是一项专业人士必修的课程。

图解法举例如下：

思考题

1. 名词解释：力度、幅度、极点、摆越。

2. 简述两个健美操专项技术术语。

3. 举例说明健美操下肢基本步伐的分类。

4. 简述竞技健美操的难度术语的分类。每一类举出三个到四个例子(要求记写速记符号)。

5. 健美操单个动作记写方法和要求是什么？举例说明。

第三章 健美操教学

内容提要：本章主要阐述健美操教学的特点、目标任务及过程；健美操教学原则及其在贯彻和运用时的基本要求；健美操教学方法和教学方法的选择与运用；学校健美操及健身房健美操课的内容、结构；健美操教学能力培养的要求和方法。

教学目标：通过本章节的学习，学生应了解健美操教学的特点、目标、任务和教学过程，了解学校及健身房健美操课的类型、结构及内容，初步掌握健美操教学原则，熟悉健美操教学的一些常用方法，认识到健美操教学能力培养的重要性，并初步具有健美操教学的理论知识和实践能力。

第一节 健美操教学的特点、目标任务及过程

教学是指“教的人指导学的人进行学习的活动”。“教学是以课程内容为中介的师生双方教和学的共同活动。”健美操教学就是学生在教师指导下，系统地获取健美操知识、技术、技能，培养综合素质和能力，形成和谐发展个性的认识和实践过程。

一、健美操教学特点

健美操教学主要是以运动技术的学习为中心开展的，其教学除了具有体育教学的一般特点外，还具有以下特点：

(一)寓教于乐，运动中陶冶情操，时代气息较浓厚

健美操是将人体艺术与体育美学融为一体极具观赏性的体育运动项目，深受人们喜欢，再加上激情音乐的伴奏，学习与练习健美操本身就是美的享受和快乐的体验。同时，随着人们对健身的理解及对健身需求的多样化和个性化需求，健美操也在不断地丰富自身的内容和形式，以更加适应人们的需求。因此，健美操教学过程也是与时俱进、充满时代气息和时尚感的运动体验过程。

（二）注重直观教学，以领做为主

健美操动作数量较多，动作路线及动作之间的连接变化也较复杂。因此，在健美操课的教学中，教师非常注重直观的演示，身体力行，多以领做为主，再配合语言提示，使学生先建立完整的直观印象，并在跟随教师领做的反复练习中较快地掌握动作。

（三）音乐贯彻教学始末

健美操是在音乐伴奏下表现人体美、动作美、精神美的体育项目，是融合声音美、视觉美、感觉美为一体的艺术。音乐是健美操的有机组成部分，是健美操的灵魂。因此，音乐伴奏始终贯穿于健美操教学的整个过程。

（四）广泛运用动作组合教学法

随着健美操项目的发展和国内外交流的增加，针对健美操的教学特点，在原有的单个动作教学方法的基础上，又出现了一系列的以组合动作为单位，进行持续、连贯教学的方法，如线性渐进法、金字塔法、递加循环法、连接法、过渡动作法和层层变化法，其教学过程就是在音乐伴奏下，教师通过对不同单个动作的重复、领做和提示，使学生基本掌握这些动作及动作之间的连接，最后形成一个组合，并使整个教授过程始终处在教师领做、学生跟做的身体练习中。这些动作组合教学方法的运用既有助于组合动作的连贯记忆，又有助于动作间的连贯衔接，还有助于教学与练习的连续、流畅进行，达到有氧运动的健身效果和提高教学效率。目前，在健美操热身活动部分及新动作的教授中广泛运用该方法，可以说“动作组合教学法”是健美操教学的特色。

（五）强调动作表现力，突出激情和健康的精神风貌

表现力是通过面部表情和身体动作来抒发内在情感的能力。表现力不仅表现在动作的力度、幅度和节奏上，也表现在对音乐的感受、对动作的理解以及内在情感的表达上。激情就是充满健美操特点的强烈兴奋的情感表现。健美操教学中应强调动作的表现力，展现出健康、积极、阳光、乐观的精神风貌，突出健美操的项目特点。

二、健美操教学目标

健美操教学的主要目的，就是使学生掌握健美操的知识、技术和技能；增进健康，发展各项身体素质，培养良好的身体姿态，提高身体的机能和适应能力；提高运动技术水平，培养运用健美操知识、技术和技能的能力；培养坚强的意志、良好的道德品质和集体主义精神，增强合作意识；培养丰富的想象力

和创造力，提高审美素养，培养学生鉴赏美、创造美的能力，陶冶美的情操，展示当代学生的健康美和时代美；提高学生的社会适应能力。

三、健美操教学任务

依据健美操的教学目的，健美操教学的任务包括以下几个方面。

(一)传授健美操知识、技术

健美操教学是教师有计划、有目的的传授和学生循序渐进掌握健美操的知识、技术与技能，并系统地领会这些知识，加以灵活运用的一系列活动过程。传授知识是形成技能、培养智能和发展个性的基础，教师在注重传授系统知识、间接经验的同时，应注重感性认识和理性认识的结合，必须使学生的认识活动从感性阶段上升到理性阶段。在初步掌握了这些动作后，进而引导学生综合地、灵活地运用所学知识，培养学生分析问题和解决问题的能力。

(二)形成健美操动作技能

掌握运动技能不仅是锻炼学生身体、发展学生运动素质的途径，也是体育学科“传道、授业、解惑”的本职。因此，从根本上讲掌握并提高运动技能是学生“学会运动”、“运用运动技能”的具体反映，也是“终身体育”的必要前提。学生没有掌握、没有提高运动技能的体育教学是空洞的体育教学。因此，教师应该充分认识运动技能在学习中的重要意义，切实搞好运动技能教学。技能的形成要经过长期反复的练习，才能逐渐达到熟练程度。熟练的标志就是可以高度自动化地完成特定任务。对于健美操来说，也只有学生掌握了相当熟练的技能技巧之后，才能考虑到动作的艺术表现力，才能追求更多的美感和创新。

(三)培养智能

健美操知识、技术的学习和技能的掌握，一方面是智力活动的内容；另一方面，获取和运用知识的活动本身，就是锻炼智力和能力，促进智力和能力发展的过程。现代教学论认为，学生从探索中通过独立思考获得知识，在解决各种理论问题和实际问题的探索活动中运用已经获得的知识、技能，是培养智能的最好途径。因此，教师在教学中，应当有意识地创设问题情境，引导学生自己提出问题，设想解决方案，运用多种方法去研究和思考，最后找出解决问题的方法，并付诸实施。这种解决问题的活动，对培养学生的智能有着极为重要的意义。

(四)增进健康，塑造形体，全面提高身体素质

教学的目的是促进学生的身心发展，学生身体方面的发展主要包括身体的

健康和各部分的功能。健美操作为一项有氧运动，其健身功效已达成共识。健美操练习可以改善心血管系统功能，提高心肺耐力，增进健康，塑造形体，全面提高身体素质。但是，通过健美操的教学如何更好地促进这些方面的发展，是教师需要思考和解决的问题。这就需要教师在教材、教法及组织形式的选择、安排和应用上要精心设计，既能完成教学任务，又能很好地发展学生的身体素质，提高健康水平。

(五)培养非认知因素

非认知因素，简单地说，它包括认知因素以外的影响认知过程的一切心理因素。学生的学习过程是以人的全部心理活动为基础的，有认知的活动，也有兴趣、动机、情感、意志及人格等非认知因素的影响。认知过程包括感知、记忆、思维等活动，它直接指向学习课题。非认知因素虽不直接参与认知过程，不能改变人的智力水平，但调节和控制着认知活动，决定着一个人的智力水平能否得到充分发挥和使用。可以说学习的成功是由认知因素和非认知因素共同决定的。如果没有良好的非认知因素作为其心理条件，学习上的成功是不可能实现的。教学过程的目标不仅是学生获得知识、发展智力，学生良好的意志品质、热爱科学、追求真理、为科学献身的精神，其实际意义也不亚于促进智力的发展，它本身就是社会对新一代的基本要求，是教学的目标之一。那么，对于健美操科目的教学，培养学生的非认知因素也应作为该科目的一项基本任务。

非认知因素主要包括兴趣、情感、意志、焦虑及人格特征等，它们在个体身上表现为学习态度，它以动机为核心，调节学习活动的进行。在教学中动机起着最直接最有效的作用，学习兴趣和意志品质都可以在动机的培养中得到改善，教师可以通过适当的方法来培养和激发学生的动机。健美操教学中，教师首先应在思想上重视对学生动机的培养，其次就是方法问题。健美操教学中培养动机的主要方法有：通过教师优美的示范动作和悦耳动听的音乐唤起学生的认知兴趣，引起学生学习需要和兴趣；通过丰富多彩、造型优美的动作内容及生动的教学方法来吸引学生，引起学生的注意力，引起学生的探究倾向；通过学习目的的教育，使学生认识到学习健美操的意义，体会到掌握健美操技能是一种本领；提高学生的志向水平，以影响学生的学习积极性，多用鼓励性的语言，避免频繁地对学生施加具有威胁性的考试和竞争压力。

(六)提高审美素养，陶冶美的情操，培养学生鉴赏美、创造美的能力

健美操的强劲、富有表现力的动作和优美、动听的音乐能使人产生美的情

感。健美操运动能给人带来大方、自然、协调与健康的美。因此，进行美的教育也应是健美操教学的一项任务。教师因充分利用健美操所表现出的“健康美”、“形体美”、“动作美”、“技术美”、“造型美”、“音乐美”、“服装美”等的特点，在教学中加强“心灵美”的教育，实现对“心灵美”的追求。在欣赏美、感受美的基础上提高对美追求的境界，并形成在生活中创造美的意识和行为习惯。

(七)提高学生的社会适应能力

社会适应是指个体或群体调整自己的行为使其适应所处社会环境的过程，是个体不断社会化的过程。社会适应能力，又称社会健康，是指个体与他人及社会环境相互作用、具有良好的人际关系和实现社会角色的能力。在现代社会，人的社会适应能力越来越受到教育者的广泛关注，提高学生的社会适应能力已成为学校体育教学的重要目标。健美操教学中，教师应以发展学生的社会适应能力为己任，通过营造良好的、宽松的课堂氛围，建立和谐的师生关系，使学生生动、活泼地进行健美操的学习、训练及群体或个体之间的互动交流，培养个体的社会适应性。通过开展竞赛活动，培养学生的竞争意识，增强学生的集体荣誉感、责任感和团队协作意识。通过开展丰富多彩的课外实践活动，使学生走出课堂，参与体育活动，加强不同年级同学间的友谊，提高群体意识，使人际关系变得更加和谐、融洽，提高适应外界环境的能力。

四、健美操教学过程

(一)健美操运动技术的学习过程

依据美国著名教育心理学家加涅提出的信息加工理论的学习结构模式，在这里简要论述一下健美操运动技术的学习过程及其内在机制。

1. 教师在课堂上示范、讲解技术动作，学生通过视觉和听觉将这些刺激换成神经信息进入感觉登记器，并做短暂停留。由于注意和选择性直觉的作用，对于视觉和听觉等感受器接受的动作信息，有的动作被记录了，有的动作很快消失了，表现在我们运动技术学习中便是一时只记住了动作的某些特征，而忽略了动作的另外一些特征。

2. 被感受器登记了的技术动作有关信息很快进入短时记忆储存，信息可在此持续 30 秒左右。此时学生进行复述，即对动作的做法要领等作不出声的心理重复，技术动作的信息即可保持更长时间，并经过信息编码进入长时记忆。

3. 进入长时记忆的技术动作有关信息，为了保持信息，这些信息被编码。这时在短时记忆中以知觉方式存在的动作印象转换成了动作概念、要领和动作表现等形式，并存储在长时记忆中。

4. 当学生根据技术动作的概念、要领等做动作时，就是对长时记忆储存中编码信息的检索与提取。当学生能按要求做出该技术动作时，这说明学生已掌握了该技术动作。

(二)健美操动作技术的教学过程

健美操动作技术的教学过程，就是学生学习健美操动作技术，形成健美操动作技能的过程。在这个过程中，学生对动作、技能由不会到会，再到最后轻松自如而准确地完成动作。根据生理学的理论，人体在形成动作技能的过程中，大体可分为相应的三个阶段。

1. 初步掌握动作阶段

该阶段的任务是教师示范、讲解动作，使学生初步了解动作技术，取得感性认识，形成动作表象并进行模仿练习。学生能初步领会动作的基本要求，建立动作概念，并能粗略地掌握动作。在练习中的表现是精神和全身肌肉紧张、动作忙乱、不协调、常有多余动作。在该阶段，教师要引导学生抓住动作的重点，精讲多练。一般是适当地进行完整示范和重点讲解，使学生建立正确、完整的动作概念，了解完成动作的基本方法和要领。其次是学生在教师监控下多次重复练习，出现问题及时纠正。

2. 改进提高动作质量阶段

学生通过反复练习和对动作的深入理解，知觉过程日趋完善准确，注意范围逐渐扩大，肌肉运动感觉对动作的控制作用逐渐提高，过度的肌肉紧张和多余动作逐渐消失，动作的协调性大有改进，能按音乐的节奏基本正确地完成动作。但动作掌握尚不巩固，在受到不良刺激或特殊场合，动作会出现反复。此阶段的教学任务就是逐步消除各种错误动作，进一步正确掌握动作技术，加强动作协调性，提高完成动作的质量。在该阶段，教师要注意做到一是组织学生反复练习，强化正确动作技术，及时纠正错误动作。二是进行重点示范或正误示范的对比，讲解注重细节，注重分析，引导学生积极思维，加深对动作的理解和记忆。

3. 巩固完善动作阶段

该阶段学生动作的连贯性、整体性、精确性加强，多余动作消除，注意分配能力提高。技术不易遗忘，并能达到稳定、自动化的程度，可以在各种条件下正确熟练地完成动作。本阶段的任务是加强动作技术的稳定性，并在技术细节上日趋完善。在教学上，首先应注意改进动作细节，加大动作幅度、力度、动作的节奏感和与音乐的配合，多跟音乐进行成套完整练习。其次是组织学生互相观察，加强对动作技术的分析研究。再次就是可采取测试、表演、比赛等形式，在变换练习环境的条件下进一步巩固和完善动作技能。

以上三个阶段的划分，只是相对而言，在教学中并没有明显的界线，各阶段教学方法的选择和运用要因时因人而异，根据教学实际情况，及时采取有效措施。

(三)健美操实践能力形成的教学过程

体育实践能力的本质是内化的体育知识经验结构，其形成的教学过程可以理解为三个过程，即以教为主的过程、以学为主的过程和以用为主的过程。

第一，以教为主的过程。这是教学的初始阶段，也称为“感知阶段”。在这一阶段，教学主要表现为教师运用一定的方法让学生感知教材，学生获得体育知识、技能。这是构成体育实践能力的基本要素。

第二，以学为主的过程。这是教学的中间阶段，也称为“内化阶段”。在这一阶段，教学主要表现为在教师的指导下，学生形成体育知识、技能结构，即通过积极地思考和不断地整合，将这些知识和技能要素与原有的知识技能相互作用，内化为结构化、网络化的知识技能结构。

第三，以用为主的过程。这是教学的高级阶段，也称为“外化阶段”。在这一阶段，教学主要表现为在教师的指导下，学生运用一定的策略、方法，以活动任务为线索，将不同知识和技能结构进行组块，形成有利于解决问题的活动经验结构，是对已有知识和技能的综合运用过程。

第二节　健美操教学原则

一、教学原则概述

教学原则，是根据一定的教学目的和任务，遵循教学过程规律而制定的对教学的基本要求，是指导教学活动的一般原理，其对教学工作具有指导作用。教学原则带有很强的实践性，具有坚实的理论基础，在整个教学活动中，它既是教学活动的出发点，又是教学过程的总调节器。它在一定程度上具体决定着教学内容的安排、教学方法的选择和组织形式的运用。因此，学习和掌握教学原则，能使我们按照教学的客观规律组织教学活动，正确解决教学内容、方法和组织形式等一系列理论与实践问题。总之，遵循教学原则进行教学工作，就能提高教学质量；反之，违背了教学原则，就会降低教学效果，甚至劳而无功。

二、健美操教学原则

健美操教学原则是根据一定的教学目的和任务，遵循健美操教学过程的规律而制定的对健美操教学的基本要求。它对健美操教学起着非常重要的控制和指导作用。健美操教学原则在一定的时期内具有相对的稳定性，但随着教学实践的发展，其内容又会得到不断的充实和完善。健美操教学中应贯彻的教学原则有：教学整体性原则、启发创造原则、直观性原则、因材施教原则、身体全面发展原则、合理安排负荷原则、循序渐进原则和巩固提高原则。

（一）教学整体性原则

教学整体性原则包括两方面含义。一是指教学所承担的任务具有整体性。教学是实现教育目的的基本途径，健美操的教学应是传授健美操知识、技术、技能，培养综合素质和能力，形成和谐发展个性的认识和实践过程。这一任务的完成应当是完整的、全面的，不能有任何方面的偏废。二是指教学活动本身具有整体性。教学是由教师、学生、教学目的、教学内容、教学方法和手段以及教学环境等一系列教学要素构成的一个完整系统，这就要求教师在教学过程中必须协调好教学诸要素之间的关系，使各种教学要素有机配合起来，在共同达成教学目标的过程中产生良好的整体作用。

在教学中贯彻整体性原则应有以下要求：

1. 实现思想性与艺术性的统一

思想性是指教学中内在的能够对学生思想品德产生影响的特性。思想性蕴含于教学目的、教学过程、教学内容和教学方式方法之中。艺术性是指运用适当的教学方法过程中所具备的技能、技巧及实践性知识的特性。思想性内含于教学中，艺术性是思想性的保证，在教学中要求教师将二者结合起来。

2. 实现传授知识与发展智能及培养非认知因素的统一

知识与智能之间既有联系又有区别。知识的传授能否促进智能的发展，关键要看传授什么样的知识和怎样传授知识，所以教师在选择和组织健美操教学内容时，必须选择科学的、规律性的知识，既注重知识的质，也保证知识的量。在教学方法的选择上，既要引起学生积极探求的兴趣，又要注意训练学生的能力，包括身体动作能力和动脑的能力，更好地使掌握知识和发展智能结合起来。另外，在进行知识教学的同时，要注重非认知心理因素的培养。非认知心理因素是学生学习的动力系统，是培养和发展智能过程中必不可少的重要条件。

3. 实现身心发展的统一

良好的体质是学生全面发展的基础，在健美操教学过程中，要使学生身体机能得到改善与提高，使身体素质得到综合发展，并与丰富学生的精神世界、促进他们的心理发展结合起来，实现身心发展的统一。

4. 实现教学诸要素的有机配合

教学过程是由教师、学生、教学目的、教学内容、教学方法和手段及教学环境等基本因素通过相互作用和一定的联结方式构成的一个完整的教学系统。教学各要素在教学系统中具有各自独立的地位和作用，又作为一个整体在发生作用。因此，教师在教学过程中，应善于处理好各种教学要素之间的关系，使教学诸要素在达成具体的教学目标过程中实现有机配合，保证教学活动获得最佳的整体效益。

（二）启发创造原则

启发创造原则，是指教师在教学中要最大限度地调动学生学习的积极性和自觉性，激发他们的创造性思维，从而使学生在融会贯通的掌握知识和技术的同时，充分发展自己的创造性能力和创造性人格。启发创造原则是教学与发展相互影响和相互促进规律的反映。教学不仅要给学生传授知识、技术和技能，还要促进学生的智力、能力、情感、意志及创造力得到发展。启发创造原则也是当前实施素质教育的要求。“为创造性而教”已经成为当前教育界盛行的口号。启发创造性原则应贯穿于教学过程的始终，贯穿于教学过程的各个基本阶段。它不仅在健美操知识、技术教学方面有重要意义，在思想品德及其他非认知因素的教育方面也有积极作用。

在教学中贯彻启发创造性原则有以下要求：

1. 激发学生的学习动机，树立创新意识

激发和培养学习动机是进行启发式教学的首要要求，其外在表现是学生学习的积极性和自觉性。学习动机一般分为直接动机和间接动机。直接动机是由学习活动本身所引起的对学习的需求，如动作新颖、教师示范动作优美、教师的讲解生动、教学方法的恰当配合等，都可以引起直接性的学习动机。间接动机则是指与学习活动没有直接联系，只是把学习作为实现某种目标手段，成为间接性的诱因，如实现自己的理想、取得好成绩、报答父母等。在教学中，教师应学会激发和利用学生的直接动机，培养学生为理想而奋斗的间接动机，引导学生积极主动地学习和独立思考的自觉性，进而形成创新思维习惯。

2. 全面规划教学任务，培养思维能力

根据心理学研究，衡量一个人的思维能力如何，一般以思维的广阔性、独立性、深刻性、灵活性、敏捷性这几发面的发展水平作为标志。思维的广阔性，就是能够全面细致地考虑问题，见多识广；思维的独立性，就是能独立地组织自己的思维过程去分析问题、解决问题；思维的深刻性，指善于进行抽象逻辑思维活动，揭露事物的本质和规律；思维的灵活性就是指思维方向的灵活，能从不同角度、不同方面来思考问题；思维的敏捷性就是指智力活动迅速准确，能够当机立断，以上几方面的思维品质是相互联系的。要想在健美操教学中培养学生的思维能力，这就要求教师在教学过程中，应专研教材教法，全面规划教学任务，从以上几方面入手进行思维能力的培养。只要教师善于引导，我们就能培养出一代具有开拓意识、创新精神、与时俱进的大学生。

3. 创设问题情境，引导学生积极思考

学生的积极思维常常是从遇到问题引起的，教师应给学生创造独立思考的条件，把教学过程组织成不断提出问题、分析问题、解决问题的过程。为此，教师要在教学进程中，不断提出问题，引导学生积极思考。例如，在学习迈步类动作时，教师可以引导学生思考迈步类动作与交替类动作的区别，在对着镜子练习动作时，要引导学生独立思考如何使自身的动作舒展大方和有力度。

(三)直观性原则

直观性原则是在健美操教学中，要充分利用各种直观方式和学生已有的经验，使学生通过各种感觉器官去感知事物，获得直接经验和感性认识，并在感知的基础上获得动作表现，从而为掌握健美操知识、技术和技能奠定基础，并发展学生的动作思维、形象思维及抽象思维能力。直观性原则是辩证唯物主义认识规律，即从生动的直观到抽象的思维，再到实践的反映，对动作技术的教学尤为重要。在健美操教学中，学生掌握健美操的知识、技术和技能，也应是从建立感性认识开始的。因此，在健美操教学中，教师应充分利用学生的视觉、听觉来感知动作的形象，使学生通过触觉和肌肉的本体感觉来感知动作的速度、节奏、方位、肌肉用力程度和方法等，从而建立完整正确的动作表象和概念。正确运用直观性原则，对提高教学效率和教学质量十分重要。

在教学中贯彻直观性教学原则有以下要求：

1. 使学生综合运用各种感觉器官，感知教材，增强直观效果

在健美操教学中，教师可以通过动作示范、语言讲解、口令节奏来充分利用学生的视觉和听觉来感知动作的形象和结构，通过让学生模仿练习、体会动作来充分利用学生的触觉和肌肉本体感觉来感知完成动作的节奏、肌肉的用力程度、用力方法及动作的时间和空间的位置关系，扩大直观教学效果，这种多种感觉器官的参与有助于快速建立动作概念，提高教学质量和效果。

2. 充分利用多种直观教具和手段

要借助于多种教学媒介和各种现代化教学手段，如通过电视直播、录像、多媒体等方式让学生观看教学、训练动作或高水平的健美操表演及比赛，从而获得直观印象。在条件可能的情况下，教师可组织学生现场参观教学、训练、比赛及表演，通过接触实际事物来加深对健美操动作的理解和培养健美操意识。

3. 讲解与示范密切结合，注重引导学生观察和激发学生积极思维的能力

直观性是通过学生直接观察运动动作的形象来实现的，要建立运动表象，形成动作技能，还需要通过一定时间的动作练习和大脑的积极思维。为正确高效地形成动作技能，需要教师在完整示范后进行示范与讲解的密切配合，通过讲解、分析、比较、启发式的提问等使学生积极思考并逐步建立所学动作与已学动作的联系，以及弄清它们之间的区别。辨别动作的技术结构，找出动作技术的关键，明确正确动作与错误动作的界限，从而形成运动动作的正确表象，同时注意防止一般化的观察和单纯形式的模仿。

(四)因材施教原则

因材施教原则，是要求教师在教学中，要从学生的实际出发，根据不同对象的具体情况，采取不同的方法，进行不同的教育，使每个学生都能在原有的基础上得到充分发展。因材施教原则，是教学受制于学生身心发展的特点及个体发展差异性的反映。同一年级和年龄组的学生，他们身心发展规律具有共同点，又存在着个体差异的发展不平衡性。在统一要求的前提下，坚持因材施教，既有利于大多数学生达到培养目标的要求，又有利于造就一批优秀人才。

贯彻运用因材施教的基本要求：

1. 深入了解学生的一般情况和个体特点

了解学生是做好区别对待、进行因材施教的前提条件。教师要通过观察、调查和研究，全面了解班上学生的兴趣爱好、身体素质、体育基础，及对体育的认识等多方面的情况。找出他们的共同点和差异，才能采取不同的方法因材施教。

2. 面向全体，兼顾两头，把因材施教与统一要求结合起来

教师要把主要精力放在全体学生的普遍提高上。在制订教学计划时，所确定的教学目标和要求应该是大多数学生经过努力可达到的。同时，还要兼顾两头，解决“吃不饱”和“吃不了”的矛盾。对个别身体素质好、能力强的学生，对他们可加大动作技能和完成质量的要求，以及各种能力上的要求。对身体素质差的学生，要热情关心、耐心帮助，使他们在原有的基础上逐步提高，达到教学要求，完成教学任务。

(五)合理安排负荷原则

负荷包括生理负荷和心理负荷两个方面。合理安排生理负荷和心理负荷就是在体育教学中要使学生承受适当生理负荷和心理负荷，并使练习与休息合理交替，以促进学生身心全面协调的发展。合理安排生理负荷和心理负荷原则，是学生在体育教学中生理负荷和心理负荷变化规律的反映。从生理负荷的规律来看，人体功能的改善和提高，必须在适宜的生理负荷刺激下才能实现。因此，在一定的限度内，生理负荷大，超量恢复的效果也就好，适应变化的能力也加强，反之，生理机能就会受到损害，而生理负荷强度刺激过小，对生理机能的发展也不会产生好的影响。

合理安排负荷原则应做到以下要求：

1. 根据教学目标、学生特点、教材性质等合理安排课的负荷

新授课和复习课在安排负荷时应有不同的要求。学生的性别、年龄、运动经历不同，安排运动负荷时要区别对待。

2. 正确处理生理负荷的量和强度的关系

正确处理生理负荷的量和强度的关系，使负荷量和负荷强度互相配合，逐步增加。在体育教学中通常是先增加负荷量，待机体适应后，再增加强度。在增加负荷量的同时，应适当降低负荷强度；在增加负荷强度时，应适当降低负荷量。这样，量和强度交替地增加和下降，密切配合，才能逐步提高学生承担负荷的能力。

3. 科学地安排休息的时间及方式

根据生理负荷的特点，科学地安排休息的方式和方法。新授课负荷量大，负荷强度相对较小；复习提高课负荷强度大，负荷量相对较小。在安排休息方式和休息时间时后者的时间要比前者的时间长些。对于以发展体能为主的课，其休息时间和方式应按照不同训练方法的要求进行。

教学原则是长期教学实践经验的总结，是教学工作必须遵循的基本要求。除了以上这些原则外，教学中教师还可以从其他学科中去借鉴适合健美操教学的其他一些原则。但是，如何运用这些教学原则，还需要教师结合实际情况，不断进行探索和创造。通过教学实践的发展，教学经验的不断丰富和新的教学规律的不断出现，许多新的教学原则将会不断被总结出来。

第三节　健美操教学方法和手段

健美操的教学方法就是教师教的方法和学生学习或练习的方法。我们将教师教的一些方法总称为教授法，将学生学的一些方法总称为练习法，除此之外还应包括一些用以了解教学效果的方法，我们将此总称为评价法。本节将从这三个方面论述健美操教学中常用的一些方法。

一、教授法

(一)讲解法

教师运用语言向学生说明教学目的、任务、动作名称、作用、要领及要求等，以指导学生掌握基本知识、技术、技能并进行练习的方法。

讲解法的要求：

1. 讲解要有目的性。讲什么，怎么讲，讲多少，都应围绕教学任务、内容、要求以及学生在技术上存在的问题等情况进行有针对性的讲解。

2. 讲解要简洁、易懂和生动。教师讲解的内容应做到简明扼要，通俗易懂，突出重点、难点和关键，力求少而精，要熟练运用健美操专业和体育专业术语。同时，教师语言的表达应富有艺术性和感染力，应有利于提高学习兴趣和激发学生的学习积极性。

3. 注意讲解的时机和效果。教学时机是指教师在进行教学的过程中，根据学生自身的年龄特征及教学目标，选择能产生最大教学效益的时间。教师应根据教学过程的实际情况和具体特点，善于抓住讲解时机，采用不同的讲解方法，提高讲解效果。例如，健美操动作技术的讲解可以在示范后进行，也可以边做边讲。宣布课的教学任务时，应在课的开始部分语言简练、果断有力地讲解。在学生进行练习时，对于个别学生出现的问题进行单独的讲解。

4. 讲解要有启发性。教师讲解时要善于启迪学生的思维，可适当采取设问激疑方式启发学生积极思考，使学生听、看、想、练有机结合起来，取得良好的讲解效果。

(二)示范法

教师以自身完成的动作为教学的动作范例，使学生了解所要学习的动作形象、结构、要领和方法，用以指导学生进行练习的方法。

1. 示范法的分类

(1)完整示范法

指从动作的开始到结束，不分部分和段落，完整地进行示范的方法。完整示范法能使学生建立完整的动作概念。在下列情况下可运用完整示范法：

①对于学习结构简单或相对复杂的动作，可采用完整法进行教学。

②教学对象有一定的健美操基础。

(2)分解示范法

把结构比较复杂的动作或组合按身体环节合理地分解成几个局部动作分别进行教学，最后达到全部掌握动作的方法。分解示范法便于学生了解动作细节，从而更加准确、完整地掌握动作。分解示范法的运用情况如下：

①对于协调性要求较高，结构、方向和路线较为复杂的动作，可按身体的部分分解为上肢动作和下肢动作，先学下肢动作，再学上肢动作，或者按动作结构分解成几个动作，再分别进行学习。

②分解示范为了使学生更快地掌握动作，但不宜将动作分解的过细，应尽快地向学习完整动作过渡。

完整法和分解法的运用没有明确的界限，都是为了更好地促进动作的学习与掌握。分解法的运用应注意分解动作的合理性、适用性、教学和练习的时间性。分解法与完整法应结合运用，在需要进行分解示范的教学过程中，一般应遵循完整—分解—再完整的指导原则。

2. 示范法的教学要求

(1)示范应是动作的典范。教师的示范不能一带而过，要力求做得准确、熟练、轻松、舒展和优美，给学生留下深刻印象，使学生看完示范后就产生跃跃欲试的感觉。

(2)示范要有明确的目的。教师的每次示范都应明确所要解决的问题。示范什么，怎么示范，目的是什么，都应根据具体的教学任务、步骤以及学生的水平来安排。

(3)示范时应考虑示范位置、示范面和示范速度。示范位置的选择要有利于学生的观察，以尽量让所有学生看得见为原则。一般可站在以横队头排为底边的等腰三角形的顶点，二列相对时站立横队的中间。教学中常用的示范面有正面、背面、侧面和镜面四种。单个动作可采用正面或侧面示范，组合动作可采用镜面或背面示范，但对于移动路线复杂、转体较多的动作组合，应采用背面示范，同一动作也可采用镜面、背面和侧面等几个不同的示范面。示范速度可分为慢速、正常速度两种。教授新内容时，一般先进行正常速度的完整示范，对于较难的动作，可进行慢速分解示范。

(4)示范与讲解相结合。在健美操教学中，示范与讲解相结合，能充分发挥学生的视觉、听觉等多种感知觉的综合运用，增加感受器对动作信息的储存量，有利于动作技术的掌握和理解，获取最佳的教学效果。

(三)提示法

教师以提示的方式指导学生进行练习的一种方法。提示法主要有语言提示法和非语言提示法。

1. 语言提示法

教师用简练的语言或口令提示学生所要完成的动作名称、时间、数量、方向和质量的要求等。采用此教法时应注意以下几点：

(1)提示所用语言或口令要准确、恰当和简单，并且要声音洪亮，声调恰当。

(2)提示的语言或口令要配合音乐的节奏。例如，提示身体姿势时，可喊"1、2、3、4、两、臂、上、举"；提示动作方向时，可喊"向、前、3、4、向、后、7、8"。

2. 非语言提示法

教师用肢体语言、面部表情、视线接触等提示学生完成动作的一种方法。非语言提示的要求有：

(1)使学生明白教师肢体语言的含义。最好预先向学生讲明课上所要采用的几种身体语言动作或手势，并且这几种身体语言动作或手势表达的含义应相对固定不变。

(2)掌握好提示时机。用手势提示时，应根据需要提前2拍或4拍做出，并使每一位学生都能清楚地看到教师所做出的手势。

(3)所用肢体提示动作应准确、规范，在必要时可将动作进行夸张。例如，使用下肢动作提示进行踏步和走步的提示时，可进行腿高抬、大步走等夸张动作。

(4)使用肢体语言时，可配合语言提示。为使学生进一步明确动作内容及动作要领，可采用肢体语言提示与语言提示相结合的方式。例如，手臂在做侧上举动作的提示时，可配合"手臂伸直"的语言提示。

(5)通过面部表情和眼神交流来激励学生。教师饱满的情绪、认真的态度会给学生以强烈的感染力，并聚精会神地随从教师的讲解与示范，当教师以高姿态并深情关怀地说"可以吗"、"动作难吗"、"用心体会，就会学好"时，学生就会感到被老师重视、关注，会更加用心地去运动。

(四)带领法

教师带领学生连续完成单个动作、组合动作、成套动作练习的一种方法。

此种方法能使学生在较短的时间内循序渐进建立正确的动作概念，掌握动作与动作间的连接。在健美操教学中被广泛采用。带领法的要求有：

1. 根据动作需要，正确选择带领的示范面。结构较简单的动作一般选择镜面示范带领。转体变化较多及结构较复杂的动作，通常采用背面示范带领。当将镜面示范与背面示范带领相结合运用时，应处理好示范面的转换。

2. 带领法与手势、口令、语言等提示方法结合使用。多种方法的结合运用，可使学生达到眼看、耳听、心想、体动的目的，从而获得最佳的教学效果。

(五)健美操动作组合教学方法

动作组合教学法是相对于单个动作教学法提出的，是对新出现的一些方法的归纳和总结。随着健美操项目的发展，针对健美操教学的特点，在原有的单个动作教学方法的基础上，又出现了一系列的以组合动作为单位，进行持续、连贯教学的方法，如线性渐进法、金字塔法、递加循环法、连接法、过渡动作法和层层变化法，对这些方法的命名，目前还没有统一的认识。本书通过对这些方法分析认为，这些方法的特点是教师将一个动作组合，运用领做、重复、语言与动作提示等方法手段，以基本步伐为教授单位，通过教授新动作、重复练习、连接新旧动作并重复练习等多种方式，最后达到使学生在不间断的模仿、跟做、重复练习中掌握该动作组合，并在不间歇的运动中提高身体机能、增进健康。它们的统一点就是以组合为单位，最后使学生完整掌握这个动作组合，所以我们将这些方法统一划为一类，并命名为“动作组合教学法”。该方法多运用于学校健美操课准备活动的热身和简单动作组合的学习与教授以及健身房有氧操部分的健身锻炼。主要有以下几种方法：

1. 线性渐进法

一种发展成组合或套路最简单的自由式教学方法。该方法是把单个动作按顺序排列起来，动作之间的过渡通过只改变一个因素来实现。这个因素可以是上肢动作、下肢动作或加入变化的其他因素。在线性渐进中，每次的变化都应以容易过渡为原则。在运用该教学法时，在动作的选择上应注意动作的多样性和均衡性。

步骤	节拍	动作	下肢动作	方向	上肢动作
1	1*16	A	一字步	面向前	双手叉腰
2	1*16	A	一字步	向2位，还原	双手叉腰
3	1*16	A	一字步	向2位，还原	手臂胸前屈，双手叉腰

续表

步骤	节拍	动作	下肢动作	方向	上肢动作
4	1＊16	B	并步跳	面向前	双手叉腰
5	1＊16	B	并步跳	向 2 位，向 8 位	双手叉腰
6	1＊16	B	并步跳	向 2 位，向 8 位	胸前击掌，双手叉腰

2. 金字塔法

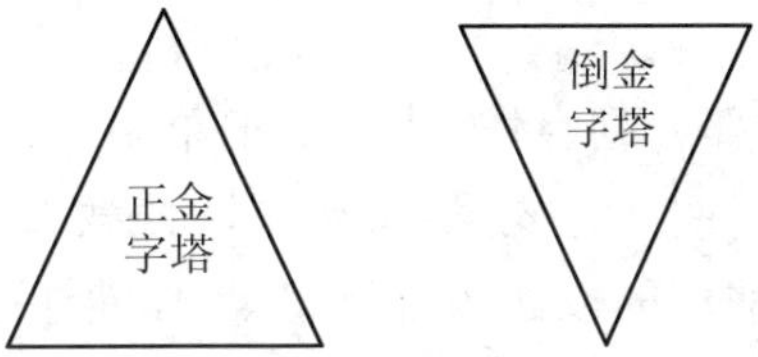

像金字塔形状一样，是一种递增或递减单个动作次数的方法。该方法通过改变单个动作的练习次数来达到教学目的。逐渐增加重复动作次数称为正金字塔法；逐渐减少重复动作次数称为倒金字塔法。正金字塔教学法的优点是使学生专注于动作技术、身体姿态、练习强度。倒金字塔教学法的优点是增加组合动作的复杂性、组合构成的紧凑性和动作连接的节奏感，将练习者的注意力集中到动作练习中，提高练习者的积极性和健身效果。

例如：

步骤	正金字塔	倒金字塔
1	1 脚尖侧点＋1 迈步吸腿	8 脚尖侧点＋8 迈步吸腿
2	2 脚尖侧点＋2 迈步吸腿	4 脚尖侧点＋4 迈步吸腿
3	4 脚尖侧点＋4 迈步吸腿	2 脚尖侧点＋2 迈步吸腿
4	8 脚尖侧点＋8 迈步吸腿	1 脚尖侧点＋1 迈步吸腿

3. 递加循环法

递加循环法，也称记忆法或组成套路法。该方法就是每学习一个动作或组合，都要与前面的动作连接起来进行练习直到学完最后一个动作为止的一种方法。每学习增加一个动作，都要与前面动作连接，即从开始动作连接到新学动作。例如，先教一个动作 A，重复几遍，再教动作 B，然后 A＋B 从头进行连接并重复练习，而后教动作 C，再进行 A＋B＋C 从头连接，依次类推。该方法可有效地增大练习密度，均衡运动负荷，也有利于提高教学效果。

例如：

学习 A	4 迈步侧点地
学习 B	2V 字步
连接 A+B	4 迈步侧点地+2V 字步
学习 C	2 交叉步
连接 A+B+C	4 迈步侧点地+2V 字步+2 交叉步
学习 D	4 小马跳
连接 A+B+C+D	4 迈步侧点地+2V 字步+2 交叉步+4 小马跳

4. 连接法

连接法通常又称为“部分到整体”法，是把单个动作按照一定的顺序连接并发展成组合的一种方法。例如，先教 A 动作，再教 B 动作，然后再将 A 和 B 动作连接，C 动作和 D 动作的教法步骤同 A、B，最后把 A、B、C、D 的动作连接，产生一个四个动作的组合。

例如：

学习 A	4 迈步侧点地
学习 B	2V 字步
连接 A+B	4 迈步侧点地+2V 字步
学习 C	2 交叉步
学习 D	4 小马跳
连接 C+D	2 交叉步+4 小马跳
连接 A+B+C+D	4 迈步侧点地+2V 字步+2 交叉步+4 小马跳

5. 过渡动作法

在教复杂动作之前，加入一个或一段简单的过渡动作，作为学习复杂动作的铺垫或引导，以促进复杂动作的掌握，而后再去掉该过渡动作的一种方法。其目的有二，一是便于教授新动作，二是保持心率不下降。过渡动作的选择应与复杂动作结构相似，且动作本身简单、易学。

例如：过渡动作 N=并步

学习 A	4 迈步侧点地
学习 N	4 并步
连接 A+N	4 迈步侧点地+4 并步
学习 B	2V 字步
连接 B+N	2V 字步+4 并步
连接 A+B+N	4 迈步侧点地+2V 字步+8 并步
学习 C	2 交叉步

连接 A+B+C+N　　4迈步侧点地+2V字步+2交叉步+4并步
学习 D　　4小马跳
连接 A+B+C+D　　4迈步侧点地+2V字步+2交叉步+4小马跳

6. 层层变化法

就是从一个组合通过多次练习，层层改变，逐渐过渡到另一个动作组合的方法。该方法与线性渐进法相似，不同点在于动作的改变是在原有组合的基础上进行，并且每改变一个动作，就带动整个组合的重复练习。

例如：4×8拍的动作组合

动作 A+B+C+D　　4迈步侧点地+2V字步+2交叉步+4小马跳
改变动作 A 后
动作 A′+B+C+D　　4并步+2V字步+2交叉步+4小马跳
改变动作 B 后
动作 A′+B′+C+D　　4并步+2十字步+2交叉步+4小马跳
改变动作 C 后
动作 A′+B′+C′+D　　4并步+2十字步+2上步吸腿+4小马跳
改变动作 D 后
动作 A′+B′+C′+D′　　4并步+2十字步+2上步吸腿+4开合跳

(六)纠正错误的方法

纠正错误也是教师帮助学生掌握正确动作的教学方法。一般常用的纠错方法有指导法、静控体验法、助力法、语言提示法和对比分析法。

1. 指导法

是指教师通过对学生的练习进行评价，指导学生改正错误与不足的方法。指导法根据指导对象的人数分集体指导法和个别指导法。

2. 静控体验法

由于学生肌肉本体感觉差，不能有效控制动作而出现错误时，教师一般采用肢体控制的方法，让学生体会肌肉用力的感觉和方位。例如，对于手臂伸不直的同学，可以让其保持两臂伸直举的控制练习，体会臂伸直的肌肉感觉。

3. 助力法

教师通过给予学生外力的帮助，使学生通过触觉和肌肉的本体感觉，直接体会动作正确的位置感和动作发力的方法。该方法常运用于初学者或对基础较差学生的个别指导。

4. 语言提示法

由于学生遗忘动作或对动作要领不清楚而出现错误时，可以通过提示动作名称或动作要领来启发、诱导学生完成动作。

5. 对比分析法

教师通过正误动作对比，找出动作之间的差异，使学生加深对动作的理解，纠正错误动作，形成正确概念的方法。

二、练习法

(一)练习方法

1. 模仿练习

模仿练习就是教师领做，学生跟随模仿的动作练习方法。在学习新动作时，教师在示范、讲解新动作的要领后，为使学生弄清和记忆动作的结构、方向和路线，常进行教师领做，学生模仿练习的练习形式。

2. 重复练习法

对一个动作或一个组合进行多次重复练习的方法。学生初步掌握动作后，必须坚持在教师的指导下反复练习，逐步形成正确的动力定型。学生在进行重复练习时，教师要及时纠正错误动作，提出不同层次的要求。重复练习法既包括组合或成套动作的重复，也包括对单个分解动作的重复练习。

3. 念动练习法

指的是有意识地、系统地在脑中重复再现动作表象的练习方法，能使想象运动的肌肉产生微弱的神经冲动，多次重复就会起到强化记忆的作用，有助于加快动作的熟练和加深动作的记忆，有利于建立和巩固正确动作的动力定型。念动练习法一般安排在学习新动作之后或复习新动作之前，能帮助学生集中注意力，积极思维，加深对动作的印象。也是调节运动负荷，积极休息，恢复体力的一种手段。念动练习的时间一般不宜太长，每次1～3分钟。初学者最好在教师的指导下集体练习。有一定基础的学生，可以在音乐的伴奏下对整体动作进行念动训练，有助于动作与音乐的有机配合。

(二)练习形式

健美操课组织练习的形式一般有集体练习、分组练习、单人练习、双人练习等组织形式。

1. 集体练习

对全班学生进行集中指导、共同练习的组织形式。集体练习的组织方式有教师喊口令或击拍进行集体练习和跟音乐集体练习。教师喊口令或击拍进行集体练习一般在学习新动作之后，或纠正错误动作后以及对某个动作进行强化时运用。口令或击拍的可控性和随意性很大，节奏可快、可慢，也可短暂停留在某一动作上，有利于动作细节的重点掌握。跟音乐集体练习一般在学生基本掌握所学动作后进行加深巩固，或是在复习提高组合或成套动作质量时运用。采用集体练习形式，教师容易发现学生练习中存在的共性错误，并能及时集体纠正。

2. 分组练习

集中指导后将全班学生分成若干小组进行复习巩固的练习组织形式。分组练习一般安排在学生初步掌握新授动作后进行。分组练习前，教师要提出练习的具体要求和注意事项，这样有助于同组学生间互相监督和指导动作，有助于培养学生的团队精神。练习中教师要轮流指导，督促各组完成练习任务。

3. 单人练习

是学生单独完成动作的练习形式。单人练习能够消除学生对老师和同伴的依赖性，使动作与思维结合，利于动作记忆。教师也可在学生练习的间歇时间里个别辅导，因人施教。

4. 双人练习

两人一组进行练习的组织形式。一般用在巩固提高动作阶段，一人做动作，一人观看，互相进行动作评价，并对出现的问题进行纠正。目的是培养学生的观察、分析和解决问题的能力。教师进行轮流指导，对学生分析和解决问题的情况进行评价。

三、评价法

评价就是价值判断。教学评价法就是对教学活动或结果等有关问题进行价值判断时所运用的方法或途径。评价是为了了解教学过程，及时获得教学反馈信息并促进教学效果和教学质量的改进和提高。教学中常用的评价方法主要有以下几种：

1. 观察与提问法

观察是通过观察获得教学信息的一种方法。观察是教师在健美操教学中，及时了解学生技术掌握程度最直接的方法。教师的观察要做到心中有数，要善于发现并及时解决学生在学习和练习中出现的问题，可在适当的时候给予评价。提问法是教师提出问题，并要求学生回答的方法，是教师了解学生对健美操知识技能掌握情况的主要方法。提问的内容要简明、扼要，提问要掌握好时机，并能启发学生积极思维。

2. 抽查与测验

抽查是教师随堂让个别学生独立完成动作，检查健美操动作是否正确、协调，成套动作是否连贯熟练的一种方法。抽查对象的选择要点面结合，一般是抓两头、带中间，照顾全局，使全体学生均能得到检查。测验是教师对学生所学动作进行阶段考查和学期考核的方法。阶段考查可在某一套操学完后或一阶段教学任务完成后进行，可采用以组为单位、随堂不定期的考查，以检查学生该阶段教学任务的完成情况。进行学期考核时，教师应根据教学基本要求和教学大纲确定的测验内容和范围，制定评分方法和标准，测验中要以学生现场独立完成为依据。无论是阶段考查还是学期考核，测验后教师都要认真进行总结，评价的目的不是打分，而是对今后教学工作的改善和促进，以进一步提高教学质量，实现教学效果的最优化。

3. 教学比赛

在教学的不同阶段，根据教学和要求以及学生的实际情况，采用个人比赛、分组推选代表比赛、分组比赛等形式，达到复习提高健美操动作技能、了解教学效果目的的一种方法。争强好胜是人的特性，通过教学比赛激发学生的竞争意识，对于调动学生练习的积极性，提高教学效果有重要作用。

四、健美操教学方法的选择与运用

(一)健美操教学方法选择的依据

1. 依据教学的具体目的与任务。
2. 依据健美操的内容特点。
3. 依据学生的实际情况。
4. 依据教师本身的条件。
5. 依据各种教学方法的职能、适应范围和使用条件。
6. 依据教学时间和效率的要求。

(二)健美操教学方法的运用

1. 运用教学方法要树立完整的观点

每个教学方法都有各自的功能、特点、应用范围和局限性。因此，教法的运用应坚持完整的观点，实现各种教学方法之间的有机配合，发挥教法体系的整体性功能。

2. 坚持以启发式为指导思想

启发式是相对于注入式而言的，它不是一种具体的教学方法，而是一种运用教法的指导思想。就是采取各种有效方法去调动学生学习的积极性、主动性和独立性，而不是把学生看成单纯接受知识的容器。

3. 综合、灵活地运用教学方法

“教有法而无定法”，各个教学方法有各自的适应性，又有各自的局限性，所以教师在教学方法的选择运用上要灵活，并能博采众长，综合地进行运用。当然，多种教学方法的综合运用，不仅能调动各种感官参与教学活动，提高学生学习的积极性和教学效果，对于技术技能的提高及各种能力的培养也有重要意义。

第四节 健美操教学课

一、学校健美操教学课

(一)学校健美操课的教学内容

健美操教学内容包括理论课和技术课两部分。

1. 理论课

理论课主要向学生讲授健美操的基本理论知识，包括健美操的概念、特点、分类、术语及锻炼价值；健美操的教学与训练；健美操音乐与创编及有关的乐理常识；健美操的比赛；介绍健美操锻炼时的生理卫生和保健知识。

2. 技术课

技术课是健美操教学的主要部分，其内容应包括基本动作、基本技术、组合动作和成套动作的学习与掌握，以及基本姿态训练、身体素质训练、乐感训练、表现力训练等内容。

(1)基本动作和基本技术

主要目的在于培养学生对健美操动作的基本感觉和表现意识。健美操基本动作主要包括头颈、躯干、上肢和下肢部位的基本动作。基本技术是从事健美操运动的最主要的技术，主要包括弹动技术和控制技术。基本动作和基本技术的教学和训练应贯穿教学的始终。

(2)基本姿态

身体基本姿态和肢体动作是健美操艺术表现力的物质载体。身体基本姿态的优美与否是整套动作表现美感的基础。基本姿态的训练应该是教学内容的重要部分，对其应严格要求。

(3)组合动作

组合动作是健美操教学的重要环节，是进行动作练习的单位。组合动作的学习和掌握有利于提高练习兴趣，增加练习负荷，熟练动作之间的连接，提高学生身体的协调性及动作的节奏感，有利于对基本动作感觉和表现意识的培养，为成套动作的教学奠定基础。

(4)成套动作

成套动作教学有利于熟练掌握多种健美操动作，进而提高整套动作的艺术性和表现力，有利于身体协调能力和身体机能及运动素质的改善和提高，进一步提高运动技术水平。同时也为学生今后进行健美操动作的创编提供动作素材和参考模型。

(5)身体素质

无论是技术的学习、技能的掌握还是人体健康程度的改善与提高，都离不开身体素质的提高。因此，技术课的教学内容应包括速度、力量、耐力、灵敏、柔韧等身体素质的练习。

(6)乐感训练

乐感是跟音乐完成健美操动作的重要因素。在教学或训练中，教师应结合学生的实际水平和所采用的动作特点选择适宜的音乐进行乐感训练。如在初步接触健美操的前几周课中，应先进行音乐节奏的识别与判断，先找重拍，然后再进行动作与重拍结合的练习，最后进行完整节奏练习。

(7)表现力训练

表现力是通过面部表情和身体动作来抒发内在情感的能力。表现力表现在动作的外在表现上，如力度、幅度和节奏，也表现在对音乐的感受、对动作的理解上。表现力的训练应注重从动作的表现形式(力度和幅度)、对音乐的理解及对动作内涵的把握三方面进行。

(8)能力的培养

在健美操教学中，教师应有目的地培养学生的观察、分析和解决问题的能力，便于学生今后能在各种条件下，运用已获得的知识、技术和技能，解决体育实践中出现的一些问题并能为健美操的运动健身实践服务。

(二)学校健美操教学工作的基本环节

健美操教学工作的基本环节是：备课、上课、布置和检查作业、课外辅导、学业成绩的检查和评定。

1. 备课

(1)备教材：包括研究教学大纲，明确教学目的及各套操的技术重点和难点。也可以根据本学期教学目的、学生学习能力编排动作。初学者尽量编排相对简单的动作，在编排完动作组合后，应尽可能地熟练动作，理清教学思路，做到“心中有书”。

(2)备学生：了解本班学生的特点，包括技术基础、身体素质、班风和学风，做到“目中有人”。

(3)备教法：根据教材内容和学生特点，选择有效的教学方法、手段，即做到“心中有法”。

(4)备场地器材：根据场地，选择所需要的组织形式和练习形式，准备好上课要用的器材，选择并准备好上课所用的音乐，并提前熟悉音乐的旋律与节拍。

(5)写教案：根据教学目标、教学内容和教学任务写出教案，教案中内容、结构的安排要有条理性、计划性和合理性。教案的书写应规范、整洁。

2. 上课：上课是教学的中心环节。上好一堂课必须符合以下要求：目的明确、内容正确、方法得当、组织得好，从而实现良好的教学效果。

3. 布置和检查作业：布置作业是课堂教学的延续，是教学活动的有机组成部分。作业的目的在于巩固课堂上所学的知识和技术动作，培养学生独立工作的能力和习惯。教师应重视课外作业的布置和检查。

4. 课外辅导：课外辅导是班级授课制的必要补充。教师可有针对性地进行课外辅导，重视每一个学生的发展和提高。

5. 成绩检查及评定：成绩检查和评定是教学不可缺少的环节，是诊断学生学习状况和教师教学效果、调控教学过程的重要手段。教师要根据学校要求和教学实际进行客观评定。

(三)学校健美操课的结构

目前，学校健美操课的结构主要由准备部分、基本部分和结束部分三部分组成。以下以 90 分钟的课为例进行阐述。

1. 准备部分

(1)准备部分时间

一般为 20 分钟左右。

(2)准备部分任务

一是迅速组织学生，集中注意力，为完成本次课的教学任务做好心理和精神上的准备。二是做好身体上的准备活动，使身体各器官系统逐渐进入工作状态，使身体各运动器官关节、肌肉和韧带为大幅度运动做好准备。

(3)准备部分的内容

一是课堂常规，主要包括考勤，宣布本次课的内容和任务，提出要求。二是一般性准备活动，以热身操的形式出现，内容主要以基本步伐配合手臂动作的单个动作或组合动作以及一般性柔韧练习。

2. 基本部分

(1)基本部分时间

一般为60分钟左右。

(2)基本部分任务

复习旧内容，学习新内容，主要是学习和掌握健美操知识、技术、技能，发展身体素质，培养综合能力。

(3)基本部分的内容

·单个动作：身体基本姿态、各部位基本动作、基本步法、各种跳步动作、各种基本技术。

·组合动作：姿态组合、基本动作组合、乐感培养。

·成套动作：成套动作组合和表现力培养。

·素质练习：力量、速度、耐力等身体素质。

3. 结束部分

(1)结束部分时间

一般为10分钟左右。

(2)结束部分任务

一是整理练习，使机体逐渐恢复到安静状态，改善血液循环，促进机体代谢产物的运输和清除，缓解疲劳；二是简要地进行课的总结，布置课外作业。

(3)结束部分的内容

主要有拉伸性放松练习、配合呼吸进行的放松练习、意念放松练习、局部按摩放松练习。

在健美操教学实践中，健美操课的结构也有其他形式，但无论采用哪一种形式和结构都应符合人体生理功能变化规律，根据课的任务、练习任务和学生的特点来安排，从实际出发，讲究实效，以利于完成教学任务为原则。

二、健身房健美操课

(一)课的类型及教学要求

健身房健美操课的类型主要有一般课型(也叫基础课型)和特殊课型(也叫综合课型)。一般课型主要以有氧健美操为主，特殊课型主要指根据动作风格、器械和设备及特殊人群的需要来设置的一些课型。例如，搏击操课、爵士舞课、踏板操课及儿童课等都属于特殊课型。这两种课型通常根据学员的能力和运动水平分为初级课、中级课和高级课三种。

1. 初级课

适用于初学者，内容以基本动作和基本技术为主。动作简单，以低冲击力步法为主，重复较多，动作速度较慢，对体能及协调性要求较低。

初级课教学时应注意以下要求：

(1)动作的设计应以基本动作为主，一个 32 拍动作组合最多不超过 4 个动作。可加入向前、后、左、右的移动路线和 90 度转体的方向变化。

(2)音乐速度以 130～140 拍/分为宜。

(3)教学方法多采用线性渐进法、金字塔法和递加循环法。

2. 中级课

适用于有一定锻炼基础和技术基础的人员，在初级课的基础上进行。动作变化、移动路线及转体变化较多，高低冲击力结合，音乐速度加快。

中级课教学时应注意以下要求：

(1)动作的设计应趋向丰富，高低冲击力步伐相结合，可适当加入“L”、“Z”、“V”、“X”字形的路线变化；在向前、后、左、右移动路线中可加入面的变化；可加入 180 度转体的方向变化。

(2)音乐速度以 134～148 拍/分为宜。

(3)教学方法多采用金字塔法、递加循环法、连接法和过渡动作法。

3. 高级课

适用于锻炼水平和技术水平都较高的练习者。动作内容较复杂，上肢动作增多，移动路线多，转体动作较多，音乐速度较快。一般以高低冲击力结合或以高冲击力动作为主。

高级课教学时应注意以下要求：

(1)动作的设计应多样化，增加上肢动作的变化，增加移动路线变化和转体变化的复杂性。

(2)音乐速度以 134～154 拍/分为宜。

(3)教学方法多采用递加循环法、过渡动作法、连接法和层层变化法。

(二)健身房健美操课的结构及内容

健身房健美操课的结构也主要由三部分构成，即开始部分、中间部分和结束部分。开始部分和结束部分主要是包括热身和整理，中间部分的变化较大。根据中间部分的变化情况可将课的结构分为三段式、四段式和五段式结构。

三段式：	热身	10％～20％
	有氧操	60％～80％
	整理与伸展	10％～20％

有氧操部分包括各种有氧运动形式。例如有氧拉丁、有氧搏击和有氧街舞等。

四段式：热身　　　　10%～20%
　　　　有氧操　　　40%～50%
　　　　肌肉调理　　30%～40%
　　　　整理与伸展　10%～20%

这是目前最常见的课的结构形式。中间两段一般应包括一段有氧练习和一段力量练习。有氧操部分可以是不同风格、不同形式的有氧练习，如有氧拉丁、踏板等。肌肉调理是指健身房健美操课中，利用身体自身重量及各种器械所完成的肌肉阻力训练，也就是我们常说的力量练习，但与竞技健美操中的力量训练有一定的区别。在该课上的肌肉调理主要是通过小负荷、多次数的力量训练方法来发展肌肉的力量和耐力，保持肌肉的功能，调节发展不平衡的肌群和改善机体的外部形态，从而使身体机能保持在最佳状态。肌肉调理的练习内容主要有上肢、躯干和下肢三个部位的肌肉力量练习。在有氧练习后和力量练习前应有一个简短的整理。

五段式：热身　　　　10%～20%
　　　　有氧操　　　30%～40%
　　　　肌肉调理　　20%～30%
　　　　柔韧（瑜伽）　20%～30%
　　　　整理与伸展　10%～20%

中间三段一般应包括一段有氧操练习、一段力量练习和一段其他形式的练习。

第五节　健美操教学能力的培养

能力，通常是指完成一定活动的身体和心理的本领，包括完成一定活动的具体方法及所必需的心理特征。教学的本质是教师把人类已知的科学真理转化为学生的真知，同时引导学生把所学知识转化为能力的一种特殊的教育形式。健美操教学能力就是教师把健美操的知识、技术和技能有计划有目的地传授给学生，并引导学生把所学的健美操知识转化为自身的知识、能力的一种本领。健美操教学能力表现为多种能力的协调活动，包括教学设计能力、编写教案的能力、语言表达能力、示范能力、技术观察和分析能力、纠正错误的能力和健美操的创编能力等。

一、教学设计能力的要求及培养

教学设计能力就是根据教学大纲和学生水平确定某一教学阶段或某项技术的教学目的、教学内容、教学过程、教学顺序、教学方法和手段，最后写出完整教学方案的能力。

（一）教学设计能力的要求

教学设计的项目一般包括教学目的、教学内容、教学过程和教学方法。健美操教学设计的要求有：

1. 确定教学目的和任务

能通过认真、充分地分析和研究健美操教学大纲和健美操教材所编排的教学目标，确定某一教学阶段或某项技术的教学目标，进一步将教学目标具体化，能根据健美操教材的特点和学生的实际水平，在教学中确定一个章节、一项技术甚至一个动作的教学目的和具体任务，也就是将教学目标具体化、任务化。

2. 精选教学内容

能通过钻研教学大纲、教学计划和教科书，并根据具体的教学任务精选教学内容。能够在充分了解学生实际水平和接受能力的基础上，对所精选的教学内容进行有针对性的、有重点的、有次序的组织和安排。

3. 组织合理的教学过程

教学过程，包括全部的教学过程、各阶段的教学过程、各学期的教学过程及每节课的教学过程。其要求就是能够把选好的教学内容做好教学顺序、课时比重和各项内容的合理安排。例如，对一学期教学过程的设计就是学期教学计划的制订，即将教学内容做好课时顺序上的具体安排。对一次课教学过程的设计就是课时计划的设计。对一项动作技术教学的过程设计，就是确定该动作技术的技术环节，进行教学顺序和教学时数的安排。

4. 选择教学方法

有效的教学方法是教师使学生顺利掌握健美操动作技术的关键和保证，对选择教学方法的要求就是能根据以技术为主的教学内容，抓住动作技术的技术关键、重点和难点，选择有效的教学方法。

（二）教学设计能力的培养

1. 熟练掌握教学设计理论

对健美操教材内容的熟练掌握是进行课堂教学设计的前提。教学中，要让学生了解教材内容体系及特点，掌握教材的全部内容，理清教材体系。尤其对于健美操教学章节内容的教授，教师可设计一些研究教材内容的练习题，让学生书面完成，以促进学生对该理论的熟练和深入掌握。

2. 进行教学单项设计

单项设计是对教学内容中某一项内容或某一部分进行的设计，这种设计练习，任务单一，能切实培养学生教学设计的基本能力。单项教学设计的内容较多，可根据教学实践的需要分别进行。例如，可让学生对准备活动的热身部分进行设计，提出热身活动的目的、任务，确定教学内容及其顺序安排，选择有效的带领方法，确定学习时间。

3. 进行教学综合设计

综合设计是在单项设计的基础上进行的。在学生能够顺利完成单项设计的基础上，教师可逐步地、有计划地培养学生多项设计和综合设计能力。

二、编写教案能力的要求及培养

编写好教案与上好一节课和提高教学效果有密切的关系。

（一）编写教案的要求

1. 编写应有计划性

教案编写中，大到内容的顺序、方法的运用和时间的安排，小到具体动作的教授、示范讲解的时机、练习次数等细节的安排都应体现出教案编写的有序性和计划性。

2. 编写要有科学性

就是指在编写教案过程中，对知识、动作技术和原理的讲述及课中运动量的安排，都应正确、合理和科学。

（二）编写教案能力的培养

1. 熟悉教案编写的一般格式和内容

首先让学生了解并熟悉健美操教案编写的格式、内容及顺序安排，这是培养能力的第一步。

2. 进行编写教案的实践练习

在学生熟悉教案编写的一般格式及内容后，教师可有目的地安排学生进行编写，首先要求编写的教案格式正确，内容及顺序安排合理。其次，随着能力的逐步提高，教师应进一步提出要求，主要在教案编写所用的文字表达和语言叙述上，要准确、简明、条理清楚、书写工整。

三、动作示范能力的要求及培养

动作示范是健美操进行直观教学的首要条件。正确优美的动作示范是教师调动学生学习积极性的重要因素。示范的正确使用也是提高教学质量和效率的积极因素。

(一)动作示范能力的要求

1. 动作示范正确

示范动作是学生获得动作形象的主要来源，因此要求示范动作必须正确，姿态规范，且动作熟练，熟练是动作优美的前提。正确与熟练的动作示范能给学生留下深刻和轻松的印象，减轻心理负担。

2. 示范方法的正确使用

示范方法的正确运用主要是指能根据示范动作的需要，正确选择合适的示范面、示范位置和示范速度，并能根据教学任务的需要将完整示范和分解示范结合运用。

(二)动作示范能力的培养

1. 重视基本技术和基本姿态的训练

基本技术和基本姿态是形成正确技术动作、提高运动技术水平的基础。重视基本技术和基本姿态的训练是形成规范动作示范的前提。方法是组织学生观看健美操教学、表演及比赛的影像资料。通过观看使学生对规范、优美的动作有进一步的认识和理解，以提高动作水平和表现力。教学中，也可经常让学生轮换在队前带领练习，以提高学生对自身动作规范性的要求，也可经常进行小组间表演性比赛，以促进学生对自身动作的关注。

2. 熟练掌握示范法

教师应加强示范教学方法的系统讲解，使学生熟悉并能掌握示范方法的内容和运用要求。基本掌握如何选择适宜的示范位置、示范面和示范速度，如何进行完整示范和分解示范的有机结合。

3. 进行示范方法的实践练习

示范方法的实践练习可以从三方面进行：一是，教师指导下的学生练习，教师对动作或套路按顺序示范，并对不同动作所采用的示范面、示范点进行演示后，学生开始实践，教师及时给予评价。二是，学生之间互相示范相互纠正动作，提高学生正确示范及示范面的转换能力。三是，让学生进行动作教学的示范实践，提高学生独立运用示范方法的能力。

四、讲解能力的要求及培养

健美操教学中的讲解是对健美操的知识、动作技术的语言表达。讲解能力的高低，是体现教学能力的重要指标，是影响教学效果的主要环节。

(一)讲解能力的要求

1. 讲解要准确、清楚、简练

对于健美操教学中的讲解，概念要正确、讲述要清楚、语言要简练。多用健美操术语能对动作技术的重点和关键进行准确、清楚且简练的讲解。

2. 讲解要有条理性，表达要有节奏

讲解要有条理性，对于所讲内容的安排要有条理，知道先讲什么，后讲什么，怎么讲得更清楚。语言表达要有节奏，讲解的语速要有快慢、有停顿，错落有序，声音高低长短也应有节奏，在有节奏的表达中能突出讲解的重点。

(二)讲解能力的培养

1. 提问训练

教师在教学中采用的对学生提问、要求学生回答的一种方式。它是培养学生语言表达能力的一种较有效的方法。例如，教师让学生回答某一技术动作的名称、术语、技术要点并讲解动作过程。学生先积极思考并按要求回答，而后教师就学生的讲解给予评定，指出应改进的问题。最后，教师再进行讲解方法上的指导，并就该问题教师进行回答，让学生将自身讲解和教师的讲解进行比较，找出不足。通过这种方法的训练与培养，一方面可训练学生的思维能力、语言的组织和表达能力；另一方面可让学生建立一个明确的有条理性讲解的框架，初步形成简明扼要、条理清晰的讲解概念或要求。

2. 试教训练

一般是在学生学习的结业阶段，让学生试验性教授教学课的一部分，并在试教前，先安排好试教的主要内容和顺序，学生提前写教案，做好准备。在学生试教结束后，教师及时给予评定，改进不足，逐步提高试教能力。

五、观察分析和纠正错误动作能力的要求及培养

观察分析和纠正错误动作能力的培养，关键在于培养学生发现问题并解决问题的能力。教师要有计划、有步骤地在课上为学生提供和创造实践的机会。

(一)观察分析和纠正错误动作能力的要求

1. 会观察、会分析

会观察和会分析主要是指能够选择合适的观察距离和观察位置对动作进行

有针对性的观察，并能发现问题，能够对问题产生的原因进行分析。

2. 会纠正

就是通过原因分析，能够找到解决问题的方法，并对问题进行纠正和解决。

(二)观察分析和纠正错误动作能力的要求及培养

1. 教授方法

首先要教给学生观察问题、分析问题和解决问题的一些方法，观察问题的方法，主要有整体观察法、部分观察法和对比观察法；其次是教给学生分析问题和解决问题的思维方法。

2. 指导学生进行实践

教师在健美操课上，组织学生互相观察、分析并纠正错误动作，可以采用分组轮换形式进行观察，也可一帮一地进行练习和观察，提高学生积极发现问题和解决问题的能力。观看比赛录像，让学生观察和分析每个运动员完成动作的特点，集中对一套动作进行分析，指出其优缺点，并提出加以改进的意见或方案，由完成动作较好或完成动作较差的同学同时做练习，教师组织学生观察，之后进行比较与分析，指出优点和错误所在，提出改进动作的方法。以优带差，教师可采用定人、定任务、定要求的三定方法，让学生在课上或课下进行帮助，以培养教学实践能力。

六、创编能力的要求及培养

能进行健美操动作组合或简单成套的创编是学生学习和运用技术动作、音乐、健美操知识和审美能力的综合体现，也是健美操课的一项重要任务。创编健美操是在掌握健美操基本动作和创编原则与方法的基础上进行的。

(一)创编动作的要求

1. 动作间的衔接应连贯、流畅

健美操的组合动作或成套动作都是由单个动作连接组合而成，单个动作间的衔接、连贯、流畅是整个组合动作或成套动作流畅的基础。所以健美操的创编应强调单个动作间、组合动作间的连贯，体现出整个组合和成套动作的连贯一致、和谐统一。

2. 动作与音乐的配合应和谐

音乐是健美操的灵魂，健美操动作与音乐的关系应是统一和谐的。音乐是动作的语言，动作是音乐的肢体表现。无论是根据动作来选配音乐还是根据音乐来创编动作，音乐与动作的主题与风格都应是配合紧密、统一和谐的。

（二）创编能力的培养

1. 加强创编理论的学习

在创编前应教会学生掌握健美操创编的原则、方法和程序，以及有关健美操音乐的基本常识。

2. 创编实践指导

组合动作的创编，一是先创编单个动作，在单个动作的基础上加方向和移动路线，再创编组合动作。二是对原有组合动作进行整体模仿、局部改造。成套动作的创编是在基本掌握了单个动作和组合动作创编的基础上进行的。方法可采用教师统一规划安排，对学生提出具体的创编要求和组织实施方法，以小组为单位进行创编并表演动作。在各组创编完成后，组织全班交流并相互评价，最后由教师进行总体评定并给予一些建议，学生再次对动作进行修改和表演，最终在反复练习中提高创编能力。

思考题

1. 简述健美操教学的特点、目标和任务。

2. 简述健美操运动技术的学习过程，健美操实践能力形成的教学过程。

3. 简述健美操教学中，教师常用的教学方法有哪些，学生练习的方法有哪些，教师对教学效果进行评价的方法有哪些。

4. 简述学校健美操教学工作的基本环节，课的结构包括哪几部分内容。

5. 简述健身房健美操课的类型及结构。

6. 健美操教学中纠正错误的方法有哪些？

7. 什么是健美操教学能力，包括哪些？这些能力的要求是什么，如何培养？

第四章　健美操训练

内容提要：本章主要介绍健美操训练的目的、任务；健美操教练员的素质结构；阐述健美操基础训练的内容和竞技健美操专项训练的内容，为指导健美操训练提供必要的理论指导。

教学目标：通过本章节的学习了解健美操训练的目的及健美操教练员应具备的素质；掌握健美操基础训练及竞技健美操专项训练的内容与方法。

第一节　健美操训练的目的与任务

健美操训练是随健美操的发展而不断发展的，其目的是运用合理的训练理论指导训练实践，使运动员进一步完善健美操动作技术，提高动作技术的完成质量，创造理想的运动成绩。

一、健美操训练的目的

健美操训练的目的主要是使运动员熟练、准确掌握健美操动作、技术以及健美操创编的原则和方法，提高协调性、节奏感以及健康的审美观，培养合作意识、团队精神，提高练习者的体质健康水平，发展身体素质和运动技能。

二、健美操训练的任务

（一）提高体能

体能，是指运动员机体的基本运动能力，是一切运动的基础，也是健美操运动员竞技能力的重要构成部分。运动员的体能发展水平是由其自身形态、身体机能以及运动素质的发展状况决定的。身体形态是指机体内外部的形状。身体机能是指机体各器官系统的功能。体能是指机体在活动中表现出来的各种基本运动能力，通常包括力量、速度、耐力、柔韧、协调和灵敏等内容。良好的体能是一切训练活动的基础与保障；是运动员承受大负荷训练和高强度比赛的前提条件；是运动员在比赛中保持良好心理状态的身体保证；是增进健康、预防伤病、延长运动寿命的物质保障。因此，通过健美操训练提高运动员体能是健美操训练的首要任务。

（二）掌握健美操理论知识、运动技术与技能

成功的健美操训练必须以正确的理论知识为指导。健美操训练首先要让运动员掌握必要的健美操训练知识，使运动员按照科学的方式、方法进行健美操训练。

运动技术是指完成体育动作的方法，也是决定运动员技术能力的重要因素。竞技健美操运动员的技术能力是完成竞技健美操动作的能力，主要包括身体姿态的控制能力、动作轨迹、动作时间、动作速度、动作速率、动作力量和动作节奏等内容。竞技健美操的动作完成主要体现在动作的完成和特定动作的规范上。运动员完美的身体姿态，准确地完成动作部位，是运动员良好技术能力的集中体现。技术训练实质是健美操动作的训练。技能训练是指健美操技术能力的训练，技能的提高必然会促进技术的提高。因此，健美操技术、技能的训练是贯穿健美操训练始末的一项内容。

（三）进行思想品德教育，培养优良的作风和坚强的意志品质

健美操训练需要经过一个长期艰苦奋斗的过程。现代运动训练最突出的特点在于运动员必须承受较大的训练负荷，甚至需要付出常人难以想象的代价。健美操训练对于磨练运动员的意志品质，培养其坚忍不拔的意志、顽强的拼搏精神有重要意义。

（四）提高心理智能水平

运动员的心理素质与智能水平会直接影响到训练效果与比赛成绩，它不是运动员与生俱来的，必须通过教练员对运动员的训练、日常生活的指导与培养来提高，所以，培养和提高运动员的心理与智能水平也是竞技健美操训练的重要任务之一。

（五）提高竞技能力与运动成绩

通过健美操训练，不断提高我国健美操运动员的技术水平，全面提高竞技能力，提高运动成绩，是健美操训练的首要任务，也是终极目标。竞技健美操训练的目的就是使运动员在最佳时间区域内以最有效的方法提高专项技术水平，发展身体素质，提高竞技能力，在比赛中取得优异成绩。

第二节 健美操教练员的素质结构

教练员在训练实施过程中起着主导作用。随着训练水平的不断发展，对教练员的要求也越来越高，并且也越来越需要具有多学科知识结构的教练员。一名优秀的教练员应当具备合理的素质结构，包括知识因素、能力因素、非智力因素和身体因素四个方面。身体因素是素质结构存在的前提，是知识、能力和非智力因素发挥作用的物质基础，是必要条件。非智力因素是驱动系统，是指挥或控制个体在已有身体因素的基础上获取知识和积累能力的驱动、定向和调节因素。知识因素是解决问题的工具系统，它比较形象而具体，可以通过学习得到，但也容易受环境、时间等外界因素的影响而遗忘。能力因素是运用、操作知识的系统，相当于“操作系统”，在素质结构中起着关键作用，与知识因素相比，它在形成过程中需要不断的积累，一旦形成，便不容易消失。总之，这四方面相互作用、相互影响，共同构成健美操教练员素质结构的整体。

一、知识因素

所谓知识结构，就是知识层次的构成情况，它的模型应该是立体的，包括各种知识之间的比例、相互联系、相互作用，以及由此而形成的整体功能。健美操教练员的知识是在他们系统专业学习和实践中经过加工后形成的知识体系，包括坚实的专业相关知识与全面的基础理论知识。这些知识相互作用、相互组合，形成健美操教练员的知识结构。

现代运动训练中，运动员成绩的提高必须依靠广泛科学知识的介入和支持，才有可能获得成功。因此，教练员应掌握较为全面的科学知识，才可能不断提高运动训练的科学化水平，培养出高水平健美操运动员。坚实的专业知识是教练员执教的基础，教练员应掌握的知识包括：一般训练理论与专项训练理论；体育生物学科基础理论知识，如运动生理学、运动解剖学、运动生物力学、运动生物化学、运动医学等；体育人文社会学科基础理论知识，如体育教学法、体育社会学、竞技体育发展史、体育美学等；管理科学相关知识等。

二、能力因素

能力是顺利完成某种活动所需的个性心理特征，是知识、技能和智力的整体效应。根据阜南的等级层次理论，将能力分为三个层次：一般能力、基础能力和专项能力。作为健美操教练员应具备的一般能力包括：正确的思考力、牢固的记忆力、适时的注意力、丰富的想象力和敏锐的观察力。基础能力是在一般能力的基础上发展起来的，同时又是专项能力形成的基础。健美操教练员的基础能力包括创新能力、学习能力、教育能力、科研能力、协作能力、组织管理能力、交际能力。专项能力是指个体成功完成某种专门活动所必需的能力。运动训练是一个实践过程，仅具备理论知识是不够的，需要教练员具有把理论知识运用到训练实践中去的操作能力，还需要教练员对实践中产生的问题，根据相关理论知识，给予准确的分析，做出超前于现有理论的判断，并付诸实践。对健美操教练员而言，健美操训练专项能力主要包括健美操训练能力、裁判能力。训练能力包括成套编排能力、选材能力、对训练方法的运用能力、音乐的选择与剪辑能力、对竞赛规则的把握能力、对技术原理的分析能力等。健美操裁判能力包括熟练掌握运用规则能力、快速作出评判的能力、公正评判的能力、保持持久注意力的能力等。

三、非智力因素

心理素质中的非智力因素是指除智力因素以外的其他心理因素，主要包括兴趣、情绪、情感、意志、性格、气质等，它们相互交融、相互渗透、相互依存、相互转化，构成一种相互交织的结构。教练工作是一项艰苦的职业，运动训练活动的规律要求教练员必须长期始终如一地专注于单调的训练工作，同时不得不做出牺牲，放弃正常生活中的许多享受和欢乐，把自己的全部精力献身于探索运动训练规律，提高运动成绩的过程中。健美操教练员的非智力因素主要内容包括：对工作的责任感，对本职工作的热爱程度，对健美操的喜欢程度，渴望成为健美操教师的程度；善于运用激情感染学生，善于调动学习积极性，对事业的好胜心、自信心，善于运用表情及身体语言、坚持性、自制性、独立性，善于调控自身情绪等。

四、身体因素

教练员的自身条件也是影响训练的因素之一，包括教练员的身体素质、身体形态、身体机能等各方面。教练员自身的这些条件对于运动训练过程都会产生一定的影响。

第三节 健美操基础训练

一、基本姿态训练

基本姿态是指练习者在做动作时，手、臂、躯干、腿、脚和头部所处的符合其专项要求的状态。它是高质量完成健美操动作的基础条件。姿态在瞬间的静止或流动的起落变换中，无论是弯曲与伸展、柔美与粗犷、挺拔与优雅，都给人以直接的视觉感受和情绪感染，唤起人们的美感。姿态可以反映运动员的精神面貌和艺术造诣，是运动员"美的意识"的直接反映。检验运动员"美的意识"强弱的主要标志，就是看他(她)是否能时时、处处注意控制动作的姿态、韵律。基本姿态训练是健美操训练的基础内容之一，包括站立姿态训练以及身体各主要部位的基本姿态训练。正确的姿态训练以身体局部练习为主，以局部带动全身。在身体局部练习中，通过对身体每个部位的特定练习，使练习者找到肌肉的正确用力方法和全身各部分的正确姿态感觉，从而形成优美的动作和身体姿态的动力定型。

(一)站立姿态的训练

站立姿态是最简单、最基本的身体姿态，也是动态动作的基础。健美操中站立姿态的要求应是两腿伸直并立，臀部上收，立腰、收紧腹部，沉肩拔背，正直、挺拔，重心落在前脚掌，表现出气宇轩昂、富有朝气的良好气质和身体形态。站立姿态是身体基本姿态训练的基础，因此，在训练中应先从站立姿态抓起。具体训练方法：

● 把杆练习。正面扶把站立，脚跟并拢，脚尖稍分开，大腿肌肉内收，收腹、立腰，颈部挺直，下颌微抬。可以选择优美的音乐，让学生体会音乐内在的思想感情以表现音乐。

● 提踵立：两脚并立，足跟提起，臀部上收，立腰、收紧腹部，两肩下沉，两眼平视，下额稍向后收。支撑腿脚跟提起至最大限度，脚跟向前顶，使小腿与脚面在一条垂线上。

● 点地立和举腿立：点地立，是一腿支撑，另一腿伸直前点地(侧点地、后点地)，重心在支撑腿上，动力腿伸直、外旋，脚趾触地。举腿立就是在以上位置基础上，动力腿举起90度。

（二）身体各部位的基本姿态训练

1. 下肢的基本姿态训练

下肢承受着人体的重量，直接影响着动作的稳定性和灵活性。下肢基本姿态训练应该做到开胯、直膝绷脚尖，通过练习可有效提高腿部的力量、灵活性、控制能力以及腿部姿态。下肢姿态训练可以选择地面练习和把杆练习。

地面练习是指坐、躺、卧于地面的各种练习，练习内容包括身体基本姿态、基本动作练习和柔韧练习。基本姿态和基本动作主要指下肢的开、绷、直等基本姿态和各种摆动、屈伸、控制等基本动作。柔韧练习主要提高运动员从脚尖到髋关节的外开能力，加大下肢各关节的活动范围及肌肉、韧带等组织伸展与收缩的能力。地面练习可使运动员获得专项所必需的基本技能，为较好地控制身体重心，进行把杆练习做好准备。

把杆练习着重培养人体的身体姿态和肌肉用力方法，以解决下肢的开、绷、直的特定姿态，以提高下肢的控制能力和柔韧、灵巧等素质。对下肢动作进行训练，应在上体符合人体站立姿势的前提下进行。具体方法如下：

(1)地面练习

- 直角坐，勾绷脚面练习和向内、外绕环练习。
- 直角坐，单腿屈伸练习，双腿屈伸练习。
- 直角坐，两腿交换屈膝练习，两腿交换举腿练习。
- 仰卧，单腿屈膝、举腿、小腿向内、外绕练习；双腿屈膝、举腿、小腿绕至前举练习。
- 仰卧，前踢腿练习。侧卧，侧踢腿练习。俯卧，后踢腿练习。

(2)把杆练习

- 把杆下蹲、擦地。
- 把杆小踢腿、大踢腿。
- 把杆划圈、屈伸、控腿。

2. 上肢的基本姿态训练

上肢基本姿态一般包括直臂、屈臂和弧形臂等。上肢在健美操中的表现主要通过手臂力度的变化及动和静的节奏变化得以体现。通常在健美操中，上肢的动作以直臂、屈臂绕环为多。因此，在训练中应强调动作的幅度、速度和控制能力，并让学生充分体会手臂无限远伸和手指发力的肌肉感觉。肩部是手臂向远延伸、动作舒展，表现上肢姿态美感的重要部位。在做动作时，一些学生出现耸肩和夹肩现象，是造成上肢动作幅度小、不舒展，严重影响上肢动作美感的主要原因。因此，上肢基本姿态训练应以训练上肢的肌肉本体感觉及肌肉的用力方法为主。离把的弧形臂舞姿组合训练，手臂的摆动、绕环训练对于上肢部位肌肉的感知觉和规范动作本体感觉的形成有较好的效果。其练习方法如下：

- 芭蕾手位练习。
- 舞姿组合练习。
- 手臂摆动、绕环练习。
- 手臂波浪练习。

3. 躯干的基本姿态训练

躯干就上体而言，主要包括胸、腰和髋部。对它的训练主要强调运动员在做动作过程中，保持挺胸拔背、腰部紧张、脊柱挺直的身体形态。在健美操运动过程中，动作的平稳、幅度的大小以及身体重心变化的协调、稳定，都与躯干有直接的关系，但是，身体的各种曲线美，也都需要通过胸、腰、髋动作来体现。胸、腰参加动作能大大增加动作的幅度，产生“身展一寸，手长一尺”的动作效果。因此，在训练中既要进行躯干力量练习和背部力量练习来增强运动员躯干部位控制能力，也要加强胸、腰、髋部的柔韧练习。练习方法如下：

- 把杆下腰、腰绕环练习。
- 跪撑躯干波浪练习。
- 跪坐躯干波浪练习。
- 含胸、展胸练习。
- 全身波浪练习(前波浪、后波浪、侧波浪)。

4. 头部的基本姿态训练

头部姿态是动作韵味的关键，是人体中最引人注目、最富有表现力的部分。头部姿态的准确、优美，配以眼神、面部表情的表达，再与身体动作协调的配合，能达到神态美与形体美的有机融合，表现出健美操的动作美和神态美。因此，在健美操基本姿态训练的初期不能忽视头部姿态的训练，要在训练中将运动员的头部动作与身体动作协调地融合，将健美操的动作美、形态美、姿态美、神态美完整地结合。其练习方法如下：

(1)常用的基本头位练习

- 正头—颈部自然挺直，眼看 1 点。
- 仰头—颈沿额状轴后屈。
- 低头—颈沿额状轴前屈。
- 转头—颈沿垂直轴左、右转动。
- 偏头—颈沿矢状轴侧屈。

● 偏转头—颈沿矢状轴侧屈，同时沿垂直轴左(右)转动，眼看 8 点(2 点)。

● 低转头—颈沿额状轴前屈，同时沿垂直轴左(右)转动，眼看 7 点(3 点)。

● 仰转头—颈沿额状轴后屈，同时沿垂直轴左(右)转动，眼看 7 点(3 点)。

● 偏仰转头—颈沿矢状轴侧屈，沿垂直轴左(右)转动，同时沿额状轴后屈，眼看 6 点(4 点)。

● 偏低转头—颈沿矢状轴侧屈，沿垂直轴左(右)转动，同时沿额状轴前屈，眼看 6 点(4 点)。

(2)头、躯干及手臂的配合练习

● 左臂侧举，右臂上举，上体稍向右转，头向右转。

● 左臂侧举，右臂上举，上体稍向右转，向左侧倒，向右仰转头。

● 左臂前举，右臂前上举，躯干常为挺直，仰头，视线高于前上举臂。

● 左臂前举，右臂前上举，躯干常为挺直，右转仰头。

另外，在训练中还应注意通过综合训练来培训身体基本姿态，如通过身体基本姿态的训练、地面动作的训练、舞姿小组合动作的训练、变奏训练法等多种训练方法的综合运用，来提高运动员身体姿态控制能力。

二、基本技术训练

运动技术是指运动员通过内力，改变身体各部位之间的相对位置，保证身体重心沿着一定的轨迹运动，以符合动作本身要求的方法。也即我们常说的："做动作时在不同时间、空间内如何用力，用力的方向，用力的大小，哪部分肌肉用力，哪部分肌肉放松，以及它们之间的协调、配合、节奏等。"根据健美操项目的特点，基本技术主要包括身体重心节律性弹动技术、身体姿态控制技术、操化动作的准确控制技术。

(一)弹动技术的训练

弹动技术是指在动作过程中身体重心上下有节律的起伏。它是健美操运动项目的核心技术，这种弹动体现为动作与音乐节奏相吻合。重心上下节奏感的起伏弹动时要保持上体直立，肩部放松，臀部收紧的身体姿态，在训练过程中要培养学生通过感受音乐节拍来传递地面反作用而引起身体重心节律性上下起伏弹动。训练方法如下：

● 屈膝弹动——字步—V 字步。

● 开立半蹲—并步—两次并步。

● 开立半蹲—屈膝点地—并步—后屈腿。

● 并步—两次并步—侧交叉步。

● 屈膝弹动小跳—后踢腿跳—开合跳。

(二)身体姿态控制训练

身体姿态控制技术是指在成套动作中，无论动作如何复杂多变，身体姿态要求始终控制在良好的姿态位置，始终保持躯干、腰、髋的稳固性，保持腹肌的收缩和身体的挺拔。在运动中，人的身体重心随着运动方向的变化而变化。要求运动员在平时的训练中要养成保持正确身体姿态的习惯，不论做什么动作都要做到身体正直，重心稳定。

(三)操化动作训练

操化动作的准确控制技术是指操化动作的肌肉发力与控制，包括手臂操化和步伐。健美操的每一个操化动作都要求必须有清楚的开始与结束。动作开始位置准确清晰；动作过程中肌肉用力使动作加速运动，用力方法要正确，力度要适宜，参与动作的肌肉要按照一定的顺序进行收缩，动态中要求协同肌与对抗肌保持适度的紧张，有控制地用力；动作结束要有明显的短暂控制。

步伐落地缓冲控制技术要求脚着地时，由脚跟过渡到全脚掌或由前脚掌过渡到全脚掌，然后迅速屈膝、屈髋缓冲，所有动作在瞬间依次完成，同时保持良好的身体姿态。在训练过程中要注重培养学生落地缓冲意识，以减少地面对关节、肌肉的冲击力，预防运动损伤。在训练实践中，要注重培养学生操化动作的准确性，可采用分解练习，如练习下肢或上肢动作，再进行完整动作练习，使学生的动作做得准确到位。

1. 上肢操化动作训练

多采用徒手体操。在动作编排上，以健美操的基础动作为主，通过练习提高运动员基本姿态准确性、动作位置的准确性、肌肉用力的准确性。

2. 操化组合一

(1)开开合合 2 次，臂前举交叉，臂侧举。

(2)开合跳 4 次，臂胸前交叉，臂肩上屈，臂前举交叉，肩上屈。

(3)开合跳前进 4 次，臂胸前屈，臂侧上举，胸前屈，侧下举。

(4)开合跳转体 90 度 4 次，胸前击掌，右臂侧举左臂胸前平屈，胸前击掌，右臂胸前平屈左臂侧举。

3. 操化组合二

(1)向前吸腿跳 4 次，臂胸前平屈、还原。

(2)吸腿跳转体 90 度 4 次，两臂侧摆、还原。

(3)吸腿跳后退 4 次，两臂依次向后绕。

(4)单腿两次吸腿跳 2 次，臂胸前平屈，侧上举，平屈还原。

4. 操化组合三

(1)向前后踢腿跑 8 次，臂侧上举、胸前交叉、侧下举、上举击掌。

(2)单腿吸腿跳 2 次，臂胸前屈、下举、胸前平屈。

(3)弓步跳 4 次，一臂前举一臂侧举、两手扶头。

(4)踢腿跳 4 次，两臂侧下举。

三、乐感训练

乐感(对音乐的感觉)是指听觉体验上对音乐音响及其艺术表现的敏锐和准确的把握力。乐感是人的音乐素质的重要因素。乐感具体表现在节奏感、旋律感、音乐情感、风格形象感、段落结构感、音色感等方面，它以音乐听觉能力为基础。音乐观察能力、音乐注意能力、音乐记忆能力、音乐想象能力、音乐认识能力、音乐理解能力等以肢体动作和面部表情作为载体，通过音乐表现能力展示和宣泄。从以上乐感的内容我们可以看出，它包括了音乐思维活动的全过程，是音乐思维能力的具体表现。可以说，乐感既是人感觉音乐的能力，又是体现和表达音乐的能力。乐感也是极其重要的一种心理能力。乐感除包括音乐的敏感性和感受能力外，还包括理解音乐与表达音乐的能力，而这种能力，并不完全是先天的，通过培养和训练是可以提高的。

(一)健美操中乐感的主要内容

在健美操中，练习者的乐感水平具体讲是指对音乐节奏感和音乐旋律所表现出的感情的把握能力。健美操练习是在节奏鲜明、旋律高昂的音乐伴奏下进行的，音乐的节奏和旋律对健美操动作的幅度与力度影响较大，相对于健美操来说，乐感主要涉及节奏和旋律两大要素。在节奏的基础上赋予一定情调便形成旋律，因此，健美操中乐感主要包含音乐节奏感和音乐情感两个内容。

1. 音乐节奏感

节奏感是人对节奏感应的综合能力，音乐节奏感是人对音的长短、强弱、快慢、停顿等的感受能力。它是人的听力、理解力和想象力的综合反映。人体对音乐的节奏感，实际上是一种时间运动感。这种运动感存在于人的意识之中，表现为种种对客观外界信号的心理反应和运动(肌肉)感觉，这是人能参与健美操活动的生理基础。音乐节奏感好的人能形成良好的动力节奏感，肌肉用力的紧张和放松能自动交替，达到最佳状态，从而可用最省力的方式完成最大难度的动作。音乐节奏感有利于建立条件发射，可以改善练习者运动器官的协调功能。通过音乐节拍，可以控制和诱导动作，有利于练习者动作速度与力量的分配，使练习者对动作的重点和表达力度有一个统一而和谐的把握。节奏感的主要基础是人的心理活动。这种心理活动不仅源于人们听觉神经的生理特性，同时，更多的是受益于后天的节奏训练。因而，培养节奏感的关键在于后天对节奏的训练。这种训练的目的在于受训练者在听辨音乐时，能够依据音乐节奏律动的基本观念，主观地将一系列在力度、长度上相同的拍子组合起来，从而分成按强弱律动划分的节拍和小节，并能够以此律动为背景，在其基础上感知、组合各种节奏形态，从而把握对音乐作品动力性发展的整体感知。

2. 音乐情感

情感是心理学的一个名词，情感是人对客观事物是否符合自己的需要而产生的体验。情感是人的心理生活的一个重要方面，它伴随认识过程而产生。人对自身态度的体验则是情感。

音乐是表达人类固有情感的最有效形式，而情感是音乐的内在脉搏。人的感性欣赏来自于人的感官知觉，它是靠人的直觉进行的音乐感知，感知的形式要素中最重要的是节奏和旋律。音乐可以激发练习者的情绪，是培养和提高表现力的灵魂。音乐又是完成健美操动作的指挥者。动作伴随情感表达，使人体的动与静、形与神、肉与灵、身与心相互交融，产生强烈的情感共鸣，在运动的时空意境中得到精神的升华。也正是这种共鸣，使人的身体运动与音乐的情感运动发生直接联系，创造人体运动美的深刻内涵。

综上所述，良好的音乐节奏感既可以增加动作的幅度和力度，促进动作的动力定型的完成，提高动作节奏与音乐节奏相协调的能力，还可以帮助练习者加强对动作的记忆。良好的音乐情感还可以激发艺术创造的激情，尽情而自如地展现动作、抒发情感，使动作、音乐和情感达到完美的统一，产生一种美的感觉，从而改善练习者的身体姿态。所以，乐感的训练也是健美操训练的一项主要内容。

(二)乐感训练方法与手段

1. 听音乐

坚持多听是基础。营造音乐的氛围，为运动员创造良好的音乐学习环境。在运动员生活学习的场所，提供精良的音响设备，挑选精美的音乐资料，使运动员在潜移默化中，提高对音乐的感知能力。

2. 学音乐

运动员学习系统的音乐理论知识，并开设音乐欣赏课程，使运动员掌握音乐的结构以及音乐所表达的形象和风格。在学习音乐过程中，可多进行识别音乐节奏和主旋律的练习，从学习乐理开始，进而听音乐节拍(重音)，并按节拍做出击掌式跳步练习。

3. 理解与表现音乐

竞技健美操运动员学习与掌握的音乐是以健美操这一形式来表达的。因此，这就要求运动员将自己对音乐内涵的理解体现到每一个动作中。其可采取的训练手段有：

● 相同节拍、相同旋律的音乐伴奏下完成身体各部位不对称动作的组合练习。

● 组合动作不变，在各种音乐风格和不同主旋律的伴奏下进行练习，使运动员加深对节奏及其与动作关系的理解。

● 采用不同风格、不同节奏、不同特点的音乐伴奏，完成整套技术的动作练习，音乐节奏特点与主旋律内涵通过动作表现出来，达到动作与意境的统一结合。

● 采用同样的音乐伴奏、同样的组合动作，对节奏进行不同的处理，使运动员从多方面理解音乐节奏及节奏与动作的关系。

第四节 竞技健美操专项训练

一、体能训练

(一)体能训练的重要意义

体能的好坏对其竞技能力水平有着重要影响。良好的体能是提高技术水平和运动成绩的基础，也是运动员承受大负荷训练和高强度比赛、保持稳定良好的心理状态的基础。竞技健美操对运动员体能的要求较高，因为健美操是由男女运动员身体各部位多种协调运动的动作组合，运动员各种动作变化及动作造型的高质量完成是提高竞技能力的重要环节，而运动员的专项身体素质又是保障高质量、高规格完成动作和提高运动员整体训练水平的基础。在持续的跳跃中要完成各种高难度动作，又要在激烈、快速的音乐伴奏下协调完成各种技术动作，运动员没有坚实的体能作后盾是完不成的。所以，竞技健美操运动员体能的强弱是决定其总体竞技能力高低的关键因素，对体能的训练至关重要。

(二)体能的内涵和结构

体能训练也叫体力训练，是一种以发展机能潜力和发展与机能潜力有关的体能要素为目的的大负荷训练，是对人体在艰苦环境中长时间、高强度、大负荷持续工作能力的训练。体能训练突出对人体各器官和机能系统的超负荷适应训练，旨在产生体能和心理适应，以达到挖掘机能潜力，提高整体运动能力和培养顽强拼搏精神的目的。体能训练包括身体形态、力量、柔韧、速度、耐力、灵敏等内容。

1. 身体形态

在健美操项目中，良好的身体形态是完成优美动作的前提条件。它包括完成动作过程中动作姿态美和运动员本身的体型美两方面。从外形上看，要求运动员的躯干要短；重心高、足弓高；手臂长、腿长、跟腱长；手臂直、腿直、脚背直、上体直。除此之外还要求肩宽、臀宽适中，肌肉适度；五官端正，皮肤健康。男生要求匀称健壮，姿态端正；女生要求匀称丰满，曲线明显，姿态优美。身体形态主要受先天遗传因素的影响，后天训练对其影响不大，因此，在健美操运动员的选材中要注意对运动员身体形态的考察；在训练中，也要坚持科学性的原则，使运动员的身体形态向着良好的方向发展。

2. 力量

力量素质是竞技健美操比赛取得好成绩的关键所在，是高质量完成成套动作的物质基础。现代竞技健美操运动员都应具备高度发展的全面力量训练水平。身体的各个部位，特别是上下肢、腰腹，以及踝、膝、手腕、手指都应进行专门的全面的力量强化训练，达到分别发展各运动环节的肌肉力量，整体提高力量的目的。整体力量是运动员从事专项活动时各运动环节协调一致所表现出来的综合力量，是运动员专项能力的基础。竞技健美操竞赛规则对运动员力量动作的选择有以下几个特点：规范性、均衡性、多样性、全面性。可以说，整体力量训练和整体力量水平是现代竞技健美操的发展趋势。

(1)力量训练的内容与方法

①上肢力量训练：

● 推撑力量练习：

上举杠铃或握哑铃做臂屈伸；负重屈腕；哑铃侧举；俯卧撑；俯卧撑控制推起；俯卧撑推起前进(后腿、向侧)；俯卧撑击掌(体前、后)；俯卧撑腾起；负重俯卧撑。

● 支撑力量练习：

双杠支撑移动；双杠臂屈伸；双杠支撑摆动；正靠倒立；反靠倒立；倒立爬行；倒立屈臂推起等训练。

● 手腕关节的力量练习：

俯撑助力下前进(后退)、控倒立、倒立爬行、连续俯撑推起击掌；负重手腕屈伸练习等。

②下肢力量训练：

● 原地连续纵跳；单腿连续跳 10～20 米；负重蹲跳；负重提踵；立定跳远；跳绳；跳深练习；双腿负重连续跳或跳跃障碍物；连续团身跳；连续屈体分腿跳等。

③躯干力量训练：

● 腹肌力量：仰卧起坐；仰卧举腿；仰卧两头起；仰卧举腿绕环；悬垂举腿、直角悬垂控制；仰卧"睡硬人"(脚和肩背分别置于体操凳上)腹上负重；分腿支撑；直角支撑。

● 背肌力量：俯卧起上体背肌练习；马端俯卧后摆腿；俯卧肘撑静力控制练习(可负重)；背靠倒立静力控制练习(可负重)；连续立卧撑；分腿慢起手倒立。

(2)力量素质训练应注意的问题

①力量训练要全面。在训练中，一方面，应使大肌肉群和主要肌肉群得到训练，其中包括四肢大肌肉群，腹部、腰部、臀部肌肉。另一方面，也要有意识地去发展那些薄弱的肌肉群和小肌肉群，以使身体的整体肌肉力量得到比较匀称地发展。

②力量训练的动作幅度要大。每次练习，肌肉都应以预先伸展开始。这样有利于肌纤维在一定范围内被拉长，增大其收缩力量。

③在力量素质训练中，应注意有意识地提高运动员练习的兴趣和积极性。

④在进行力量训练以后，要特别注意对肌肉的放松。肌肉收缩力量的大小与肌纤维的松弛程度有关，如果肌肉只收缩而不善于放松，就会使肌纤维失去弹性。因此，运动员应学会自我放松的方法，养成自我放松的习惯。在训练中，可采用对身体不同部位进行穿插交替训练，使肌肉有张有弛。

3. 柔韧

柔韧素质在健美操中有着重要意义。柔韧素质是健美操运动员掌握技术动作的重要条件。运动员某些错误动作的产生与运动员柔韧性不佳有直接关系。柔韧素质好也有利于避免伤害事故的产生。影响柔韧性的因素主要是关节活动的幅度大小以及关节周围的肌肉、韧带等软组织的伸展性。

(1)柔韧素质的训练方法

● 静力拉伸法

静力拉伸法是指通过缓慢的动作将肌肉、韧带、肌腱等软组织拉长，并拉伸到一定程度时静止的柔韧练习方法。运用静力拉伸法的优点是：第一，节省体能；第二，减少或消除超过关节伸展能力的危险性，防止肌肉、韧带、肌腱等软组织的损伤；第三，不会激发牵张反射。一般来说，静力拉伸法拉伸力量的大小应以运动员感到酸、胀、痛为界限，或者略微超过一点。当软组织拉伸到酸、胀、痛时，停留 8～10 秒钟，练习反复 8～10 次。练习方式可采用主动柔韧性和被动柔韧性两种方式。主动柔韧性指在训练中，运动员靠自己的力量拉伸韧带，如站立体前屈、压肩、横劈腿、纵劈腿等。被动柔韧性训练是在外力帮助下，使运动员的韧带被拉长，如帮助运动员扳腿等。在进行被动柔韧性练习时，一般应超过主动性柔韧练习的指标。一个人的被动性训练与主动性训练的差距越大，说明此人的柔韧素质潜在的能力越大，当运动员具有一定的水平时，或者被动柔韧性练习收到一定效果时，就应改为主动柔韧性练习了。

● 动力拉伸法

动力拉伸法是指一种有节奏的速度较快的多次重复同一动作的拉伸练习，是在音乐式口令的引导下练习。运用动力拉伸法最重要的是要贯彻循序渐进的原则，运动员不可用力过猛，切忌爆发用力，特别是训练的开始阶段不可急骤式地拉长。

● 动、静力结合练习法

这是将动力拉伸法和静力拉伸法结合起来的一种训练方法。例如在发展髋关节的柔韧性时，常采用压、扳、摆等手段。其中，摆属动力拉伸，压属静力拉伸，扳属动力拉伸。总之，柔韧素质训练的总时间不要过长，一般一次练习不应超过一小时。

(2)柔韧素质练习时应注意的问题

①柔韧素质发展的最佳程度，不能以练习者能够达到的最大程度来衡量，柔韧素质的发展不能无限度进行下去。因此，只要达到技术的要求，而不必训练到本人能达到的最大限度。

②柔韧素质应与力量等素质的发展保持一致。作为一名健美操运动员，在进行柔韧训练时，应注意保持肌肉的弹性，防止肌肉消极地被拉伤，要使肌肉柔而不软、韧而不僵。

③柔韧性的训练要经常保持。柔韧素质发展较快，消退得也较快，停止训练时间稍长，就会使肌肉、肌腱、韧带的伸展能力消失，因此，柔韧性训练要经常保持。

④柔韧性与外界环境的温度有很大的关系，温度升高时，柔韧性表现较好。因此，进行柔韧性训练时，要做好准备活动，在身体发热或稍微出汗时再进行训练。冬季训练时要注意身体保温。

⑤柔韧性与疲劳有很大关系，当人体疲劳时，柔韧性会下降。

4. 速度

速度素质是指人体快速运动的能力，它包括反应速度、动作速度和位移速度。速度素质主要取决于中枢神经系统兴奋与抑制的转换速度，红、白肌纤维的比例，ATP的含量及分解再合成的速度三方面因素。

(1)速度素质的主要训练方法

健美操项目中最重要的是动作速度。动作速度一般通过健美操动作练习来培养，它的特点是规定较少的动作次数，要求运动员以最快的速度完成。常采用定量计时的方法，如：

- 连续踢腿10次(秒)
- 连续踢腿跳10次(秒)
- 连续团身、屈体分腿跳10次(秒)
- 仰卧两头起10次(秒)
- 反复练习操化组合动作。要求在动作技术正确的前提下，速度逐渐加快。

(2)速度训练应注意的问题

竞技健美操运动员进行动作速度训练时，必须建立在正确掌握技术动作的前提下，提高动作速度，否则容易形成错误动作定型，影响训练效果。

5. 灵敏与协调

灵敏素质在竞技健美操中主要表现为身体的协调能力。协调指人体各部位在时间和空间上的相互配合，合理地、有效地完成动作的能力。协调能力主要表现在完成动作时的全身各部位的有机配合，肌肉紧张与放松的协调，情绪与表现力的协调以及韵律与节奏感的协调等。健美操是对人体协调能力要求极高的运动项目，在训练中以各关节的灵活运动为基础。成套动作要求运动员每10秒钟完成26拍以上的上下肢、躯干协调配合的动作，并且各拍动作不得重复。这就要求运动员在各种复杂变换的条件下，能够迅速、准确、协调地对动作做出应答。此外，空中、地面及地上动作空间的转换，也要求运动员必须具备良好的灵敏性，以使运动员随机完成的应答动作在空间、时间以及用力特征上相互吻合。

(1)灵敏、协调能力的训练方法

如不对称动作；反向完成动作(镜面练习)；改变动作速度和节奏；要求“创造性”地改变完成动作的方式；练习不同习惯的开始姿势或组合使已掌握的动作更复杂化；外加重物(如哑铃等)；模仿没有学过的动作。

(2)灵敏、协调素质训练应注意的问题

协调与灵敏素质训练的时间不宜过长，连续的重复次数不宜过多。因为当机体疲劳时，力量就会减弱，速度下降，平衡能力差，节奏遭到破坏不利于协调与灵敏素质的发展；另一原因是当一个人对某一动作技能熟练到自动化程度时，该动作对发展其协调与灵敏素质的意义就不大了，甚至基本失去作用。练习与练习之间要有足够的休息时间，以保证体力，但休息时间不要太长，以免神经系统的兴奋性大幅度下降，练习与休息的比例可控制在 1∶3 左右。协调、灵敏训练也应具有健美操项目的要求，采用相应的手段和方法，使练习内容做到与专项要求相一致。协调素质可通过一些有特点的组合、套路进行练习。练习过程中，应注意难度由低到高，强度由小到大，内容由简到繁。运动员应根据自己的实际水平进行选择，应在规定的节拍内完成动作，并与音乐融合。在音乐伴奏下进行专门的协调性练习，可提高运动员中枢神经的机能水平，使大脑皮层神经过程兴奋和抑制得到合理的交替，改善神经的强度、均衡性和灵活性，使运动员控制肌肉的能力增强，以增加表现效果。另外，要注意培养协调能力的练习要放在训练课的开始阶段，这样学生可以保持最佳心理状态和最佳的工作能力。

6. 耐力

良好的耐力素质是完成成套动作的基础，是运动员形成良好竞技能力和取得优异运动成绩的保障。目前健美操比赛选用的音乐节奏都是在每 10 秒钟 26 拍以上，心率在每分钟 180～200 次左右，比赛过程要求运动员在 mlin45±5s 的时间内完成成套动作，在这段时间内运动员的有氧、无氧代谢系统共同供能，这不仅对运动员的有氧耐力，而且还对运动员的无氧耐力提出了较高的要求。如果没有足够的耐力作后盾，运动员在完成成套动作，特别是在一套动作的后半段往往没有足够的体力保证其动作的完美完成。在快节奏的音乐伴奏下，要想完成高难度、高质量的成套动作，必须要有良好的耐力素质作基础。具体方法如下：

- 800 米、1500 米跑
- 不同的素质组合练习，1 分 40 秒～2 分内完成
- 成套中操化架子套路多次反复练习
- 套路练习可先做前半套，然后做后半套，再逐渐过渡到成套练习

二、操化动作控制训练

竞技健美操的操化动作主要是由基本步伐配合手臂动作来完成。通过改变上、下肢的高度、角度、动作平面、动作幅度、肢体长度、动作速度及对称或不对称等，产生形式多样的操化动作组合。竞技健美操比赛中优秀的运动员完

成操化组合时应具备较高的身体协调能力。在全套动作中操化动作组合均衡出现，且操化组合无论是步伐还是手臂动作均应具有力度、速度和幅度。健美操操化的力度、速度和幅度都是在控制下完成的。

(一)动作的力度感训练

1. 力度感的概念

健美操操化力度感是运动员长期从事健美操运动而形成的一种特殊的专门化运动知觉。力度感是对身体各部位肌肉用力大小、用力顺序的准确体会和控制，由肌肉运动觉、视觉、听觉、触觉、平衡觉等一系列感觉所组成，是保证运动技术质量的关键内容之一。

2. 健美操操化动作力度感的训练内容

(1)感受性训练

感受性就是感觉的能力，也可以说是感觉的敏锐程度。力度感的敏锐程度直接影响动作力度的表现。运动员具备精细的动作力度感知能力，是更好地感知动作性质，及时发现自身细小力度偏差的条件。大多数初级健美操运动员的力度感受性，远远低于感官结构功能所提供的可能性，通过训练可使感受性不断提高，因此感受性训练是初级健美操运动员的首要课程。

(2)基本身体素质训练

力度虽不等于力量，但力量素质是形成力度感的必要条件，没有一定的肌肉力量，不可能正确地用力，更不可能体会由此产生的正确感受，且高质量的健美操是在高速度下以大幅度身体动作来完成的，对运动员的速度、柔韧、灵敏、耐力等身体素质都有一定要求，可以说身体训练特别是速度力量的训练，是初级健美操运动员不可缺少的训练内容。

(3)协调性训练

操化动作要克服或利用身体的重力和惯性来完成或结束动作，肌肉的收缩过程极其复杂，哪怕是最简单的活动都需要有几个肌群共同参与完成。既要建立各对抗中枢之间兴奋和抑制交替活动的动力定型，又要建立它们处于同步活动的动力定型。神经过程的强弱交替，均按一定节奏进行，需要大脑皮质与皮质下运动中枢形成全新的协调关系加以控制。协调性好的运动员，能把握动作的空间、时间、节奏等特征，使之配合得当，能更好地表现力度感。由此可见，协调性训练是力度感训练的重要内容。

3. 提高动作力度感的训练方法

(1)协助训练法

协助训练是最直接的指导方式，指通过某种物理手段对运动员的动作进行控制，或由外部给其一定限制的学习方法。例如，在练习“两臂侧摆成平举”动作时，为使运动员快速有力地摆臂至侧平举并控制不动，教练员可以双手抓住运动员手腕带动其摆动，并体会到位控制的肌肉用力感觉；也可用双手或其他物品作为限制物放在运动员侧平举位置，让其双臂摆动到此位置就控制不动。在练习摆动腿时，教练员可在运动员起动后用手或较硬物品跟在其后催促其加速摆动。这几种练习手段在启蒙阶段是十分有效的，可以帮助运动员从一开始就获得正确动作的体验。

(2)反馈训练法

反馈训练指把运动员的练习结果作为刺激信息再回输给他的训练方法。反馈的方法是多样的，有运动员自身经大脑皮质神经过程之间借本体感受进行的内在反馈，也有依靠外部信息形成的外反馈。练习的初级阶段，由于运动员注意力集中在完成动作上，肌肉运动的内部反馈不一定准确、丰富，这时可以借助外部反馈形式作为内部体验的补充，帮助运动员实现对动作力度的精确感知。如可以把运动员的动作摄录下来再重放给他们看，这可使其获得力度感的视觉表象；教练员在运动员做动作的同时或动作完成后发出改进的指令，如“摆臂再快些”、“用力太大了”等，给予提示性反馈；也可利用正误动作进行对比，如一边看镜子一边修正动作的同步反馈。不论利用哪种反馈，如能做到准确、及时，对提高运动员的力度感都有很大的作用。

(3)意念训练法

意念训练指运动员在表象帮助下，有意识地想象完成动作时用力感受的训练方法。人的心理活动，特别是动作的内在表象，对运动技术的形成起着调节作用。随着技术动作的复杂程度提高，这种作用也越来越大。训练实践中，力度感的突破性提高，不完全依赖练习次数的多少，而与脑中动作用力的表象高度相关。有时运动员易把看到的示范、听到的正确动作概念等理想动作，错当成就是自己的动作而造成认知障碍；还有在练习中，运动员可能在不知不觉的情况下，表现出良好的动作力度，但本体感觉仍较模糊，停留在运动动力定型的初级阶段，很不巩固。而当运动员力图体会并加深印象时，又往往感觉那些曾被自己体现过的力度感，竟从脑中跑得无影无踪，好像从来也不曾有过。当出现上述情况时，可进行“闭目”意念训练、“过电影”，即在头脑中依靠表象回忆和想象动作的用力方式、用力大小、方向、顺序及肌肉的控制等，来巩固或恢复动作用力的表象。这样做不仅可以减少体力消耗，更重要的是为内心表象活动的发挥创造条件，想练并举，加快运动员精细力度感的形成。意念训练中运动员若能偶尔高声说出完成动作时用力的体会，实践证明可收到出人意料的训练效果。

(4)速度力量练习法

速度力量最典型的表现形式就是爆发力，力度感训练中首先要进行加大肌肉力量的训练。可采用负重训练，把沙袋或重物绑在手臂、脚腕等需要练习的部位进行操化动作练习，所负荷重量以本人最大力量的40%以下为佳，有时也可不负荷。采用的动作要熟练，完成动作要快速。其次，规定最高速度指标和变化练习程序进行重复训练，以最高速度完成操化动作，持续不超过30秒，然后合理安排休息5～8分钟，恢复后再练第2次。还可以用节拍器或快速击掌引导练习，教练员可变化练习节奏，使运动员保持神经系统的兴奋性。

(5)发展协调性练习法

在健美操练习的初级阶段，强化运动员操化动作练习以发展协调性是必需的。可让运动员每天进行一小时左右的大众操练习，也可创编不对称的、身体多部位参与的、变节奏的操化动作，让运动员变换着套路练习。总之操化练习经验越多，操化技能储备就越多，越有利于发展协调性，并为形成新的更复杂的协调能力创造条件。健美操操化动作中包含大量非周期性练习，但就单个动作而言，练习时它又具有周而复始的周期性特点，可以让运动员对着镜子反复做动作，理解这种周期性特点。从关节运动时的依次或同步规律，就能体会到人体运动时肌肉的张力感、阻力感、持续感和节奏感，有意识地注意身体不同时相的状态和方位感受，分析出身体各部分在运动中应把握的力度，从而找出各关节、肌肉用力的方法，对培养高度协调性具有意义。力度是健美操的项目特色，建立准确的力度感应作为初级健美操运动员的首要任务之一。要在找到参与动作的主要肌肉群后，根据所需力度表现的特点及运动员的性别年龄等个人差异，处理好内外分析器关系，采取有针对性的方法加以锻炼。同时，教练员应具有较广泛的体育、舞蹈、音乐等方面的知识，有目的地运用各种不同的练习手段，来合理安排力度训练。

(二)动作的幅度训练

动作幅度是指活动范围的大小，一般用角度和长度来表示，它取决于关节的灵活性和韧带、肌肉的弹性，同时与动作路线的选择和运动员个体的表现力也有直接的关系。

在竞技健美操训练中动作幅度的主要训练方法有：肢体关节一端固定，弹压、推拉关节韧带；将四肢向远端最大限度地延伸；身体各关节最大限度地屈伸和旋转等。

(三)动作速度训练

动作速度属速度素质的一种，人体或人体的某一部分快速完成某个动作的能力。表现为人体完成某一技术动作时的摆动速度、击打速度、踢腿速度和蹬伸速度等，也包括连续完成单个动作在单位时间里的位移或重复次数的多少。在竞技健美操训练中，动作速度主要表现在动作完成的快慢和动作发力的主要环节。动作速度是在完成动作的过程中得以体现的。

动作速度训练方法有：利用外界助力提高运动员的动作速度，变奏训练和高频重复训练。

(四)动作方法训练

动作应有始有终，使动作看起来清晰，不模糊。另外，应注意，动作"开始"放松发力，动作即将到位时，加速发力，使力向远延伸。应从动作起点位置与姿态，动作经过路线以及动作结束位置与姿态三个方面努力。

三、难度动作训练

(一)难度动作训练的意义

在竞技健美操比赛中，难度动作是竞技健美操实力的表现，是裁判员进行评分的重要因素之一。难度动作的完成质量直接影响比赛成绩。随着技术水平的提高，对难度动作的要求也越来越高。难度动作是运动员综合素质、综合能力的体现。在训练中，应对难度动作的类别以及技术的最低完成标准有清楚的认识，并针对不同组别的难度动作进行不同方法的训练。

(二)难度动作的训练内容与方法

1. 俯撑类(俯卧撑、倒地、分切)难度动作的训练

俯卧撑类难度动作首先要加强上肢推撑力量，腰腹力量练习，如连续做俯卧撑 10～20 个，俯卧肘撑静力控制练习(可负重)，接下来两个练习组合起来，如俯卧撑 20 次接着保持俯卧撑姿势 1 分钟。倒地类难度动作首先训练落地的控制与缓冲，如双腿屈膝跪立在地面上，上体直立前倒，两手撑地屈臂缓冲控制；然后练习蹲立前倒成俯撑；双脚直立前倒，同样体会落地时手臂的缓冲与控制；最后练习加转体成俯撑的落地动作，在腾空时手脚必须同时落地。分切类难度动作首先要进行俯卧撑击掌、俯卧撑腾起以及提臀起等动作的练习，在此基础上练习两腿向侧摆越，最后完成完整的分切动作。

2. 支撑类难度动作的训练

支撑与水平类难度动作要加强上肢及腰腹、髋、髂腰肌力量的训练。训练

时首先练习上肢支撑力量，如双杠支撑移动；直角坐撑起臀部；分腿坐撑起臀部，两手依次换撑体侧，连续重复练习。其次练习腰腹力量，如仰卧举腿；仰卧两头起；接着保持髋角 90 度控制；直角悬垂控制；然后做简单的分腿支撑和直角支撑练习。接下来再训练支撑转体的动作，支撑转体的训练方法是先练习分腿或直角支撑左右手移重心练习，再由脚尖摆动带动转体，完成支撑转体，并在此基础上发展新的难度动作。

3. 跳与跃类难度动作的训练

影响健美操跳与跃难度动作完成质量高低的主要因素是人体腾空的高度。腾空高度与作用力和腾起角相关。跳与跃难度动作的训练多采用分阶段练习，各阶段练习成功率较高时，再进行下一阶段的训练。在训练时应注意以下三个阶段的技术要领：起跳阶段：起跳时人体要获得较大的垂直冲量，应在快速助跑和合理起跳角度的基础上，使下肢各关节在较短的时间内依次充分蹬伸，以增加人体腾空的高度。腾空阶段：要求躯干保持紧张，在充分的腾空高度下保持姿态优美。腾空转体时头先于身体转动，身体保持紧张，尽量缩短转动半径，减小转动惯量，以利于动作的完成。例如在做科萨克跳或屈体跳时，运动员应梗头、含胸、收腹、两臂收于体侧。落地阶段：应以双脚前脚掌先触地，屈膝缓冲落地，以提高落地稳定性。

在练习跳与跃难度动作时，首先发展下肢关节的爆发力，如做原地纵跳练习；上步起跳空中收紧全身肌肉，立直脊柱，然后进行空中转体训练或接各种跃起后的空中动作训练；再进行从并步起跳接空中动作到落地的完整练习。

4. 平衡与柔韧类难度动作的训练

此类难度动作应首先发展腿的柔韧性，然后根据不同动作的要领进行训练。例如，依柳辛的训练方法是先做后踢腿练习，要求脚尖带领腿向后上方摆动，腿外开，膝关节伸直；然后做垂直劈腿练习，接下来支撑腿提踵，摆动腿摆动带动身体转动，上体尽量靠近支撑腿膝盖，完成依柳辛动作。转体类动作首先做提踵立、压脚跟加控制，提高身体平衡控制能力，有了一定的平衡能力，然后再练习单足转体 360 度或 720 度。各种技术和动作都有自己的训练方法和手段，在训练过程中要注意掌握正确的训练方法以促进运动技能的提高。

四、集体项目的一致性训练

根据竞技健美操的特点及规则特征，影响竞技健美操一致性的技术因素主要包括操化动作的一致性，难度动作的一致性，衔接、过渡与连接的一致性，表现一致性以及风格的一致性等几个方面。可用以下方法进行训练：

（一）口令训练法

1. 动作速度的一致性训练

通过教练员的口令提高运动员的反应能力，要求运动员听到口令后同时开始做动作，训练动作开始的一致性，另外，加强运动员控制能力的训练，提高动作结束的一致性。动作速度的一致性训练中要特别加强四肢力量的训练，力量是速度的保证。

2. 队形一致性训练

队形一致性是指在成套动作训练时运动员之间身体距离的一致性。可先做一些简单的步伐移动，规定运动员之间的间隔距离，并要求运动员始终保持这一距离。

3. 动作幅度和角度的一致性训练

根据教练员的口令指示，运动员同时开始一拍一停顿做动作，从起始位置身体各部位的形态，到结束位置身体各部位的形态固定每一拍动作，使运动员有良好的动作空间感。然后加快口令速度，二拍、四拍一停顿，要求每位运动员的动作与口令相吻合，训练运动员动作幅度和角度的一致性。

4. 手型、脚位的一致性训练

首先进行单个动作的姿态训练，再将成套组合动作中的手型和脚位单独强调进行训练，直到每一位运动员都能准确完成为止，再结合成套动作进行训练。

5. 腾空高度的一致性训练

腾空高度的一致性是体现运动员难度动作完成的一致性中最重要的环节。可首先进行起跳动作的训练，强调发力方式的一致性。然后要求不同弹跳能力的运动员调整起跳用力程度，保证腾空高度的一致性。

6. 转体速度的一致性训练

首先要训练转体起动角度和姿态的一致性，同时强调转体频率相同。

（二）录像分析法

将运动员的成套动作拍摄成录像，然后组织运动员集体观赏，让运动员了解自己的动作情况以及与其他运动员的动作差异，根据教练员强调的动作规范与要求有针对性地调整自己的动作以保证与其他运动员的一致性。

五、表现力训练

竞技健美操作为表现难美项群的运动项目之一，有与其他项目相区别和自身与众不同之处。竞技健美操是一项美的运动，显示了力与美的完美结合。运动员在比赛中要想取得好成绩，达到力与美的最佳展现，则取决于运动员的表现力。表现力是一个运动员迈向成功之门的钥匙，是一套竞技健美操的色彩与灵魂。

(一)竞技健美操运动员表现力的概念及规则对表现力的要求

马鸿韬编著的《竞技健美操》一书中指出：表现力泛指一种表达人的情感、情绪的能力。在竞技健美操中，表现力是指运动员通过自身所具备的认知力、理解力、观察力、想象力、自信心等，把动作和音乐的内涵转化为自身内在的情感，并借助于身体姿态、技术动作以及面部表情等外部形态持续地表达出来，用以吸引和感染观众的一种能力，它是运动员内在精神气质和外在动作表现的完美统一。

(二)影响表现力的因素

1. 基本形态因素

竞技健美操项目是以优美为其主要特征的，竞技健美操运动员的身体形态会为创造优异的成绩带来良好的“印象分”，是影响表现力的相关因素之一。除先天的身体形态如身高等是运动员选材时需要考虑的因素之外，后天身体姿态的塑造和基本功训练则是决定运动员竞技水平高低的前提条件。

2. 心智能力因素

从运动心理学的角度看，心智能力存在差异是运动员在运动竞赛中的一个本质特征。竞技健美操表现力所要求的力度感强、节奏明快、活泼、情绪热烈、充满激情、充分展现自我、身心融入到动作之中，与多血质和胆汁质气质类型的神经过程特征具有较强的兴奋性、灵活性较好、反应敏捷、精力充沛、情感丰富而富有感染力、条件反射易于建立的特质相吻合。因此，胆汁质、多血质混合型气质是竞技健美操运动员表现力的优势气质类型。

与气质相类似，运动员的性格对表现力水平的发挥同样起着不可低估的作用。运动员的性格是运动员自身相对稳定的心理特征，它反映出运动员对周围环境，对竞技健美操项目本身，对其他运动员以及对自身的态度，它是影响运动员全部行为特点的总和。被调查者一致认同，性格反映在情感上的稳定与乐观和反映在意志上的坚毅果断是竞技健美操项目的重点要求。如果竞技健美操运动员具备了这些性格上的优点，就会在比赛中有效地控制自我，冷静地面对比赛中所出现的意外事件，并能随机应变，使技术运用自如，使表现力得以充分发挥。竞技健美操运动员所具备的气质与性格特征与其表现力水平高低是密切相关的。研究表明，性格上表现为稳定、乐观、果断的运动员往往在比赛中会有更出色的表现。

另外，运动员智力因素对其表现力也具有很明显的影响。运动员智力对表现力的影响尤其突出表现在对音乐的理解方面。在比赛过程中，运动员随着音乐的节奏来完成一系列动作，这仅仅是对动作的展示过程，而不能称之为艺术化的表演。要表现出成套动作的艺术价值，运动员首先要做到对音乐的充分理解，把整个身心融入到音乐当中，使肢体动作、表情、眼神和音乐完美的融合在一起，传达给观众和裁判，实现整套动作的艺术价值。

3. 成套动作的编排

编排的艺术性是竞技健美操成功的基础，成套动作编排是表现难美项群竞技体育项目所独有的程序。编排的成功与否在很大程度上决定了这套动作的命运，也决定了运动员的综合素质、运动员的个性特点以及所能取得的成绩等。竞技健美操编排的艺术性表现在动作设计和表现力两个方面，前者包括动作难度的创新、选择动作类型的变化、连接动作的流畅性、全套动作的连贯性等，后者则包括全套动作对主题的表现、动作与音乐的协调性和一致性、运动员配合的创新性和感染力等。世界锦标赛规定每个成套动作中必须包括动力性力量、转体、跳跃、踢腿、平衡、柔韧等难度类中的各一个。还规定成套动作必须显示身体双侧的力量和柔韧性，而不是重复同一动作，展示肢体的一侧，也要展示同等水准的另一侧。这就要求教练员在编排时根据所要表现的主题内容合理地选择动作，并将选择的动作有机地连接在一起，成为一套完整的艺术作品，这是展示教练员和编排人员的艺术素养、创造力、想象力的广阔舞台。因此，整套操的创编也是影响运动员表现力的重要因素。

4. 音乐的选择

音乐是声音的艺术，音乐作为完整的艺术形式有着自己独特的系统和完整的表达方式和方法。竞技健美操的动作在音乐衬托下，更具有生命力与艺术性，可以说为竞技健美操注入了灵魂。

音乐是通过多方面因素对运动员产生影响的，其对人体肌肉、神经系统等均有良好的作用，这些积极作用通过运动员的内在心理变化和外部形态两种形式来体现。因此，运动员在做动作时，受优美的音乐旋律的启迪，可激发其艺术创造的激情，尽情而自如地展现动作，抒发情感，使他们在动作、情绪、神态方面发生细腻而明显的变化，自然形成这套竞技健美操的节奏感，而这种节奏感恰恰是构成竞技健美操韵味的内在因素，同时使动作、音乐和情感达到完美的统一，从而提高其表现力。运动员的表现力也随着竞技健美操韵味的展现而得到裁判和观众的肯定和认可。由此说明，音乐的选择对运动员的表现力发挥起到促进作用，它是影响竞技健美操运动员表现力发挥的重要因素之一。

5. 专项素质与动作规格因素

专项素质与动作规格的高低在很大程度上影响着运动员的表演水平，进而影响运动员的表现力。专项素质和动作规格对运动员表演水平可以产生较大影响，具体体现在运动员的自信心及动作到位程度、感染力、协调性、节奏、动作内涵等多方面。

6. 兴趣因素

兴趣是个性倾向性的重要组成部分，就其内容来讲，兴趣可以是稳定的或不稳定的，广泛的或专一的。对竞技健美操而言，运动员从事该项目有稳定和专一的兴趣，可以唤起训练和比赛的积极性、坚定性，从而渴望更快、更好地掌握技术，提高竞技水平。这种渴望的产生能够引起大脑皮质的兴奋性增强，进而有利于运动员表现力的发挥。

7. 艺术素养因素

艺术素养就是综合运用音乐、美术、戏剧、舞蹈等艺术知识和技能，主要包括对艺术的感知与欣赏、表现与创造、反思与评价能力，并通过艺术学习形成的交流能力与非艺术学科的连通能力，以及多种艺术综合能力。艺术素养的提高，可以提高对音乐的感知与欣赏、对动作的表现与创造，进而完善自身的表演水平，增强其艺术表现效果，提高表现力。

(三)培养表现力的途径

依据对影响竞技健美操运动员表现力的各个因素的分析，要提高运动员的表现力必须找出对上述各因素具有针对性的解决办法。

1. 提高对表现力的认识

提高运动员表现力，首先要对影响表现力的各个方面有一个充分的认识，改变对表现力片面的理解，不能只强调某个或某些方面的因素，要认识到表现力的形成是复杂的，更不能忽视其能力是多种因素综合反映的结果。只有这样才能制定出提高表现力的有效训练方案，并在训练中加以实施，从而最终提高运动员的表现力。

2. 合理安排表现力的训练

(1)加强专项素质的训练

力量训练：采用各种不同练习形式、不同阻力的练习，加强上下肢、肩带及躯干力量的训练，保证成套动作中各类难度动作及配合、造型动作的完美完成。

柔韧训练：通过动力性的压、踢、拉、搬、控和静力性的拉长肌群等方法和手段的综合运用，提高躯干、四肢的柔韧性。

耐力训练：以间歇训练为主，配以循环训练法和重复训练法。可通过半小时以上的有氧训练提高心血管耐力。可采用同一段动作的多次数多组数的重复练习，延长训练时间，连续完成2～3遍成套操等方法，以提高神经过程耐力。

协调性训练：变换不同的音乐旋律、节奏与同一组动作快慢交替训练。选择各部位各种复杂有节奏变化的动作，提高空间感觉。

弹性和控制训练：通过各种步伐练习进行下肢各主要关节的灵活性、肌肉收缩的弹性和韧带的韧性训练，增强爆发性收缩和退让性收缩的协调控制能力；加强对身体姿态和动作姿态的延伸与控制能力，尤其是躯干部位的动态控制能力。

(2)加强技术动作训练

运动员的技术动作是运动员表达思想、表达情感的首要手段，是一切其他表现因素的基础，由此更显出技术动作训练的重要性。技术动作训练是指运动员根据运动解剖学、运动生理学、运动生物力学、运动心理学等科学原理及规律，采用最合理、最有效的作业程序和方法。在竞技健美操的训练中，技术动作训练所占的比重最大，它是健美操训练中最为核心的内容。通过技术动作的训练，可以掌握各种不同类型的操化动作、难度动作，培养动作的感觉、节奏和韵律等基本素质，从而提高动作的质量水平，增强技术动作的感染力，提高运动员的表现力。在技术动作训练中，可分为基本训练和提高训练两部分：基本训练是指对于运动员基本技能和基本动作的训练。在训练中我们可以进行如健美操基本步伐、徒手体操、健身性健美操、基本动作难度动作以及成套动作组合的练习，以此来增强运动员肌肉本体感觉、运动节奏感韵律感等基本素质；提高训练是在基本训练的基础上进行的，这是复习和巩固基本训练所学内容，熟练掌握并进入高、新、难的动作学习和训练。在此阶段，要加大训练强度、密度，提高训练的熟练性、稳定性、艺术性等方面，以确保比赛中的稳定发挥。

(3)完善细节动作，使成套动作质量得到升华

在训练中，教师往往只注意那些大的技能技巧的完成，而忽视了一些面部表情、眼神、手型、脚尖等细节动作。忽视了这一点，做出来的动作就显得苍白无力、呆板，更谈不上美感。所以，在平时训练组合时，应把每一个微小精细的动作过程都做到一丝不苟，把竞技健美操的美感意识体现在手指、脚尖以及身体的各个部位，这样的竞技健美操动作伴随着音乐才会达到尽善尽美的效

果，给人以美的享受。

(4)加强运动员心理素质的训练

加强心理素质练习能够有效提高运动员心理能力。心理能力指运动员与训练竞赛有关的个性心理特征，它主要包括自信心和应变能力。

首先，自信心的培养很重要。竞技健美操是一项表演性较强的项目，运动员心理上要有表现意识。这里所谈到的自信心是运动员从事专项运动以来建立的一种自我信任、敢于挑战的竞技心态。只有在这种心态下，运动员才能有高昂的激情和出色的表现力。运动员发自内心的激情能使成套动作具有强大的感染力，这种激情就是建立在运动员良好的自信心基础上的。培养运动员的自信心，首先要消除运动员的自卑心理，然后，通常采用念动训练法和模拟训练法在赛前进行心理稳定性训练和心理承受力的训练，并学会调节心态的各种方法，以便在比赛中促使身体和技术水平得到正常和超常发挥，增加自信心。

其次，是应变能力的训练。运动员在赛场上可能遇到各种各样的突变情况，如比赛气氛，同伴动作失误，裁判出乎意料的评分，教练员的语言，等等，都会给运动员一些心理刺激。如果运动员反应积极则能很快适应比赛，一旦运动员因此产生消极、紧张等情绪则将严重影响表现力，甚至使技术动作变形，因此运动员要有意识地培养自身应变能力，做到以不变应万变。

(5)表情训练

表情是表现力不可缺少的一部分，在比赛中运动员必须通过自然和欢快的面部表情来表现自信。面部表情可以借鉴舞蹈、艺术体操等相关项目的表演知识，吸取一些有利于自身的技巧、方法。运动员的表情主要是整套动作的情绪体现，自信的流露以及对音乐的领会。这其中除了专门表情肌的训练外，还需要在技术动作练习中配合表情的应用。同样，仍需要从运动员个人气质、艺术修养等方面进行综合培养。

六、成套动作训练

(一)先分解后完整训练法

在竞技性健美操比赛中，运动员能否取得好成绩的关键，在于对整套动作中12个难度动作的完成程度及操化动作中的表现。将成套动作中的难度动作和操化动作分开进行训练，有利于教练员根据运动员的优缺点，有针对性地制订出训练计划，可以使运动员在短期内迅速提高运动成绩。

1. 难度动作训练。一般采用柔韧及变化类、跳跃类、静力支撑类、俯撑类等难度顺序进行，也可根据运动员的身体状况，由教练员安排完成。在一堂训练课上先训练运动员能熟练完成的难度动作，让运动员能够巩固已掌握的难度动作技术要领，再进行运动员还不能完全熟练完成的难度动作，这是难度动作训练的重点，应花大量时间进行这些难度动作的技术要领和身体素质训练，直到运动员能够熟练完成成套动作中的所有难度动作。

2. 操化动作的训练。教练员根据运动员自身特点及表现风格，编排适合该运动员的操化动作。在训练时首先训练运动员对操化动作的熟练性和动作规格的标准性，然后进行对该套操化动作的内涵风格的理解训练，使运动员能够更好地表现操化动作的风格特点。

3. 难度动作和操化动作的结合训练。进行竞技性健美操成套动作训练，首先进行 12 个难度动作和 12 个 8 拍操化动作结合的训练，即做 1 个 8 拍操化动作接 1 个难度动作，将这种结合训练完成后再进行成套动作的训练。

4. 配合音乐完整训练。首先可以配合一般的健身性健美操音乐进行成套动作的训练，可以选择速度适中的音乐，主要提高运动员动作的熟练性，运动员动作熟练性提高后再配合竞技健美操音乐进行训练。

(二)先分段后成套训练法

竞技健美操动作变化多样，动作之间连接紧凑。要求运动员必须熟练掌握动作中的每一个细节，才能在比赛中表现得流畅自如。在训练中采用先分段后成套训练法，可以降低动作难度，易于教授，有利于提高运动员的学习信心，掌握动作的困难环节。将竞技性健美操成套动作分成若干段进行训练，然后再进行完整的成套动作训练。

- 4×8 小节训练。首先可将成套动作划分为 4 个 8 拍一小段，运动员在教练员的口令指挥下只做 4 个 8 拍动作，第一个 4 个 8 拍动作熟练完成后，再进行第二个 4 个 8 拍动作的训练。依次类推直到整套组合动作全部完成。
- 8×8 小节训练。当运动员完成 4×8 小节训练，能够将整套组合动作完整做下来后，再将成套动作划分为 8 个 8 拍一小段进行训练。运动员在教练员的口令指挥下只做 8 个 8 拍动作，第一个 8 个 8 拍动作熟练完成后，再进行第二个 8 个 8 拍动作的训练。依次类推直到整套组合动作全部完成。
- 16×8 小节训练。当运动员完成 8×8 小节训练，能够将整套组合动作完整做下来后，再将成套动作划分为 16 个 8 拍一小段进行训练。运动员在教练员的口令指挥下只做 16 个 8 拍动作，第一个 16 个 8 拍动作熟练完成后，再进行第二个 16 个 8 拍动作的训练。依次类推直到整套组合动作全部完成。
- 依次类推进行，将成套动作划分为 32 个 8 拍一小段进行训练，直到一次性完成整个成套的训练。

(三)间歇训练法

采用间歇训练法是为了提高运动员的动作熟练性和肌肉及身体各器官系统的耐受力，运动员应在教练员口令的指挥下完成整套动作，此时教练员的口令速度可适当慢一点，在运动员完成全套动作后，给运动员 1～3 分钟休息时间进行间歇调整，再进行第二遍的成套动作训练。第二遍成套动作完成后，给运动员 5 分钟的休息时间，然后进行第三遍的成套动作训练。当运动员适应了此练习的强度时，以健身性健美操的音乐，用同样的间歇时间进行训练，以提高练习的强度。最后再配合竞技健美操音乐，以同样的间歇时间进行成套动作训练，以提高练习的强度。

(四)念动训练法

竞技健美操是一项竞技性和观赏性很强的项目，比赛中运动员要承受很大的心理压力，要使运动员保持良好的竞技水平，心理训练已成为运动训练中必不可少的一个环节，它有利于发挥运动员学习的主观能动性，促进运动训练水平，提高比赛成绩。

1. 运动员在完成成套动作前，在教练员的示范引导下，集中注意力在大脑中形成所学操化动作的动作形象和动作顺序、难度动作的动作技术要领、动作结构、发力顺序和方法等。描绘自己在完成成套动作训练比赛中的合理技术动作和注意力的分配。然后把自己想象的内容与实际训练结合起来，在完成成套动作训练时，根据训练前想象的内容做动作。

2. 运动员想象在完成成套动作时，精力充沛、动作幅度大、动作方位准确有控制、姿态优美、动作干脆利索有力度、感染力强，自始至终的状态良好。周围的观众全为你的表现所吸引，全场的对手被你所超越，场外观众全为你加油，自己充满必胜信心。

(五)模拟比赛训练法

为防止运动员在比赛中出现因紧张而遗忘动作，应采用模拟比赛训练法，有意识地制造一些模拟比赛喧闹的气氛，如击物声、鼓掌、呼叫、吹哨等，或模拟正式比赛的裁判评分，组织观众参观等环境气氛，培养运动员随机应变能力。

(六)信息反馈训练法

在进行成套动作训练时，运动员将自己的训练感受主动向教练员报告，包括训练的情绪状态、身体健康情况、受伤情况等影响运动员进行成套训练的信息，都应向教练员报告，教练员听取运动员的报告后，对实际情况进行分析，再制订适合该运动阶段的训练计划。例如，某运动员因为生活上的某些事情而训练情绪不高，教练员了解后，首先可对运动员进行开导教育，并改用更有感染力、更激烈的音乐配合该运动员的成套动作进行训练，以提高运动员的训练情绪。再例如，某一运动员的腕关节受伤，此时运动员应主动向教练员报告伤病。教练员知道情况后，可要求运动员在进行成套训练时不做腕关节用力的难度动作，根据具体情况制订训练计划。竞技健美操训练要求在较短的时间内，使运动员熟练地掌握操化动作和难度动作，不但要求运动员认真练好每一个技术动作，而且要求教练员应使用科学、有效的教学手段。以上 6 种训练方法是竞技健美操训练中必不可少的训练方法，合理地应用，可以提高运动员的技术水平，使运动员以良好的状态投入竞赛。

第五节　竞技健美操周期训练框架

竞技健美操训练是一个长期系统工程。竞技健美操运动员的多年训练过程由选材、训练、竞赛及管理等部分组成。其训练体系是由多学科理论知识的支持，逐步发展为具有鲜明特色的科学体系，其最终目标是要夺取世界顶级比赛的冠军，而这个目标要通过多年训练框架的每一个阶段的落实来逐步实现。

优秀健美操运动员的周期训练框架包括选材阶段、基础训练阶段、专项提高和最佳竞技训练阶段、最佳竞技保持与延长运动寿命训练阶段。

一、选材阶段

运动员选材是运动训练过程的重要组成部分，是指根据一定的标准和测量评价手段选拔适合从事某类运动项目训练的专门人才的过程。运动员选材被视为运动训练的起点。在竞技健美操技术水平快速发展、竞争异常激烈的今天，科学选材已成为提高运动员技术水平、达到高水平的根本保障。因此，在选材的过程中要利用科学的方法和手段，提高选材的准确性。

健美操项目属技能主导类表现难美项群。健美操运动员的选材要重点考虑运动员的身体素质和身体形态指标以及表现力等因素。健美操运动员的身体形态既要符合美学要求，又要符合力学要求。对于女运动员来说身体形态最为重要；对于男运动员来说，身体形态在符合力学要求的基础上，身体素质和技能相对更为重要，而在高级选材中多以心理素质和技能为主。总之，在实际的选材工作中，必须对选材运动员的形态、素质、机能、心理等几个方面进行综合考虑，区分主次，合理科学地进行。

二、基础训练阶段

运动员的基础训练阶段在竞技健美操的训练中占有重要的位置，是运动员成才的基础，因此应注重此阶段的训练。基础训练阶段的总任务是发展一般运动能力，在这一阶段中，首要的任务是发展运动员的协调能力及基本运动技能，培养运动员的一般心理品质。

此阶段主要内容是对运动员进行基本姿态、基本动作、基本技术、基本难度的训练，着重加强关节力量的训练以及下肢各关节弹性的训练，为健美操训练打下坚实的基础。应突出对运动员进行基本功训练，其中对于形体训练、身体训练和表现力训练也要有所重视，因为该项目不同于其他的项目，对于运动员的身体形态和在比赛场上的感染力有很大的关系，教练员应充分认识到这一点。由于音乐是健美操的灵魂，在训练中经常对运动员进行音乐欣赏和音乐节奏感的培养有助于运动员在比赛中很好地表达自己的动作。另外，表现力的好坏会直接影响运动成绩的结果，因此在运动员的早期训练中应主要以基本功训练为主的基础上，加强形体训练、表现力训练、身体训练、音乐欣赏、乐感的培养等。

此阶段的运动负荷要坚持循序渐进的原则。负荷逐步增加，会对运动员机体提出更高的要求，导致产生新的生物适应现象，有效地提高运动员的竞技能力。

三、专项提高和最佳竞技训练阶段

专项提高阶段和最佳竞技训练阶段是整个训练过程的关键阶段，主要任务是在巩固一般运动能力的基础上重点培养和提高专项运动能力，以达到最佳竞技阶段。此阶段应集中进行专项训练，并积极参加运动竞赛，在适宜的比赛条件下创造优异的运动成绩。

此阶段主要训练内容是规范基本动作，提高运动技术与难度动作的掌握水平。首先要发展技术水平，同时要增强运动素质。专项运动能力训练中，要突出力量素质的培养与成套动作的连接训练，注重难度动作训练，抓好高难度动作的学习与掌握，提高难度水平，加强心理与智能的培养，提高心理品质并同时加强表现力训练，提高竞技能力。

专项提高阶段，在坚持大运动量原则的基础上，运动员通常可以比较明显地逐步承受较大的专项训练负荷。根据个人的不同情况，有些运动员的训练负荷可以逐年提高，有些则应波浪式发展。而当运动员达到最佳竞技阶段之后，由于多年的训练和高水平激烈竞赛的影响，常出现伤病的积累，在这一阶段的训练中，要尤其注意细致地安排负荷。负荷通常呈波浪形，有起有伏，有张有弛，保持明显的节奏，从而保证运动员以充沛的精力和理想的竞技状态参加激烈的竞争，取得理想的成绩。

四、最佳竞技保持与延长运动寿命训练阶段

运动员在经过最佳竞技年龄之后，自然发育过程中会逐渐出现体能下降的趋向，长时间的紧张训练和激烈竞赛也会使运动员产生心理上的疲劳和厌倦，以致产生退出竞技舞台的愿望。而实际上，此时这些运动员通过多年艰苦的训练所达到的竞技水平仍然是相当高的，应该而且能够继续发挥其应有的社会效益，继续为国家或本地区在相应的比赛中争取荣誉。在这一阶段的主要任务是，首先要努力保持和提高运动员的心理稳定性，激励他们继续参加训练、比赛和力求创造优异成绩的进取动机，并应根据专项竞技的需要，安排相应的素质训练和技术训练，延缓运动员竞技能力的消退，并力求获得局部的提高。同时还应该加强训练理论的学习，充分利用自己丰富的实践经验，有效地参加运动训练和比赛，延长自己的竞技寿命。

此阶段的主要训练内容是继续加强体能训练，坚持基本动作、基本技术的回炉训练。应突出个性风格训练，努力创新。对体现个人优势的难度动作精雕细琢。尽量减少成套中的扣分因素，保持运动成绩，延长运动寿命。另外，此阶段应继续抓好思想教育和心理训练，帮助运动员充分认识自身的价值，树立战胜困难、战胜自我的信心，并加强他们作为老运动员的事业心与责任感。

此阶段应掌握好运动量，训练负荷通常应低于专项提高阶段和最佳竞技阶段。运动员可以更多地按照自我感觉掌握，控制运动过程。

思考题

1. 健美操训练的目的、任务是什么？
2. 健美操教练员素质构成因素有哪些？
3. 健美操基础训练包括哪些内容，其训练方法是什么？
4. 竞技健美操训练要从哪几方面着手，具体训练方法是什么？

第五章　健美操的音乐与创编

内容提要： 本章主要论述健美操音乐的特点、音乐在健美操中的作用以及音乐与健美操的关系；阐述音乐的基本常识及表现手段；最后，在论述了健身性健美操、竞技性健美操和表演性健美操创编的指导思想和创编原则的基础上，探讨了健美操的创编步骤与方法，为进一步了解健美操音乐的特点和进行健美操成套的创编提供理论依据。

教学目标： 了解音乐在健美操中的作用及音乐与健美操的内在联系；掌握音乐的基本常识及表现手段；能在健美操创编的指导思想及创编原则的指导下，依据健美操创编的方法和步骤进行成套动作的创编。

第一节　健美操与音乐

一、健美操与音乐的关系

健美操源于一些动作逐步加上音乐伴奏后形成的一项具有独特体系的运动。健美操属于时空艺术，以时间和空间为存在方式，以人体固有的韵律形体动作来抒发情感，并按一定的节奏在时间和空间中展开，用形体动作表达激情，表达人体运动的健与美。音乐长于抒情，以富有生命力的音调和旋律，给人以强烈的震撼和巨大的感染。音乐这一表达思想情感的听觉艺术，与健美操这一展示人体运动美的视觉艺术相融合，赋予了健美操项目生机勃勃的活力。人们在观看健美操比赛或演出时，伴随着人体动作对观众视觉的输入，音乐伴奏给予观众听觉上的冲击，这种完美的视、听结合，给观众带来了巨大的艺术享受。可以说音乐是健美操的灵魂，没有音乐的配合，健美操将不能充分体现它的艺术效果，展示其艺术魅力。

二、健美操音乐的特点

与舞蹈、艺术体操相比，健美操更强调动作的力度。因此，健美操的音乐更趋于节奏强劲有力，旋律悦耳动听，热情奔放，富于青春活力。

健美操的音乐速度通常是以10秒钟为单位作为评价动作速度的标准。健身性健美操的音乐速度分为慢、中、快三种：慢速为每10秒钟16～20拍；中速为20～24拍；快速为24拍以上。而竞技性健美操的音乐速度则偏快，通常为每10秒钟26～30拍。

三、音乐在健美操中的作用

音乐的本质是抒发人的真情实感，它借助各种声音的表象，由听觉形象来激发人的视觉形象，使人处于闻其声如临其境的状态。在音乐声中，往往能使人的情绪融入音乐的意境，身体各部分肌肉也不由自主地随之舞动，有效地激发练习者的积极性和热情，使练习者闻声自娱，欲动不止。音乐也被称为"心灵的体操"。优美动听的音乐可以提高练习者的乐感、美感及表现力，丰富练习者的想象力和创造力，陶冶人的情操。人们在欢快、热烈、富有节奏音乐的伴奏下进行身体练习，不仅心情愉快，不易疲劳，并且还可以缓解精神压力，使人既能得到美的享受，又可提高协调性、节奏感、韵律感和自我表现能力。

四、健美操与音乐的内在联系

(一)节奏与律动的同步效应

节奏是事物生存发展的一个基本法则，是时间长短的组织关系，它不仅存在于音乐中，同样也存在于任何事物当中。健美操与音乐以节奏为结合点，但健美操动作节奏与音乐节奏的关系并非是简单的机械组合，而是音乐节奏与动作节奏的和谐统一。一般来讲，音乐的节奏是不可改变的，而动作节奏却不然，动作节奏可以在一小节音乐中做一个动作，也可以做几个动作。但无论怎样的动作节奏，一定要严格按音乐节奏的要求来完成，动作少时不赶音乐，动作多时又不拖音乐，使音乐和动作之间完全吻合。从理论上讲，人的听觉具有一种聚合印象并使之有序化的能力，能够在一连串的音响运动中，主动地以节拍的强弱使之聚合成为有重音的节拍。人体动作的自然形态和自然节奏正是经过音乐节奏的组织和规范，才得以成为有节奏、有韵律的健美操运动。在健美操音乐中，音的高低、长短、强弱、快慢的节奏变化，使健美操更富于律动感。健美操动作之间的连续性律动，在音乐节奏的映衬下，通过动作之间的长短关系，力的强弱关系，速度的快慢关系，幅度的大小关系，能量的增减关系及各种动作要素的对比组合，有机地编织在一起，展现出人体动作的健、力、美。追求最理想的律动组合与音乐节奏内在的同步效应，是人们在健美操运动实践中所追求的目标。

（二）情感与运动的共鸣效应

健美操音乐通常以爵士乐、迪斯科乐、摇滚乐、轻音乐、交响乐和民族乐的形式出现。这些音乐形式易于使重拍强音在轻拍弱音的对比中得以突现，其节拍的强弱、张弛交替使人的听觉和动觉共鸣，激起情感与运动的共鸣。健美操活泼、激情、热烈、奔放的动作能够振奋人的精神，使人产生跃跃欲试的运动与审美情感。健美操在音乐的伴奏下，通过动静、张弛、疏密等各种对比和转化形式，在呈现强烈节奏感的同时，将健美操动作的视觉美与音乐节奏的听觉美融合为一体，引起运动者或观众的审美共鸣。这种共鸣在情感上给予表演者和观众以强烈的感染力。

音乐节奏具有极强的扩散力和穿透力，只有按照音乐的节奏激发人体做有节律的、美观大方的动作，才能再现出音乐的优美，才能使练习者得到健美操运动的节奏感和韵律性的体验，得到情感与运动共鸣的审美享受，并激发起练习者唤醒人体运动情绪的狂热。健美操及其音乐节奏越符合人的情感活动特点，越能促使人体展现出相应的情感效应，感召观众。总之，人体运动伴以情感表达，使人体的动与静、形与神、肉与灵、身与心相互交融，产生强烈的情感共鸣效应，在运动时空意境中得到精神上的升华。也正是这种共鸣效应，使人的身体运动与音乐的情感运动发生直接联系，创造人体运动美的深刻内涵。

第二节　音乐的基本常识及表现手段

音乐有四个物理属性：音高、音值、音量和音色，即音的高低、音的长短、音的强弱和音的特点。这也是构成音乐的基本要素。这些基本要素互相结合，形成了音乐常用的“形式要素”，如旋律、节奏、拍子、速度、调、和声以及力度、音色、织体等。这些构成音乐的形式要素，就是音乐的表现手段。

一、旋律

旋律也称曲调，起伏的乐音按一定的节奏有秩序地横向组织起来，就形成了旋律。旋律是完整的音乐形式中最重要的表现手段之一。构成旋律的要素有音的高低、长短、强弱，旋律将这些音乐要素有机地结合在一起，形成一个完整不可分割的统一体。旋律的表现力和感人力与音乐的各种要素密不可分。

旋律的行进变换无穷，但基本方向大致有四种，分为“平行”、“上行”、

“下行”和“波浪形”。相同音的进行方向称平行；由低音向高音方向进行称上行；由高音向低音方向进行称下行；音由高向低再由低向高的旋律进行称波浪形。旋律进行的方向和紧张度、力度有着紧密的关系。一般说上行旋律紧张度增强、力度增强；下行旋律紧张度缓和，力度变弱。

二、节奏、节拍

节奏，将长短相同或不同的音按照一定的规律组织起来叫节奏，就像旋律的脉搏，像动作一样，能给旋律带来鲜明的性格。音乐犹如千军万马，是节奏把它们有序地组织在一起，按照音乐的强弱、长短，使它们有序地进行着。如果没有节奏，音乐就会杂乱无章，不称其为音乐。音乐的节奏常被比喻为音乐的骨架。

音乐中每一拍都有着或强或弱的规律性变化，把这种相同时值强与弱的变化，按照一定的次序循环重复叫节拍。节拍中或强或弱的时值都是用一拍表示，所以一拍又叫单位拍。单位拍的时值是用某一音符来(常用的有二分音符、四分音符和八分音符等)代表。在节拍强位置上的单位拍叫强拍，在节拍弱位置上的单位拍叫弱拍。在有强有弱，一定长度相同的时间内按着一定的长短次序，由小节线划分，反复的有规律的重复，形成了有规律的强弱变化，这就是节拍的作用。

节奏和节拍在音乐中是交织在一起的，它们以音的长短和强弱，有规律地出现在音乐行进之中。

三、小节、拍子

小节，乐曲中，由一个强拍到下一个强拍之间的部分叫小节，用小节线(划分小节的单纵线)来划分小节。拍子，乐曲中，节拍单位以固定音符来代表叫做拍子。拍子是用分数来标记的，分子表示每小节中单位拍的数目，分母表示单位拍的音符时值，例 2/4 以四分音符为一拍，每小节共两拍。通俗地讲，“拍子”就是用一个手掌来拍。如果用两只手对拍的话，那么一张一合，就叫一拍。

音乐的拍子，根据乐曲的要求而定，比如当乐曲寻求规定的速度是每分钟 60 拍，那么每拍占的时间是每分钟的 1/60，也就是一秒(半拍为 1/2 秒)。如果规定的速度为每分钟 120 拍，那么每一拍占的时间是半秒钟(半拍是 1/4 秒)。这就是拍子的时值。当拍子的时值确定后，各种时值的音符就与拍子连在一起。如 2/4 拍，就是以四分音符为一拍，每小节有 2 拍，叫做四二拍子。

四二拍子就是一小节里有两拍，第一拍是强拍，第二拍是弱拍，然后每小节不断重复出现。这种 2/4 的节奏很适合队列行进使用，所以大部分进行曲都采用这种 2/4 拍的形式。3/4 拍，是以四分音符为一拍，一小节有 3 拍，叫做四三拍子。第一拍是强拍，第二三拍是弱拍。这种节奏很适合旋转，因此通常用在圆舞曲里(华尔兹)。4/4 拍是以四分音符为一拍，每一小节有 4 拍，叫做 4/4 拍。在 4/4 拍里，第一拍是强拍，第二拍是弱拍，第三拍为次强拍，第四拍又是弱拍。健美操中常使用这种拍子。

四、单拍子、复拍子、混合拍子

每小节有两个或两个单位拍的拍子叫做单拍子。

每小节有两个或两个以上的同类型单拍子叫复拍子。复拍子中，有两个或两个以上的强拍。第一个强拍后的各强拍都要比第一个强拍稍弱，因此叫次强拍。如四拍子，其节拍特点是强、弱、次强、弱；六拍子的节拍特点是：强、弱、弱、次强、弱、弱。

每小节有两个或两个以上不同类型的单拍子叫混合复拍子。三拍子，强弱拍的出现无一定规律，速度较自由。

五、乐句与乐段

乐句是构成一首乐曲的一个具有特性的基本结构单位。它能表达出相对完整的意义，如同文章中的一句话一样，故称为乐句。乐句分为前乐句与后乐句，前后乐句相加为八小节，前后乐句同时组成一个乐段。

乐句与乐段在音乐中很重要，可以形成一个音乐形象。大多数音乐是属于对称完成的，而健美操八拍同样也是对称与完整的，这就需要我们把操与音乐的句法对应起来，形成相辅相成的关系。

六、速度、力度

速度是音乐进行的快慢程度。音乐作品都有自己的个性，这是作曲家根据音乐的性质而定的，有些作品抒情些，有些作品激进些，还有紧张的、行进的、活泼的、跳跃的，等等，为达到这个目的，作曲家都要在每一部作品上首先规定一个快慢的“时间表”，就叫“速度”。“速度”与音乐作品中作为单位拍的音符时值有着密切的关系。一般来讲，音符时值长，拍子就慢一些，音符时值短，拍子就快些。每一个音乐作品都不一样，而拍子也是千变万化的，为了准确地表达作曲家对音乐作品的要求，在每一部作品的开头都会标明情绪，标明速度(一般是用音乐术语标明的)，另外还标明每分钟有多少拍，这就明确表示了作曲家对作品的要求。

音乐中音的强弱程度叫力度。力度在音乐中的表现是非常重要的。音乐力度的强或弱和乐曲的内容有着密切的关系。在音乐作品中力度越强，音乐越紧张、雄壮；力度越弱，音乐越缓和、委婉，音乐作品中常运用强弱对比的手法来发展音乐。例如摇篮曲总是用较轻的声音来表现，这类音乐的内容与强的声音是有矛盾的；而隆重胜利具有战斗性的乐曲，却需要用强的声音来表现，这类音乐的内容与听的声音是有一定距离的。

速度与力度在音乐进行中的表现，直接影响到音乐形象的塑造和思想内容的反应。

七、调式、调性、和声

调式，构成乐曲的基础音列。其中一音为中心音，其余各音与该中心音具有依存关系。调式的中心音称为“主调音”。以主调音的音高表示调式，谓之“调性”。乐曲之构成而无一定的调性基础者，谓之“无调性”；同时以两种调性为基础者，谓之“多重调性”。不同高度的乐音同时发声，谓之“和声”。在乐曲中，主音是旋律、和声的核心，其他音与之发生从属关系最后中止在主音上。这样的乐曲就是有调性的乐曲。调式与调性在乐曲中往往发生变化、转换和对比，是表现音乐的气氛、情绪、形象变化的重要手段之一。和声有明显的浓、淡、厚、薄的色彩作用；还有构成分句、分乐段和终止乐曲的作用。

第三节　健美操常见的音乐种类

一、爵士乐(Jazz)

爵士乐始于19世纪末20世纪初的美国，是欧洲文化与非洲文化的混合体，主要来源于黑人社会的劳动歌曲、婚丧仪式、社交场合上所演唱、演奏的散拍乐。其所采用的和声手法是从欧洲音乐吸收而来，最初以即兴演奏为主，以切分的节奏、独特的音色和演奏技巧为特色音乐。

爵士乐的风格特点：

● 即兴演奏——是爵士乐的灵魂。爵士音乐家在演奏的同时创作音乐，以闪电般的速度写出决定，同时也散发出无限的激情。

● 音色——爵士乐的音色鲜明而强烈，独特的音响很容易辨认，但却难以描述。这些音响的特质源于一些特定音的使用，以及这些音在旋律或伴奏中被演奏的方式。

● 节奏——切分节奏是爵士乐最显著的特征。在大多数的爵士风格中，拍子是由打击乐手和低音提琴手奏出。

● 和声——和声丰富而华丽，常常表现一种欢乐喜悦的气氛。

二、迪斯科(Disco)

迪斯科音乐出现于20世纪六七十年代，由爵士乐不断演变而成。它标志着以舞曲为基础的早期流行音乐的开始。迪斯科舞蹈活动量大，音乐节奏强烈。随着音乐的强烈而急剧的节奏，即兴地做出不同的身体动作，毫无约束地表现出动作的个性。

迪斯科音乐的风格特点：旋律继承了爵士乐的切分节奏，明快而有力，更强调打击乐，多采用单拍子，重复不间断地出现，表现出一种旺盛的精力。

三、摇滚乐(Pock music)

摇滚乐是20世纪50年代兴起于美国的一种通俗音乐，由美国西部的乡村歌手在演唱中吸取黑人音乐的因素而逐渐形成，也是一种从爵士乐当中派生出来的音乐。

摇滚乐的风格特点：音调亢奋喧闹，乐句简单而不断重复，节奏富有强烈的动力感，多用吉他、钢琴、鼓、萨克斯管等乐器伴奏。

四、轻音乐(Light music)

轻音乐是相对古典音乐而言的，即用通俗流行手法进行改编诠释，用小型乐队进行演奏，以营造温馨浪漫情调、轻松优美氛围为宗旨，带有休闲性质的一种通俗音乐。轻音乐的风格特色，较之其他音乐形式更为轻快活泼，富有风趣，特别是它的曲调格外动听。一些交响乐、管弦乐、大合唱等作品，在手法上往往要借用和声、配器、复调等技术手段的帮助，而轻音乐除此以外，更重要的还要靠旋律的优美来完成。因此，轻音乐对于曲调优美轻快的要求，比其他音乐形式更为严格。

轻音乐大致分为五类：轻松活泼的舞曲、电影音乐和戏剧配乐、通俗歌曲及流行歌曲、日常生活中的舞蹈音乐和民间曲调、轻歌剧。

第四节　音乐的选择与剪辑

一、健美操音乐的选择

音乐素材是健美操音乐制作的基本材料和基础。纵观近几年世界健美操锦标赛，夺得冠军套路的成套音乐无疑不具有鲜明的风格和主题。选定音乐素材的过程同时也是确定竞技健美操风格和主题的过程。适合于竞技健美操的音乐素材应该是那些风格鲜明突出，节奏强劲活泼的音乐。所以选择音乐时应注意：第一，选择的音乐要风格突出，有很强的吸引力和号召力；第二，音乐节奏要分明，快慢对比和强弱起伏要鲜明，这样才能把健美操运动员的表演情绪推向高潮；第三，选择具有世界一流演奏水平的乐曲，才能收到最佳的音响效果和艺术效果。

在具体的选曲过程中须注意以下几个方面的问题。

(一)旋律

通常一首乐曲的主旋律代表了该乐曲的主题和风格特点，因此在选择乐曲时，可多搜集一些主旋律相似或风格迥异的乐曲，然后进行分类，整理，归纳，为做不同旋律、不同风格的健美操音乐做好基础素材的准备工作。

(二)速度

健美操音乐的速度通常以拍/10s作为速度的标准单位，而音乐的速度直接控制着一套操的运动量和强度，为此，要根据所编操的类型来选择相应速度的乐曲。表演者为了表现其特有的力度、弹性和艺术效果通常采用24～28拍/10s的音乐速度，这种速度的音乐具有强劲的节奏和感染力，使运动员高度兴奋，情绪激昂，技术超常发挥。

(三)乐句

一般情况下，每节操的动作长短应遵循乐句的规律，并与乐句相符，以求得乐句与动作的一致性和完整性。

(四)乐拍

选择健美操音乐素材，一般宜选择节奏明快、轻松、蓬勃向上的2/4拍或4/4拍乐曲，可有效提高音乐和动作的表现力，使音乐和动作融为一体。

二、音乐剪辑

在完成乐曲选配工作的基础上，第二步所要做的工作是要借助音乐编辑软件，对所选乐曲素材进行加工处理，制作出全新而完整的健美操音乐。

(一)剪辑

剪辑可以在同一首乐曲中进行，也可以在两首或多首乐曲中剪辑。步骤为先选中要剪去或粘贴的部分，然后点击 cut 或 paste 即可，反复多次就可将素材剪辑至所需要的时间长度。在剪辑过程中，我们要注意以下三点：第一，剪辑内容要放在乐曲的开头、停顿、空拍或结尾处；第二，剪接处前后乐曲的主旋律、速度要相近或相同，尽量避免在节奏和旋律方面出现不和谐现象；第三，要尊重乐曲原本的音乐主旋律和结构，顺应乐段的独立性和起承转合的规律，保持乐曲的完整性。在精心剪辑后，一首具有结构完整、旋律优美、节奏清晰的健美操音乐框架就基本形成。

(二)调速

经剪辑后的健美操音乐，如需要进行速度调整，可借助软件中的调速功能。调速一般有两种情况，一种是整首乐曲的调速，另一种是乐曲部分内容的调速，方法相同，只需选中需调速的内容，进行调速，多次反复即可将调速内容调整到理想的速度状态。

(三)加音效

为提高成套动作完成的效果，烘托健美操气氛，增强健美操的艺术感染力，使健美操音乐成为演出或比赛场上的一大亮点，就必须对健美操音乐进行深度加工制作，在一些动作或组合中加入一些音乐效果。制作音乐特效的步骤：首先，根据所创编成套动作的特点，设计出在哪些音节或拍子上加入音效的方案；其次，搜集并提供各种音效素材，并保存以备选用；最后，按设计方案对剪辑调速后的音乐进行音效处理。

(四)修整

根据竞赛规则对竞技健美操成套音乐的要求，用变速的手法将原素材音乐调整至规则范围以内，用剪接的手法去除素材中重复的部分，留下精彩和需要的部分，形成时间、拍节合乎规则要求的完整的竞技健美操音乐完成曲。

第五节　健美操创编的指导思想及原则

任何事物的发展都有自身特定的运动轨迹，健美操的创编也是如此，不同类型的健美操在创编中有着不同的指导思想与原则。

一、大众健美操创编的指导思想与技术性原则

(一)大众健美操创编的指导思想

1. 健身性

人生在世的基本愿望之一是使人自身的健康得到保证与提高，大众健美操的目的在于提高人的健康水平，发展人运动的基本素质。因此，健身是创编大众健美操最重要的指导思想。我们在创编中既要使人的头颈、躯干、四肢不同部位的关节、肌肉得到充分的锻炼，又要有意识地遵循各关节特定的运动形式，创编出各种类型的动作，从而促进肌力的增加、关节灵活性的提高以及通过改变运动位置、方向、节奏、路线，达到既锻炼又健身的效果。因此，在创编中，健身应作为最重要的指导思想之一。

2. 安全性

安全是保证健康的前提条件，因此安全也是创编大众健美操的重要指导思想之一。我们在遵循健身性的同时，也要坚持安全第一的指导思想，避免采用那些容易对身体造成伤害的动作。健美操在创编时应注意以下五点：第一，确保有氧，避免无氧现象的出现；第二，遵循人体自然运动规律，杜绝违反人体自然活动动作的出现；第三，减少运动对关节的冲击力，保护关节；第四，避免肌肉的过度牵拉，防止对肌肉造成伤害；第五，确保成套风格积极向上，给人以朝气蓬勃、轻松愉快的精神面貌。

3. 全面性

注重身体的全面发展也是健美操创编活动的重要指导思想之一。它是保证人体健康、身体均衡发展的重要条件之一。全面发展身体就是全面发展身体各个部位和各个器官系统的机能。如果身体的各个部位得到了锻炼，各个器官系统的机能得到提高，那么，人体的整体健康水平也就相应地得到了提高。因此，在创编健美操时，必须树立全面发展身体的指导思想。

坚持全面发展身体原则，应做到以下三点：首先，根据人体解剖学的特征，选编能够锻炼身体各部位的动作。其次，根据做操对象的具体情况和要

求，选编诸如有利于增强肌肉力量、关节灵活性、身体韧性等不同方向、幅度、频率、速度、节奏的动作。恰当运用这些影响动作的要素，促进身体的全面发展。再次，选编一些有利于心肺功能的动作，确保内脏各个器官系统得到充分的锻炼。

4. 娱乐性

由于健美操综合了音乐、舞蹈、体操等项目的特点，具有较强的艺术性及表现力，人们在从事这项活动的同时会感到身心愉悦，所以健美操才受到人们的喜爱。因此我们在创编健美操时，娱乐性是创编活动的另一个指导思想。世界卫生组织将健康定义为生理健康和心理健康。身心均健康才成为完全意义上的健康。健美操中优美动听的音乐可以陶冶人的情操，合理的动作套路可以强身健体。因此，在设计动作之前，要反复地聆听音乐，感受音乐的内涵，将音乐与动作有机地结合起来，创编出艺术效果极佳的适合身体锻炼的作品。

(二)大众健美操创编的技术性原则

1. 合理的成套结构

“没有规矩，不成方圆。”在创编活动中遵循特定的创编规律与原则是保障动作与成套的科学性、时效性的必要条件。

大众健美操的结构基本上分为三个部分，即准备部分、基本部分、结束部分。

准备部分的主要目的是为下面基本部分做好身体和思想准备。其特点是身体从相对静止状态开始进入运动状态，人体各关节与肌肉得到一般性活动，呼吸加深，身体各器官机能逐渐适应外界刺激，为进入应有的运动强度做好准备。这一部分根据整套操的目的与结构来定，一般有呼吸、一般性伸拉与关节活动等内容，同时也保证动作与呼吸的协调配合。

基本部分是锻炼的主要部分。这一部分的目的是加强运动负荷，提高人体运动的基本素质，使关节肌肉得到锻炼，内脏器官得到锻炼。主要练习形式以操化动作、垫上练习、步法、跑跳为主。在创编该部分时，应注意运动与呼吸的调整，练习与伸拉的交替，以防止机体过度疲劳。

结束部分主要以放松、伸拉为主，目的是放松机体，逐渐降低运动负荷，尽可能地恢复并达到锻炼前的状态。

三个部分之间没有明显的界线，它们之间的过渡是缓和的。在创编时应注意动作的连接和运动负荷的循序渐进。

2. 鲜明的针对性

年龄性别不同，所选用的健美操就不同。在健美操的创编中，创编者首先应该了解练习对象的具体情况，根据不同年龄、性别、职业、能力、爱好、身体情况，以及发展或改善身体某部分的需要，编制各种形式的健美操，旨在解决练习者所要达到的目的，要具有很强的针对性。创编儿童健美操，应具有游戏性质，给儿童带来愉快和欢乐，在设计和选择动作时，应选择一些自然活泼、轻松愉快、造型美观、易于模仿的动作；创编青年健美操时，应多选择钢劲有力、健美大方、富有朝气、时代感突出、有明显锻炼价值的动作；创编老年人健美操时，应选择简单易学、幅度较小，速度稍慢、具有牵拉性质的摆动动作和弹动动作。

3. 动作有序性及流畅性

所谓有序流畅，是指活动部位的有序以及动作与动作前后连接的流畅。有顺序地安排动作，使动作与动作之间的连接有一定的规律并连贯，这样不仅便于锻炼者很好地掌握动作，而且这种合乎规律的步法能保证锻炼的顺畅和不间断，从而达到锻炼的目的。健美操的动作是由下肢步法配以上肢、躯干的运动而成，在学习一个复合性动作时，我们往往把一个复合动作分成若干个单一动作，然后逐步加以组合，如：先做下肢动作再做上肢动作，最后组合成一个完整的动作，或先做动作原形，再在原形动作上加以变化，等等。所以，我们在编排时，可以先进行步法的创编，而后再进行上肢的配合。在进行步法的创编时要注意运动中对身体重心的把握，使步法流畅，身体重心在运动中平稳。步法的主要形式有以下三种：双脚同时运动、双脚依次运动、同一脚的多次运动。在编排这几种步法的变换时要注意步伐变换对重心造成的影响。手臂动作的运动形式与运动范围比较复杂、多样，但归纳起来有双手的对称运动、不对称运动和单手的依次运动、单边多次运动，运动形式有伸、举、摆、绕、振等。对于一般人来讲，对称运动比不对称运动容易接受，上下之间与左右之间在胸前停留一下更容易接受。在编排时，我们可有规律有目的地使用这些形式。

4. 运动负荷的合理性

运动负荷对于一套操的创编是非常重要的。大众健美操要严格地把运动负荷调控在中小强度，使之确保运动中的呼吸供氧。为了有效地达到最佳锻炼效果，应把负荷调控在能达到最佳效果的范围之内。日本神户女子大学补园一仁教授在《关于长寿与健身，增强体质新理论》一文中，把心率作为衡量运动负荷的一种方法。他把同年龄组运动最高心率和实际运动心率进行比较，把运动强度划分为 3 个区。把运动者的平均心率达到此运动者最高心率的 60％～80％

时，定为健身区，此时心率越高对身体的影响越大，锻炼的效果越明显。高于80%为强化训练区，这表明不但运动强度大，且影响身体更剧烈。低于60%为消遣区，只起到一般性活动的作用。

在健美操中常用最高心率公式为：

220－年龄＝最高心率

通常，运动负荷受动作速度、重复次数、时间、动作幅度、肌肉用力等因素影响。相同的时间内，动作速度越快，重复次数越多，幅度越大，肌肉用力越大，运动负荷就越强，反之则越弱。同样保持动作速度、幅度、肌肉用力时间越长、重复次数越多，运动负荷越强，反之越小。在设计健美操运动负荷时应注意负荷逐渐上升与下降，并使之呈波浪式曲线上升与下降，总体上呈正向曲线。因此，在编排结束后，我们可通过对心率变化的测定来确定各节之间的连接顺序，使整套动作符合生理曲线的变化要求。测定心率变化的方法是在每节动作完成后，测一次心率，标出心率变化曲线。这种测定运动强度和健身作用的方法对创编健美操具有一定的参考价值。

5. 注重艺术性和创新性

健美操是一项结合了体操、舞蹈、音乐等项目特点的综合性体育锻炼项目，同时也是一项包容性很强的体育运动项目，它能够很快地吸收新的舞种与新动作，只要对身体锻炼有意的动作都可以吸收。因此，在健美操的创编过程中可以有创造性地吸收舞蹈动作及其他运动项目动作，作为动作素材。但在运用其他项目的动作素材时，应注意舞蹈或运动项目的动作风格应与健美操的风格尽可能地统一，与健美操的特点相接近，保持动作素材与音乐风格的相一致。

二、竞技健美操创编的指导思想

创编作为竞赛活动的先导环节，直接影响着竞技水平的展示，创编的优劣，最终将直接关系到运动员的比赛成绩。所以，明确创编的指导思想，研究并遵循竞技健美操的创编原则至关重要。

(一)竞技健美操创编的指导思想

1. 遵循规则

遵循竞赛规则是竞技健美操创编的主要指导思想之一。规则是竞技比赛的法规，是每一位参赛者都必须遵守的。规则是衡量动作编排及完成情况的标尺，是竞技健美操发展的指挥棒，它的要求指明了竞技健美操的发展方向，是创编者与参赛者参加比赛的指南针，是创编者创编动作的依据。所以，只有遵循竞技规则的创编才是有效的创编。

2. 体现竞技能力

竞技比赛的目标是表现个人或团体高超的竞技能力，超越自我，挑战人类极限。因此，如何在创编中体现运动员高超的竞技能力是竞技健美操创编的重中之重。竞技健美操作为一项竞技体育运动，最终目的是要通过比赛区分优劣，运动员则是通过在比赛中展现自身高超的竞技能力来取得理想的成绩。所以说，体现竞技性健美操的竞技能力是我们创编中的另一个十分突出的指导思想。

(二)竞技健美操创编的技术性原则

1. 艺术创造性

国际体联竞技健美操竞赛规则重视成套动作的艺术性是竞技健美操技术发展的重要趋势，具体体现在两个方面，一方面是，艺术分是竞技健美操的首要裁判因素，当竞赛过程中出现运动员成绩并列时，首先以艺术分高的名次列前。另一方面是2005年新规则对艺术评分内容及评分方法的重大调整，从5大方面20个指标进行细致、具体、综合的评分要求，促进了艺术分评判的科学性和客观性，这种评分规则的大力改进与提高势必引起对艺术分的更加重视。艺术创造性主要体现在基本编排的大力突破和过渡、连接、托举编排的大胆创新和对音乐的深刻理解和动作风格的完美表现上。

(1)基本编排的大力突破和过渡、连接、托举编排的大胆创新

基本编排(包括单个、组合、成套等)是健美操项目永恒的主题。创新是健美操的生命。在编排上有所突破和创新是健美操运动员能够夺冠的首要条件。新规则的修改对成套操的编排提出了更具体的要求，其一是全部动作必须表现出多样性，全部动作包括操化动作、难度动作、过渡/连接、托举动作，这些都必须多样性，多样就意味着新颖，有新意，就不能重复地使用他人用过的动作，所以要达到规则的最高要求，必须在操化动作的编排及成套动作的编排上大力突破。其二是动作内容的选择与安排在成套动作中呈现很好的均衡性，动作内容均衡，势必增加了过渡与连接动作，对过渡与连接动作的创新将是健美操编排上的一个亮点。纵观当今世界高水平运动员之所以能领导技术的潮流，是与其独特的编排分不开的。他们独一无二的编排让人有耳目一新的感觉，在比赛中备受裁判和观众的青睐。同时集体项目中对托举动作的创新是比赛中的点睛之笔。唯有创新动作，才能在比赛中亮出“绝招”。因此，基本动作编排的

巧、美和集体配合的新、绝仍将是未来比赛出奇制胜的法宝。

(2)对音乐的深刻理解和动作风格的完美表现

规则明确指出:“运动员所设计的动作风格必须与音乐的风格一致;选用的音乐必须有运动员通过它的动作、身体表现、感染力和活力共同体现出来。”“健美操所要求的风格是活力、动感、趣味和快乐的外在表现。”也就是说运动员通过运用各种步法与多样的手臂动作形式,在音乐的伴奏下,创造出动感的、愉悦的动作画面,或是运动员通过运用肢体动作来展现音乐中跳跃的音符,给人兴奋、令人欢呼的视觉后情感体验。音乐是成套动作的灵魂。动作是受音乐的感染而产生的一种行为,必须按照音乐的结构来完成,这是健美操的风格之一。竞赛中要求运动员出自内心去感受音乐,并通过动作来表现音乐。运动员能否真正理解成套动作的设计和选用的音乐,在完成过程中用自己的风格将其完全表现出来,是体现该套动作艺术价值的关键。就运动员所展示出的成套动作的艺术性而言,取决于运动员的社会背景、文化背景、教育背景以及在其他艺术领域的综合素质背景。随着世界各国对健美操项目的重视,各国选手之间的竞技能力越来越接近,各单项前几名的选手之间在完成上的差异已越来越小,那么如何突出提高成套动作的艺术创造性的编排已成为竞技健美操技术发展的主要目标。

2. 项目风格本质性

项目的风格是指该项运动技术的本质特性,是它存在的基础,也是它所能表现其全部价值的根据。2001 年规则、2003 年的修订规则以及 2005 年的新规则对难度动作的数量均限制在 12 个,可以看出在竞技健美操成套动作中过多的难度动作并不是竞技健美操的主要发展方向。竞技健美操是融体操、音乐、舞蹈为一体,展示给人们的是健、力、美的特点,在整套动作中应充分展示强烈的节奏感和韵律感,同时要求动作有一定的力度与弹性。给人以美的享受,表现美的形象,美的动作,美的旋律是健美操的项目特色。专家们分析,健美操的风格主要体现在两个方面,身体重心的弹动技术和身体重心的控制技术。身体重心节律性弹动技术是全身的动作节奏与音乐的节奏相吻合的保证。新规则中对动作合拍的评判即是对这种动作节奏与音乐节奏吻合的评判。身体重心标准位置控制技术是使整个身体的姿态不被破坏,表现人体美、动作美、旋律美的基本条件。身体姿态的控制技术是竞技健美操比赛技术较量的焦点。2005 年新规则对身体重心的控制技术提出了更高的要求,不但要控制每个动作,对每个动作的过程也要体现出控制。这种对控制技术的进一步要求,突出强调的健美操项目的风格。尊重和维护竞技健美操项目的风格,大力开发这种风格,将是竞技健美操技术的发展目标之一，也是竞技健美操编排的技术性原则之一。

3. 过渡与连接的流畅性

连接是动作与动作之间、难度与难度之间的连接。过渡是操化动作与难度之间，空中与地面之间，一个平面与另一个平面之间的转换与连接。连接与过渡是整套动作连接在一起的纽带，它的流畅与否将直接影响到整套动作的优劣，直接影响到整个编排的艺术性。《FIG 竞技健美操竞赛规则》对动作的多样性加大了要求力度，健美操的可视性和观赏性也得到增强，成套动作的多样性已成为目前国际健美操比赛的潮流。随着动作多样性的提高，动作与动作之间的连接越来越多，那么动作之间巧妙流畅的连接也越来越重要。同时，2001 年至 2005 年的新规则对难度数量已经保持在 12 个。那么只要有比赛，就有竞争，难度数量一旦被限制，难度动作的水平将会不断提高，分值也将随之增加，同时动作类型也必将趋于多样性。如今已经出现了如空中跳转 270 度成横劈叉甚至更难的复合型难度动作。2005 年新规则中增加了对不同根命名的难度连接的加分，分值是技术的发展导向，0.1 的加分将是每个运动员所追求的。在未来激烈的竞技较量中，怎样完美的组合难度动作将是衡量世界顶尖级运动员实力水平的重要标志。怎样巧妙地将操化动作与难度动作的连接与过渡流畅地编排起来是衡量编排者编排能力的主要标尺之一。

过渡与连接的流畅性可以从几个方面考虑，首先，是创编组合动作时，要注意步法与步法的连接自然流畅，步法是健美操的基础，要做到连贯流畅，步法的重心处理十分重要。特别是各种移动与转体，应当左右腿交替运用，即使连续使用一条腿时必须恰当巧妙，同时配合节奏变化。上肢的连接同样要连贯自然。其次，难度动作与前后动作的过渡必须自然顺畅，当准备做一个难度动作时，应该先考虑它的难度类别、运动形式及前后难度的配合，它们之间的连接应有利于难度动作的完成而且自然、完整。再次，就是空间的利用与路线的变化。空中、站立、半蹲与地面运动是运动员可运用的垂直空间，可以通过运动员身体方向的变化来达到垂直与水平方向的转换。在做这些变化时，应避免生硬的连接，可利用健美操特有的动作特性，如节奏快、变化多、步法变动快等，由一个动作或一个面变化成另一个动作或另一个面。最后就是成套的运动路线。成套的运动路线主要有直线、曲线、波折线、锯齿线、S 线等。最基本的线实际只有两种：一是直线，二是曲线，其他线条都由这两种线条变化或组合而成。路线的编排上，可以有目的地、巧妙地使用这些路线以增强成套动作的流畅感，使成套动作显得饱满与飘逸。不论比赛场地是什么形状，我们都可以把它划分为基本的五个区域，即场地的四个角半径 1 米的区域与场地中央，尽可能地利用步法移动至各个区域，达到场地利用的均衡性。

三、表演健美操的创编原则

表演健美操是属于展示性与观赏性的健美操，它的主要作用是介绍、推广、传播、带动健美操的发展和营造欢乐气氛，鼓舞振奋人心，丰富人民大众的业余文化体育生活。由于其目的是展示与观赏，因此，在创编的原则、方法、内容等方面除了抓住健美操的本质特点之外，还要根据其特点，突出其功能。

1. 强烈的艺术感染力

观赏性是表演健美操的主要目标。通过热情奔放的动作与强烈的节奏、丰富的展现力给旁观者带来美的感受，并使观众通过观看健美操的表演达到了认识健美操、喜欢健美操和愿意参加健美操运动的目的。这就是表演健美操的艺术感染力。

2. 鲜明的主题

主题的表现是展示艺术性的另一种手段。表演健美操用于表演，其有一定的针对性，用于达到某种目的。我们在创编表演性健美操时要先了解表演的目的，如果用于展示健身功能，吸引大家参加这项运动，那么这类健美操主要以常见的健美操种类为主，如健身健美操、踏板操、搏击操等。在创编时要有意识地强调该类健美操本身的特点，让人们了解其健身功能，动作的编排不要太难，以避免观众望而却步。如果用于展示艺术美，那么在编排时就要从人体美、健康美和运动美的角度出发，展示出健美操的韵律美、动感美，从精神上给人们带来活力美、愉快美，从艺术的角度揭示生活的美好与生命的美丽。如果是展示技巧，在创编时就应以高难动作为主来体现竞技性特征。这类健美操惊险复杂，观赏性也很强。如果用于烘托欢乐气氛，这类操编排的自由空间较大，可以利用某一生活中或想象中的事物作为描述的内容，无论是动作体现还是音乐体现，都是很好的艺术体现。但在这类操的编排中，健美操应该是主体，编排之前尽可能地将服装、灯光、舞台美术等因素全面考虑，将会更加突出健美操的艺术魅力。

3. 以音乐为灵魂

音乐是健美操不可缺少的部分，可以为创编带来广阔天地与灵感。在创编中，要准确地表达音乐激情与内涵，在掌握音乐知识的前提下，在必要设备的支持下，也可以按自己的意愿首先创作音乐，再进行动作创编，这样就可以使动作与音乐结合得更加完美生动，充满生机。

第六节　健美操的创编步骤与方法

健美操的创编过程有多种，但常见的主要有以下两种：

第一种：

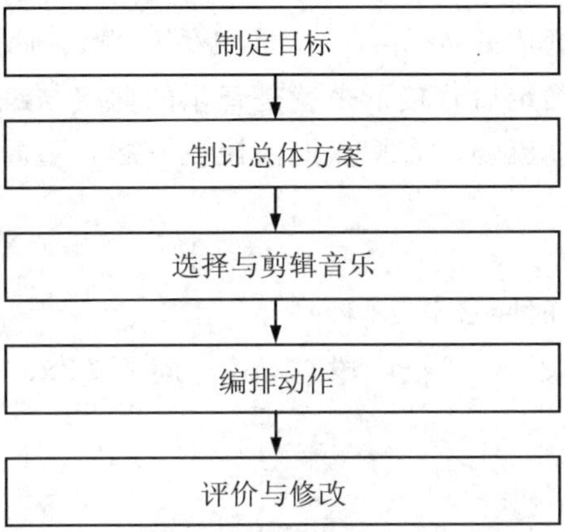

第二种

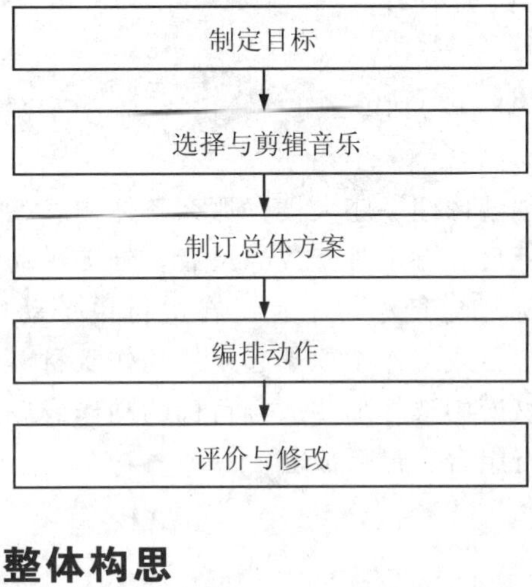

一、制定目标与整体构思

创编的第一步应是制定目标，只有目标明确，创编才有目的性。制定目标时，首先要明确创编的目的、任务和要求，再了解练习者的年龄、性别、身体状况及运动基础。明确这些后，再确定操的类型、风格和特点，然后再进行整体构思。

二、音乐选择与剪辑

有了整体构思后，再根据创编的目标，选择音乐的风格。在确定了适合健美操的音乐后，要反复聆听音乐，感受和体味乐曲的开始—发展—结束，以及音乐的过渡部分。与此同时，着手划分音乐的段落，并进行筛选，筛选出比较适合的音乐段落并根据成套动作的结构或具体要求，确定音乐的长短、起伏。在音乐的长短及段落确定后，接下来就是音乐的剪接与编辑工作。具体就是将这些零散的段落自然、流畅、有特点地衔接在一起，重新构成一个完整、新颖的乐曲。

例 1：

原创音乐：(假设时间 2 分 28 秒)

前奏(4x8)—A 段(8x8)—B 段(4x8)—间奏(2x8)—A 段(8x8)—B 段(4x8)—结束(2.5x8)

共计(32.5x8)

剪辑后音乐成品：

前奏(2x8)—A 段(8x8)—间奏(2x4)—动效音 0.5x8－B 段(4x8)—结束(2x8)—动效音(0.5x8)

共计(19x8)

三、创编动作

如果说健美操的创编像建一座大楼，那么整体构思就是创编的结构图或骨架，音乐就是创编的标尺。有了骨架或标尺后，健美操动作的编排就是按照设计好的图纸和规定的标尺进行添砖加瓦。在进行单个动作或组合动作的创编时，可以运用平时在学习或工作中积累起来的动作素材，根据音乐及健美操的风格特点，在动作素材库中选择那些适合目标的动作或凭感觉创编，然后再按照创编原则对动作进行组合，最后成套。

四、评价与修改

当一套动作初步完成之后，先进行实践性检验，根据实践进行修改，使成套动作趋于合理与完善。有条件的还可以请有关专家对该套动作进行评价并提出修改意见。

思考题

1. 简述健美操音乐的特点，健美操音乐与动作的关系及内在联系。

2. 简述音乐的基本常识及表现手段。

3. 简述健美操创编的指导思想及原则。

4. 简述健美操的创编步骤与方法。

5. 以创编健身性健美操为例，试述如何依据健美操创编的指导思想及创编原则进行创编，并写出创编步骤。

第六章　健美操与科学健身

内容提要：本章介绍了健康、体质、体适能的概念，介绍了运动缺乏病的概念及其对健康的危害。在阐述了健美操科学健身的生理学和心理学基础的前提下，重点介绍了提高心肺耐力、身体成分和体重控制、提高肌肉力量和肌肉耐力、锻炼柔韧等运动方案的制定及运动强度自我监控的方法。

教学目标：了解健康、体质与体适能的概念及三者之间的关系；认识到运动缺乏病对健康的危害；基本掌握提高心肺耐力、身体成分和体重控制、提高肌肉力量和肌肉耐力、锻炼柔韧等运动方案的制定方法和运动强度的检测方法，并能初步运用这些方案进行健身指导。

第一节　健美操科学健身的理论基础

随着社会经济的高速发展，人们的生活水平有了明显的改善与提高。增强体质、促进健康已成为现代人共同追求的目标，正如世界卫生组织所倡导的："社会发展以人为本，人的发展以健康为本。"但是，随着人类生存条件的明显改善，也带来了许多负面影响，如现代"文明病"(肥胖、高血压等)发生率的增加和身体活动严重不足等已经成为影响健康和制约人们体质水平提高的主要因素。健美操起源于传统的有氧健身运动，其持续一定时间的，中低强度的全身性运动特点，对人的心肺功能和有氧工作具有积极的影响作用，尤其是对体重控制、减肥降脂、改善形体以及减少慢性疾病的发生率都具有良好的效果。本节从生理学、心理学的角度对健美操科学健身的理论基础进行阐述。

一、健康与体质、体适能

(一)健康的概念

健康的概念随着人类对客观世界认识的不断深化而改变。过去对健康的单纯认识，即"无病、无伤和无残"或"健康是机体的一种动态平衡状态"等，已不能准确地反映健康的本质或全部。“健康(Health)不仅是免于疾病和衰弱，而且是保持体格方面、精神方面和社会方面的完美状态。”这是世界卫生组织(WHO)给健康的明确定义。由此可见，健康不仅是指人体各器官系统发育良好，功能正常，体质健壮，具有良好的生活和劳动效能，更为重要的是与生存环境间良好的协调与均衡，以及对自然和社会环境有较强的适应能力。

(二)体质和体适能

体质(Constitution)最早来源于构成和组成，其原始的含义为：某一个体的一切生物学特征的总和。体质的研究范畴是针对人体结构和功能之间的相互关系。医学界普遍使用“Constitution”，其强调体质研究的重点是个体的特殊状态，带有共性特征的群体体质是建立在个体特征基础上形成的普遍规律。

“Physical fitness”是欧美国家对体质的认识。“Physical fitness”译文有体质(中国内地)、体适能(港澳台)、体能、体力。

“体质”是中国体育界关注和研究健康问题的一个独特视角。“发展体育运动，增强人民体质”一直是我国体育工作的基本方针。目前，我国体育界对体质的界定是：“体质是人体的质量，它是在遗传性和获得性基础上表现出来的人体形态结构、生理功能和心理因素的综合的、相对稳定的特征。”

Physical fitness 的本质是一组属性，从生活角度看，它是人类对现代生活的一种身体适应能力；从生理机能方面看，它是指人类身心构成要素中的全部机能，表现为运动能力、工作能力和抵抗疾病的能力；从身体组成方面看，它包括体型、机能和运动等适应能力。所以 Physical fitness 的本质是“身体适应能力”，体适能就是其简称。美国运动医学学会(American College of Sports Medicine，ACSM)将“Physical fitness”定义为“机体在不过度疲劳状态下，能以最大活力愉快地从事休闲活动的能力”。与健康有着密切关系的健康体适能主要包括心肺耐力、身体成分、肌力和肌肉耐力和柔韧素质。它不仅是机体维护自身健康的基础，而且还是机体保证以最大活力完成日常工作和降低慢性疾病危险因素出现的条件。

(三)健康、体质与体适能的关系

随着人们对健康认识的不断深入，从“生物、心理和社会”三维层面关注健康越来越被人们接受，健康已经成为全世界范围内人们所关注的话题。体质作为人类具有的基本特征，其内涵与“现代健康观”有许多相似的成分。两者之间既有差异，又密切联系。

医学界普遍认为，体质“一分为二”，就是健康和体力，体力和健康不能相互替代，各自相对独立，只有把体力和健康有机的结合，才能完整地反映出体质水平。体育界对体质和健康的认识基本上是将部分医学常规检查归入到健康范畴。而将身体发育水平、机能水平和运动能力水平纳入到体质范畴中。总之，体质和健康从不同侧面反映了人类在生物、心理和社会层面上的基本特征。体质是健康的物质基础，健康是体质的外在表现，两者密切联系，不可分割。

WHO对“体适能”的解释是使肌肉做功达到满意程度的一种能力，属于身体对外界适应环境的一种能力。其中，健康体适能是评价一个人生理能力的常用指标，是健康的基础；在一个人生长、发育和衰老过程中，随着生理机能的逐渐衰退，健康体适能也会随着下降。此外，反映健康体适能的指标还有慢性疾病的预测因子，如冠心病等。健康体适能的下降将会增加慢性疾病的发生率，所以健康体适能能直接反映个体的健康状况。

二、健康与运动缺乏病

(一)运动缺乏病的含义

运动缺乏病是指由于身体活动不足所导致的部分慢性疾病的总称。个体由于不经常参加体育锻炼，结果导致运动缺乏综合病的出现，表现为高血压、高胆固醇、肿瘤、肥胖、肌肉一骨骼系统失调等疾病。

(二)对健康的危害

许多研究证实，身体活动和锻炼不足，以及久坐的生活方式会导致身体发生许多不良反应，而从事规律的身体活动和锻炼将有助于预防许多慢性疾病和早衰现象的发生，并维持高水平的生活质量。根据美国疾病预防和控制中心的调查报告，美国有250万人因为久坐造成体质明显下降，美国人中有30.5%的人不参加运动或28.5%的人不参加规律运动，尤其是成年人群中有60%的人不参加规律运动。身体活动不足是心脏疾病的重要危险因素。我国国民体质监测中心的调查报告也显示，我国中青年群体中，不参加体育锻炼的人数占60.1%(男性)、64.2%(女性)，明显高于参加体育锻炼的人数。由此可见活动不足已经成为影响现代人健康水平的重要因素。

三、健美操锻炼对健康的影响

(一)健美操项目的特点

健美操起源于传统的有氧运动(Aerobic exercise)，是由Kenneth. Cooper

博士于1968年倡导的，并迅速风靡整个世界。有氧运动是指身体大肌肉群反复从事连续的、有节奏的，且能够持续较长时间的活动，机体在运动过程中，吸入的氧气量能够满足运动中的消耗，不会造成体内乳酸的大量堆积。健美操是有氧运动的一种。通常采用徒手或轻器械进行练习，在氧供应充足的情况下，以人体有氧系统提供能量。其运动特征是持续一定时间的，中低强度的全身性运动，其主要运动形式有有氧健身操、肌肉力量练习和拉伸。这些运动形式对人体的心肺功能、身体成分控制、肌力和肌肉耐力及柔韧都有很好的锻炼作用。

(二)健美操影响健康的生理学基础

1. 促进心肺功能的提高

一个人的运动能力和竞技表现主要取决于心血管、肺和骨骼肌系统的功能。心肺耐力水平是维持健康和体质的基础，因为低水平的心肺耐力可以增加慢性疾病的发生率和死亡率；相反，高水平的心肺耐力不仅会明显降低患病率和死亡率，而且，还常常伴有高水平的身体活动能力，所以具备高水平的心肺耐力是增强体质和促进健康的重要条件。

健美操运动作为全身性、有节奏的、强度较低、持续时间长的有氧运动形式，对于提高心肺功能和发展有氧代谢能力具有极大的作用。首先，健美操运动提高大脑皮层神经过程的均衡性和机能稳定性，改善参与运动的有关中枢间的协调关系。其次，增强呼吸肌的力量，扩大胸廓的活动范围，增多充气肺泡的数量，增加肺通气量，进而增大肺部的容积和吸氧量，使肺贮备能力和适应能力增强。再次，健美操运动对心血管系统的形态、机能及调节能力产生良好影响，长期参加健美操锻炼，可以使心肌纤维增粗，心肌收缩力增强，心输出量增加，提高供血能力。最后，健美操运动引起慢肌纤维出现选择性肥大，增多肌纤维毛细血管的数量和分布，增高氧化酶的活性，增大肌红蛋白的数量，使肌肉摄氧和利用氧的能力增强。研究表明，健美操促进心肺功能的提高主要表现在以下几个方面：增加最多吸氧量；降低次最大强度运动的心肌耗氧量、心率和血压；增加乳酸阈值和增加心肺耐力和骨骼肌内毛细血管数量。

2. 提高肌力和肌肉耐力

20世纪90年代以后，ACSM倡导均衡发展“健康体适能”，建议除了提高心肺耐力，还要重视肌肉力量的提高，并指出：肌力和肌肉耐力是“健康体适能”的重要组成部分。从事规律的肌力和肌肉耐力的训练对增强体质具有十分重要的意义。随着强有力的音乐节奏，健美操动作的频率和负荷强度也进行着有节奏的变化，这对肌力和肌肉耐力将产生卓有成效的锻炼。健美操动作是人体肌肉活动的有效手段，其动作力度、幅度的要求将通过肌肉活动产生负荷作用于人体。长期的健美操有氧耐力练习，会使锻炼者慢肌纤维百分比增高且出现选择性肥大，同时还伴有肌红蛋白、线粒体及其氧化酶活性和毛细血管数量增加等方面的适应性变化，这种适应性变化可以提高肌肉有氧氧化过程的效率及机体动用脂肪功能的能力。其外在表现为人的肌肉力量增强，工作能力及工作效率提高。同时健美操中采用的手持轻器械的力量练习还能使肌肉的围度增加，肌肉的弹性增强，使人的体形匀称、健美。

3. 控制体重和身体成分

身体成分的评价一直被医生、教练员和体质专家作为评价健康、运动能力和体质的主要依据，特别是对于成年人和老年人群。大量研究表明：肥胖是引发心血管疾病、高血压、高血脂等疾病的危险因子，也是导致运动伤害和运动能力低下的主要因素。所以，身体成分保持理想水平或维持体重在正常范围内将是保持体质水平和避免疾病发生的基础。

肥胖产生的生理机制是能量的摄入大于能量的消耗，机体处于能量正平衡状态，在人体中，能量的正平衡以脂肪形式储备，这就造成了脂肪的堆积和肥胖的出现。健美操作为一项长时间、持续性的有氧耐力运动项目，对于减少脂肪和降低体重具有良好的影响作用。其通过增加人体肌肉的能量消耗，促进脂肪的分解氧化，降低运动后脂肪酸进入脂肪组织的速度，抑制脂肪的合成而达到减肥的目的。其具体表现为：

(1)促进脂肪分解，抑制脂肪合成：通过加强儿茶酚胺的效益，提高脂肪细胞内环一磷酸腺苷的水平，从而激活甘油三酯脂肪酶的活性，促进脂肪分解；同时运动还可降低葡萄糖－6－磷酸脱氢酶的活性，进而抑制脂肪酸的合成。

(2)促进脂肪的代谢和利用：运动时肌肉对血液中游离脂肪酸和葡萄糖的奢求和利用增多，这不仅使脂肪细胞释放出大量的游离脂肪酸，使脂肪细胞缩小，而且使多余的血糖因被消耗而不能转化为脂肪，致使体内脂肪减少，体重下降。

(3)基础代谢率提高：随着运动的增强，基础代谢率也在增加。在运动后持续几个小时的高水平基础代谢率，不仅偿还氧债，而且增加能量消耗。这种效果在活动结束后至少可持续 6 个小时。如果每天能坚持锻炼，提高基础代谢率，可使锻炼者每年减少约 2 千克重的脂肪。

另外，健美操运动可通过中枢调定点机制和神经内分泌机制，发挥控制体重的作用。

4. 降低慢性疾病的发生率

慢性疾病的发生是多种因素共同作用的结果，但缺少必要的体育活动是共同的基本诱因之一。适当的运动具有降低慢性疾病发生率的作用。随着全民健身运动的发展，体育运动作为一种防治疾病的非药物无创方法，日益受到人们的关注。健美操运动时，音乐的伴奏可以使人产生愉快兴奋的情绪，并在大脑皮层的调节下，促使脾胃功能得到增强，这是预防和治疗消化系统疾病的积极手段。另外，由于健美操本身的动作特点，其动作始终在腰腹部控制下进行运动，使腰腹肌和骨盆肌得到锻炼，同时也加速了该部位脂肪的有氧代谢。研究表明，健美操运动对降低慢性疾病的发生率主要表现在降低冠状动脉疾病的危险因子，具体为降低安静时收缩压和舒张压；减低血胆固醇和增加高密度脂蛋白含量；降低体脂肪量，尤其是腹部脂肪量；降低胰岛素的需求量，改善葡萄糖耐受力等。

(三)健美操影响健康的心理学基础

1. 健美操运动对心理过程的影响

参加健美操运动的心理过程是指人参与健美操心理活动从产生、发展变化到完善的过程。这个过程主要包括认识过程、情感过程、意志过程和个性心理过程四个方面。

(1)认识过程

认识过程主要包括认识和实践过程。就是通过对健美操的感性认识，到形成运动表象，通过运动实践练习和大脑的积极思维，最后掌握健美操的动作并能进行积极锻炼的过程。

(2)情感过程

情感是人对事物是否符合自己的需要而产生的体验。健美操运动是情绪的调节剂，健美操音乐节奏强劲有力，动作优美、丰富，具有烘托气氛、激发人们情绪的效应。健美操的练习者精神焕发，充满青春活力。研究表明，长期性的健美操锻炼对长期性的轻微和中度的焦虑症和抑郁症有治疗作用。

健美操的强劲、富有表现力的动作和优美、动听的音乐能使人产生美的情感。健美操运动能给人带来大方、自然、协调与健康的美。美感是关于客观事物或人的言论、行动、思想、意图是否符合人的美的需要而产生的情感。这种情感在人的整个情绪活动中占主要地位，对人类生活起着十分重要的作用。美感表现为对美好事物的肯定，美感是在人的社会性需要基础上产生的，是为人所独有的。健美操是一项艺术性较强的项目，健美操所表现出的“健康美”、“形体美”、“动作美”、“技术美”、“造型美”、“音乐美”、“服装美”使健美操练习者能在欣赏美、感受美的基础上提高对美追求的境界，并形成在生活中创造美的意识和行为习惯。

(3)意志过程

健美操运动对人意志品质的影响表现为坚强的意志品质，主要表现为自觉性、果断性和坚持性。参加健美操锻炼者通过活动使身体受益，形成良性循环，产生自觉行为。学习和练习健美操能提高人的动作记忆和再现能力，提高神经系统的灵活性、均衡性，从而发展了人的协调能力，并能迅速采取行动，培养意志的果断性。健美操的娱乐身心的功能能使人在欢乐的气氛中进行身体锻炼，不宜疲劳，这种锻炼身心的双重功效能催化人们坚韧的毅力，达到锻炼的目的。

(4)个性心理过程

性格是个人对现实的稳定的态度和习惯化了的行为方式。性格是人的独特心理特征的总和，经常参加健美操锻炼的人群一般比较勇敢，比较大方，具有开朗、热情、坚定、意志坚强和情感深刻、丰富等优良的性格特征。

2. 健美操运动对人社会适应性的影响

随着信息化时代的到来，人与人之间的隔离与孤独也在发展。健美操运动在解决这些现代人类社会的特殊矛盾中起着独特的作用，健美操锻炼也是一种社会活动，会涉及人际交往的变化，在健美操锻炼中，不同的人们相聚在一起，真诚地为一个共同目标而运动、呐喊、兴奋、激动。人与人之间打破人际交往的界限，重新构建了平等、亲密、和谐的人际关系，这种群体或个体之间的互动交流，极大地培养了个体的社会适应性。

第二节　健美操科学健身的实践指导

体育运动对增强体质、预防疾病和促进健康等都有良好作用。但是，并非所有的人从事相同的运动都有同样好的效果，并非所有的项目都会带来相同的健康收益。因此，不同的个体应有适合其机能需要的不同的运动形式、强度、频率和持续时间。如何科学地从事体育锻炼，使机体最大限度地保持或提高机能水平，使某些疾病得到有效的预防和控制，是进行科学健身的关键问题所在。健美操作为有氧运动项目，在其诞生之初便迅速风靡了整个世界。其健身价值和娱乐功能广泛受到关注和热烈追捧，已成为人们健身的主要运动形式。健美操运动适应性广泛，可以根据不同性别、年龄、健康状况的人群和不同的身体锻炼部位，设计出不同运动强度、频率、持续时间的动作组合，便于在不同群体中开展。本节以健康体适能的四个构成要素为分类依据，主要阐述以健美操为运动形式的健身运动方案以及方案实施过程中运动负荷的自我监控。

一、锻炼心肺耐力的运动方案

ACSM 推荐的典型锻炼心肺耐力的有氧运动模式为：每周 3～4 次，每次 20～60 分钟，采用 50%～80%最大吸氧量(或 60%～90%的最大心率)的强度进行。

(一)运动强度

提高有氧工作能力的训练强度要掌握在有氧代谢范畴之内。因此，运动负荷量和负荷强度的安排至关重要。只有运动负荷量和强度适宜，即在最大限度动用机体有氧代谢系统使其处于最大应激状态下的锻炼，才能有效地提高机体有氧工作能力。健身运动处方中负荷强度的设定，以控制在人体有氧代谢工作的范围内为原则。若以心率为负荷强度指标，有氧工作心率的范围，一般人应在本人最大心率的 60%～85%，中老年人在本人最大心率的 60%～75%较为适宜。最大心率的测算公式为：最大心率＝220－年龄。例如，年龄为 30 岁的运动者，其最大心率为 220－30＝190 次/分。其有氧运动负荷强度的心率范围为 190×60%＝114，190×85%＝151.5。

(二)运动时间

运动时间是组成运动量的重要因素，负荷强度确定后，持续该强度的运动时间就成为影响锻炼效果的重要因素。阿斯特兰德指出，对于发展有氧代谢能力来说，总的工作量远比强度更重要。采用强度较低、持续时间较长且不间歇的有氧健身操进行锻炼，主要用于提高心肺功能和发展有氧代谢能力。其较适宜的运动时间至少在 15 分钟以上，其原因主要是机体内脏器官的机能惰性较大，需在运动开始后一段时间才能发挥最高机能水平。例如，人体开始运动 20～60 秒后心率才可到达必要的水平，而心输出量、吸氧量和氧脉搏在开始运动后 2～3 分钟才急剧增加，其后需 4～7 分钟增加到较高水平。研究表明，对于提高心血管系统机能和有氧工作能力为目的的运动较适宜的运动时间为每次运动持续 20～60 分钟。

(三)运动频率

研究表明，每周 3～4 次的经常性的有氧运动锻炼才能保持平均水平以上的有氧代谢水平。持续锻炼是保持良好健身效果的重要因素。

(四)注意事项

1. 运动中应注意将运动负荷控制在有氧代谢范畴内。

2. 高血压患者运动的时间带(指一天中进行运动的时机，即在何时进行运动)，上、下午要比早晚好，其理由是脑溢血的发病有早晚多而上、下午少的倾向。

3. 心血管病患者或中老年人运动的时间带应避免在清晨8点以前。

4. 避免空腹运动和饭后立即运动。

二、身体成分与体重控制方案

ACSM建议控制体重的计划：成年人每日能量的摄入量不要低于1200kcal，不要过度限制能量的摄取，以免造成营养不良；每日所摄取的能量要低于所消耗的能量，达到能量负平衡；每周减少体重的量不要超过1千克，体重要逐渐降低；尽量调整和改变导致肥胖的不良饮食习惯；从事有规律的有氧运动，每日运动要消耗300kcal以上的能量，锻炼要持续不断地进行。

有氧运动、饮食控制与良好的生活行为是控制身体成分的必须条件，三者缺一不可。运动是减少人体多余脂肪的有效方法，其优势在于减少体内多余脂肪的同时，保证瘦体重不降低或增加。采用单纯节食减体重，瘦体重也会下降。采用全面禁食减体重，体重减轻基本是由于瘦体重减少造成的，可占全部体重丢失的45%。所以控制饮食与有氧运动的合理搭配，才是修正身体成分和控制体重的最好方式。其采用有氧健美操进行体重控制的运动方案如下：

(一)运动强度

如果以消耗多余脂肪为目的，动用脂肪供能的运动强度应为刺激体脂消耗的“阈值”，即50%～85%最大摄氧量或60%～70%最大心率。通常以心率作为运动强度的评价指标。严格地说，适宜的运动心率范围(靶心率)需要通过递增负荷试验确定。由于递增负荷试验的条件和要求在一般情况下难以实施，所以通常以一些相对简单的方式推测适宜的运动心率。

运动心率范围(靶心率)=(220－年龄数)×(60%～70%)

(二)运动时间

肥胖的产生是由于人体能量的摄入大于能量的消耗，机体处于能量正平衡状态，能量的正平衡便以脂肪的形式储存。减肥控体重的机理就是增加能量的消耗，使人体能量的消耗大于能量的摄入，机体处于能量负平衡状态，并动用脂肪供能。根据人体三大供能系统的特点，磷酸原供能系统和糖酵解供能系统提供能量非常快速，而且不需要氧，但合成的ATP数量非常有限，因此长时间运动中，骨骼肌必须依靠有氧供能系统提供能量。要使脂肪作为有氧供能物质氧化分解供能，其运动时间必须达到30分钟以上。因此，以减肥降脂为目的的有氧锻炼的时间每次至少为30～60分钟。练习者应根据自身情况选择练习时间的长短，但最少不低于30分钟。

(三)运动频度

运动频度控制在每周3～5次。

(四)注意事项

1. 运动必须循序渐进，即从低水平的能耗到高水平能耗，运动过程中不宜有较大的强度变化，应该保持平稳的运动节奏。

2. 运动强度必须足以达到引起增加机体热量消耗的要求。

3. 过度肥胖人群应考虑自身体重对下肢关节的影响，尽量避免过多的跑跳或屈蹲。

4. 运动方案通常适用3～6个月，随后应重新设计。

三、肌肉力量和耐力的运动方案

ACSM推荐的发展肌力的方法为负重4～8RM(repetition maximum最大重复次数，1RM就是受试者最后仅能成功完成1次的重量)，2～3组，每周2～3次，当每组能够完成8次以上，增加负重和训练组数。发展肌肉耐力的方法：负重15～30 RM，2～3组，每周3次，值得注意的是：进行上肢肌群练习的起始重量为体重的1/4～1/3；如体重为180磅，则起始重量为45～60磅，进行下肢肌群练习的起始重量为体重的1/2～2/3；如体重为180磅，则起始重量为90～120磅。经常从事肌肉力量练习对维持体重、保持优美体形具有十分重要的作用。具体实施方案如下：

(一)锻炼原则

1. 超负荷原则：施加的负荷要超过机体组织、器官所能承受的正常负荷；尤其是当肌肉适应该负荷以后，要循序渐进地递增负荷，以促进肌肉功能的进一步提高。

2. 特殊性原则：力量练习计划要有针对性。例如，采用大重量的练习计划，会促进肌细胞体积增大，使肌力得到发展；相反，如果采用轻重量，多重复次数，肌细胞产生能量的能力会得到加强，即促进肌肉耐力的提高。

(二)锻炼方法

下面把肌肉力量锻炼方法按其形式分为上肢、躯干和下肢三个部分进行详细阐述：

1. 上肢

在上肢肌肉中我们主要进行肱二头肌、肱三头肌和三角肌的力量训练，方法可采用：

(1)肱二头肌、肱三头肌的练习：肱二头肌和肱三头肌是相互对抗的一组肌肉，应作为一个整体进行练习。对于肌肉力量较弱的初学者，可采用两臂对抗屈伸的方法进行自抗练习，练习时注意动作速度要均匀，对于有一定力量基础的练习者，可利用哑铃、腕部小沙袋或橡皮筋做臂的屈伸练习，大臂姿势固定。对于加强肱三头肌练习，可采用屈膝并腿坐，两手体后撑地，手指向前，做臂的屈伸动作，如果增加强度可垫高手的位置。注意控制身体，使肩关节始终对准手部，避免肩关节过伸，造成损伤。

(2)三角肌的练习：可通过手持轻量级哑铃、小沙袋或橡皮筋做向前、向侧、向后的直臂或屈臂的提拉动作。

2. 躯干

躯干主要分为两个部分：一是前胸和后背的肌肉练习，二是腹部前后、左右的肌肉练习。

1. 胸背部肌肉练习方法

一是可通过各种姿势的俯卧撑推起进行训练。做俯卧撑时要注意五指分开，手指向前，前臂垂直于地面，收腹，臀部稍翘。开肘俯卧撑主要练习胸大肌、肱三头肌和三角肌后束。夹肘俯卧撑主要练习肱三头肌、胸大肌。二是可手持哑铃做仰卧向上推或仰卧上举提拉动作或将橡皮筋置于背后做臂的内收动作来锻炼胸大肌，要注意器械的正确握法，正握时，腕关节要固定不动，用力阶段要慢，还原阶段要控制。

2. 背部肌肉的练习方法

背部主要有背阔肌、斜方肌、菱形肌、大小圆肌以及竖脊肌等，主要借助于器械进行该部位的练习。一是利用哑铃做立式飞鸟和俯身飞鸟及手握橡皮筋做水平外展动作。二是也可以通过固定器械练习。

3. 腰腹肌训练方法

一是静耗控制练习。初学者或力量较弱的练习者进行仰卧或俯卧开始，而后进行跪撑、肘撑到用手和脚支撑，使支撑面越来越小，支撑点越来越远的练习，要求身体腰腹肌肉静止性收缩控制能力。二是屈膝仰卧起上体(仰卧起坐)

和仰卧对角起上体(两头起)练习。主要锻炼腹直肌和腹内外斜肌，注意在抬起和还原阶段要控制，避免其他肌肉参与运动。可通过改变手的位置和增加腿的动作来增加动作难度。三是背肌练习。可通过各种俯卧姿势起上体、抬腿等动作进行锻炼，注意在练习过程中避免背弓，确保动用背肌力量来完成起上体动作。

3. 下肢

健美操练习中，下肢动作较丰富，对腿部的练习也较多，可通过分腿半蹲和弓步蹲来锻炼臀大肌、股四头肌、股二头肌和小腿肌等肌肉。取站立或卧式做向后摆腿动作可锻炼臀大肌和股二头肌，向侧摆腿可锻炼大腿内、外侧的肌肉。

(三)肌肉力量训练的注意事项

1. 注意肌肉的平衡和锻炼顺序

在肌力训练中要考虑到肌肉群之间的适当平衡和肌肉群的锻炼顺序，加强对抗肌的练习对预防损伤有重要意义。应同时练习主动肌和对抗肌，并注意协同肌和固定肌。注意肌肉力量练习的时间间隔，避免在同一天进行同一肌群的过度练习。

2. 注意练习要循序渐进

在肌肉力量练习中一定要遵循循序渐进的原则，负荷的增加要循序渐进，负荷重量、练习次数、动作难度等每次变化只改变其中的一个因素，当机体适应后再变化另一个因素，逐渐增加或改变，直到达到一定的水平。

3. 用力要有控制

进行肌肉力量练习时，无论在用力阶段还是在还原阶段，肌肉的用力始终要有控制，避免突然用力或完全放松引起肌肉拉伤。

4. 肌肉的放松

在肌肉力量训练中，肌肉的放松练习对肌肉力量的增长、肌肉弹性的保持具有十分重要的意义。伸展紧张的肌肉对肌肉的恢复和放松很有帮助。每一块肌肉群在做完一组力量练习后都要做伸展练习，使紊乱的肌丝有条理地分布，促进肌肉毛细血管的血液循环。

5. 呼吸配合

在肌肉力量练习中正确应用呼吸技巧是十分重要的。当主动肌用力时血管内的压力增强，这时不能憋气，而应在用力阶段呼气，在还原阶段吸气。呼气时用力肌肉会更好的收缩，呼吸与用力的协调配合有助于对力量练习过程的控制。

四、锻炼柔韧素质的运动方案

柔韧素质的提高主要通过伸展练习来完成，伸展练习就是通过拉长肌肉，适当地降低结缔组织的紧张度，从而达到维持和提高关节活动幅度的目的。伸展练习有两种类型：静态伸展练习和动态伸展练习。具体方法如下：

(一)柔韧练习的方法

1. 静态伸展练习

采用缓慢的速度，逐渐拉长肌肉群，使关节活动逐渐达到最大范围，并持续保持该姿势的一种练习。练习时，不要产生明显的疼痛感。练习时间保持在10～30秒。该练习由于动作伸展速度过慢，肌肉产生的张力较小，施加的外力也是循序渐进。所以提高柔韧素质的效果也较好，发生运动伤害的几率也较低。目前认为静态伸展练习是维持和提高柔韧素质的最好方法，尤其是对中老年人。

ACSM推荐的练习方案如下：

练习方式	静态伸展练习
练习强度	关节无明显疼痛
保持时间	10～30秒
练习次数和组数	10～12次，共计3～5组
每组间隔时间	15～30分钟

2. 动态伸展练习

利用肌肉的反复收缩，使关节尽量伸展到最大活动范围。该方法尽管对发展柔韧素质很有效，但由于动作速度过快，肌张力较大，容易造成伤害，所以不适合不经常锻炼的人群和中老年人群。

(二)柔韧练习时注意事项

1. 伸展练习前要充分热身，可采用有氧操、慢跑等方式。

2. 设计伸展练习动作时，要注意特殊性和循序渐进原则，不可超过人体关节的最大活动幅度，一定要避免产生明显疼痛感的现象。

3. 对于普通人群尽量选择静态伸展练习，尤其是中老年和不经常参加体育锻炼的人群，以确保锻炼的安全性。

4. 伸展练习要注意身体两侧均衡发展，按科学锻炼原则进行练习，使身体得到全面锻炼，应避免时而锻炼，时而中断练习。

5. 伸展练习时，要保持顺畅的呼吸，不可屏息和憋气。

五、运动强度的自我监控

在运动方案的实施过程中，除了按照方案中设定的锻炼强度、时间和频率外，还应根据运动过程和运动后身体的疲劳程度掌握运动量的自我检测和调节。有运动强度，就有疲劳的产生。因此，运动后身体疲劳程度的判断是评价运动强度的重要指标。

（一）心率自我检测

运动中使心率控制在有氧范围内，对健美操运动带来的健身效果十分重要。首先要学会计算自己的目标心率。目标心率，也叫靶心率即是被推荐的心率水平。由美国体育医学院所推荐使用的公式是相对比较精确的目标心率计算方法。其误差在每分钟 5～10 次。该公式计算出心率储备(即最大心率与安静时心率之间的差值)后，心率储备与运动强度上下限的乘积范围即是目标心率的范围。例如，一个 42 岁的锻炼者，其安静时心率为 85 次/分，如果进行运动强度为 60％～70％最大心率负荷的有氧健美操锻炼，其目标心率应该是多少？其计算公式和步骤如下：

最大心率＝220－年龄数＝220－42＝178

心率储备＝最大心率－安静心率＝178－85＝93

目标心率下限＝心率储备×60％＋安静心率＝93×60％＋85＝141

目标心率上限＝心率储备×70％＋安静心率＝93×70％＋85＝150

其次是能熟练地测定自己的脉搏。测定心率的最佳位置是在手腕(桡动脉)、颈部(颈动脉)、太阳穴(颞浅部动脉)及左心前区。测量方法有 15 次心跳计时法、10 秒计数测量法和 10 次心跳计时法。对于运动时心率的测量最好采用 10 次心跳计时法。在运动后即刻，运动员用秒表测得连续 10 次心跳所用时间，操作方法为运动员在一次心跳时按下秒表开始计时，此次心跳计数为 0，之后心脏连续搏动达到 10 次时停止计时。那么每分钟心跳次数的计算公式为：

心率＝(10÷10 次心跳时间)×60

假如一锻炼者 10 次心跳的时间为 5 秒，那么他每分钟的心跳次数就为：

(10 ÷5)×60＝120 次/秒

这种方法的不足是，运动停止后即刻心率会迅速下降，采用 10 次心跳计时法得到的心率会稍低于运动中的实际心率。

（二）运动后疲劳程度的判断

运动持续一段时间后，机体不能维持原强度工作，即为运动性疲劳。适度的运动性疲劳，施以合理的恢复手段可以促进人体机能水平的不断提高，而过度疲劳不仅对提高人体机能水平不利，还会损坏身体健康。因此，正确地认识和判断疲劳，对于科学健身，提高锻炼效果和健康水平具有重要的实践意义。健美操健身中，目前常用来判断疲劳的方法主要是自我感觉，包括自我主观感觉和自我体力感觉。

1. 自我主观感觉

主观感觉是自我表现评定身体疲劳的重要依据，体育锻炼后虽然工作能力下降，但自我感觉身体轻松、舒畅，食欲和睡眠情况良好，特别是运动后有一种舒服的疲劳感，并有继续运动的愿望，说明这种疲劳是体育锻炼的正常反应，可以保持原运动强度继续坚持锻炼。如果运动后感到头晕、恶心及胸闷，食欲不振，睡眠不好，厌恶运动，则表示身体疲劳程度较深，应停止锻炼或降低运动量和运动强度。

2. 自我体力感觉

人体运动时的自我体力感觉与工作负荷、心脏功能和代谢产物堆积等多种因素有关，因此，运动时的自我体力感觉是判断运动疲劳的重要依据。瑞典生理学家冈奈尔·鲍格(Borg)研制的主观体力感觉等级表(RPE，表 6-1)，将原来较为粗略的主观判定与机体生理性客观反映指标相结合，使得疲劳的主观判断更为精确。具体评价方法是，锻炼者在运动过程中根据 RPE 表指出的自我感觉的等级来判断疲劳程度。一般来说，运动者的运动感觉等级在 12～15 之间，说明负荷强度是合理的，中老年人运动时也应达到 11～13 级为宜。

表 6-1　主观体力感觉等级表

RPE	主观运动感觉	相对强度(%)	相应心率
6	安　静	0.0	
7	非常轻松	7.1	70
8		14.3	
9	很轻松	21.4	90
10		28.6	
11	轻　松	35.7	110
12		42.9	
13	稍费力	50.0	130
14		57.2	
15	费　力	64.3	150
16		71.5	
17	很费力	78.6	170
18		85.8	
19	非常费力	95	195
20		100	最大心率

目前，在健身项目中，常将靶心率与主观体力感觉 RPE 两种方法结合，以此来确定或评价运动负荷强度，即先按适宜的心率范围进行运动，然后在运动中结合主观体力感觉等级表来掌握负荷强度，这样可以避免单纯追求某一靶心率的盲目性。由于身体承受运动负荷的能力具有可变性，所以在运动中通过主观感觉和客观生理指标相结合进行运动负荷的监控较适宜。

思考题

1. 简述健康、体质、体适能的概念及三者之间的关系。

2. 简述什么是运动缺乏病，试举例说明。

3. 简述健美操锻炼对健康的影响。

4. 结合实践说明提高心肺耐力运动方案的制订。

5. 结合实践说明身体成分与体重控制方案的制订。

6. 在健美操运动中，进行运动强度自我监控的方法有哪些，并举例说明如何实施。

第七章　健美操竞赛的组织与裁判

内容提要： 本章主要介绍了健美操竞赛的种类、内容、组织工作，以及大众健美操与竞技健美操竞赛规则等。

教学目标： 使学生了解健美操竞赛种类、内容；掌握健美操竞赛组织方法及步骤；熟悉裁判工作的业务并具有一定的裁判工作能力。

第一节　健美操竞赛的种类及内容

一、健美操竞赛的种类

健美操竞赛种类的划分有多种方式，通常情况下，是按照比赛的目的和任务将健美操比赛分为大众健美操比赛和竞技健美操比赛。

大众健美操比赛主要是以健身为目的，以普及为基础的群众性比赛，根据健美操项目自身发展以及社会发展需求来举办各种类型比赛。目前我国举办的大众健美操比赛基本形式有：全国万人健美操大众锻炼标准大赛、全国亿万职工健身活动暨健美操大赛、全国健美操形象大使大奖赛等。

竞技健美操是以比赛获胜为目的，要求参赛者必须具备一定的身体素质和专项技术水平，且受规则规定的限制。竞技健美操比赛的举办不仅能够提升健美操技术水平，同时也能扩大健美操项目宣传力度，促进健美操项目不断地向前发展。目前竞技健美操国际比赛有 FIG 世界健美操锦标赛、IFA 健美操世界杯赛、ANAC 世界健美操冠军赛等，国内比赛有全国健美操锦标赛、全国健美操冠军赛、全国健美操青少年锦标赛等。

此外，也可根据比赛的规模将健美操比赛分为大、中、小型比赛；根据比赛的组织单位分为全国性比赛和地方性比赛；根据比赛的性质分为竞技性比赛、训练性比赛等。

二、健美操竞赛的内容

（一）规定动作比赛

以在赛前创编好的成套动作作为参赛队共同的比赛套路。根据目前我国基层健美操开展情况，为了把握此项目的发展方向，特别编排了一系列大众健美操和竞技健美操的成套规定套路并设立了相关比赛。

（二）自选动作比赛

在符合健美操竞赛规则的基础上根据健美操的各种基本内容自我创编成套进行的比赛。自选动作的比赛是赛前下发规程时，对选用的音乐时间、队形变化以及难度动作等作具体的规定和限制，但需要自编操化动作、过渡连接等，形成完整的成套动作。这种形式在很多大型赛事中均被采用。

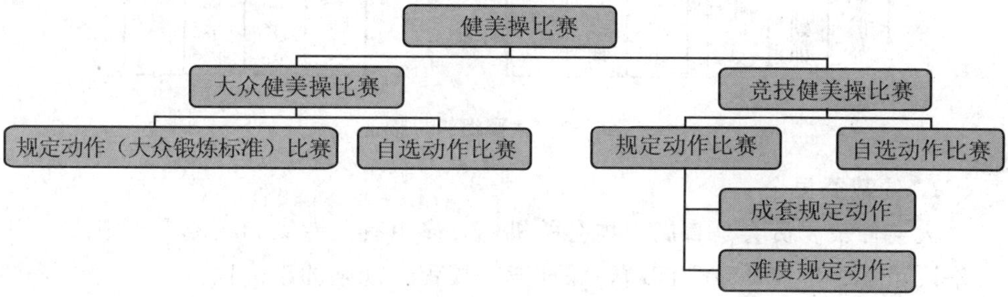

图 7-1　健美操竞赛内容

第二节　健美操竞赛的组织工作

健美操竞赛活动由于人数多，场面大，组织工作相对繁琐。筹备工作必须由主办单位按相关的会议精神或上级指示进行。顺序如下：

一、竞赛前的准备工作

赛前工作是制订组织竞赛计划和实施计划，并为比赛做准备的过程。包括建立竞赛组织机构、拟订工作计划、制定竞赛规程等。

（一）建立竞赛组织机构，拟订工作计划

为了使整个比赛能顺利进行，在比赛的准备阶段要建立比赛的组织委员会，以领导比赛的一切工作。全国性或地区性的比赛，一般是国家体育总局委

托有关体育部门或地区体育部门筹备，由承办单位成立赛区临时机构，对该次比赛进行领导。在赛区的体育部门和有关政府部门的领导下，请有关部门负责同志组成大会组织委员会，领导竞赛工作。基层单位或系统举行健美操比赛，在基层或系统组织领导下，由负责体育工作的部门负责组织。

据比赛规模在组委会下设仲裁委员会、办公室、竞赛处、裁判委员会。

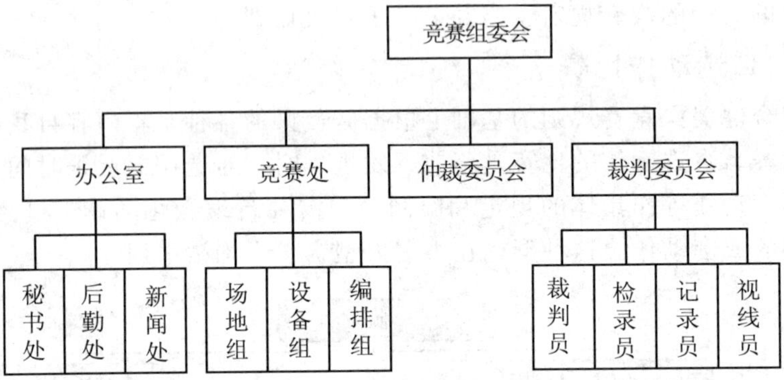

图 7-2　竞赛组织机构

1. 仲裁委员会

大会仲裁委员会是直属组委会的机构，多由有关专家和权威人士组成。主要解决竞赛中出现的重大问题，保证竞赛规程、规则的正确执行。

2. 办公室

大会办公室是竞赛组委会的权利执行机构，具体领导大会的工作。办公室下设秘书处、后勤处、新闻处等。

(1)秘书处：主要负责文件的印制分发、票务、协助筹划奖品和邀请参加开闭幕式的领导及各有关方面的人士。

(2)后勤处：负责大会日常的生活事务、财务、医务、保卫和接待工作。

(3)新闻处：负责对外接待和赛场的宣传活动。

3. 竞赛处

竞赛处是管理竞赛业务的专门机构，负责编排竞赛日程、排定场地、编制秩序册、组织抽签等重要工作。场地组和设备组主要负责比赛场地和器材的准备、检查工作等。

4. 裁判委员会

裁判委员会由总裁判长和裁判长组成，专门领导组织裁判工作。裁判队伍一般由高级裁判组、裁判长、裁判员、记录员、计时员、视线员、检录员组成。可根据比赛规模大小适当设定裁判员的人数。

(二)制定竞赛规程

竞赛规程是比赛的指导性文件，所有参赛单位和个人都必须遵守。

主办单位根据有关精神及目的、人物性质、规模、场地及裁判的情况，指定专人起草，经有关人员讨论后送主管比赛的领导机构审批，比赛规程的文字要简练、准确，于赛前3～6个月下达各参赛单位，便于参赛单位调整自己的训练计划，做好参赛准备。

编制竞赛规程的内容以及注意事项：

1. 比赛名称

包括年度(届)、性质、规模、名称。比赛名称设定有以下几种：

(1)以比赛目的和不同水平命名的比赛。如某年度健美操通级赛、锦标赛、冠军赛、联赛等。

(2)以赛事的举办单位、承办单位或赞助单位命名的比赛。如××大学健美操比赛、××杯全国健美操锦标赛等。

(3)以参赛者的年龄段划分比赛。如某年度全国青少年健美操比赛、妇女健身操大赛等。

2. 比赛的目的

简述举行本次比赛的目的。健美操比赛的目的通常包括：为检查教学效果举行的教学比赛；为开展群众性体育活动、交流锻炼身体的经验、增进友谊而举行的比赛；为提高竞技水平而举行的通级赛、系列赛、锦标赛、冠军赛等。

3. 比赛时间、地点

要详细、清楚地写明比赛的具体时间和地点。比赛时间的确定，应注意尽可能不影响参赛者的学习或工作，同时又能有更多的观众。比赛地点的确定，为避免气候等外界因素影响一般应设立在交通方便、安全性较高的大中型体育馆内，以保证比赛顺利进行。

4. 参赛单位的条件

限定参赛者的范围，要具体、明确。如全国高等院校比赛，以校为单位均可参加，运动员必须是在校注册的本科、专科学生。

5. 竞赛项目

规定比赛的项目、内容和时间。如比赛只进行大众健美操六人的自选动作比赛，时间为2分30秒～2分45秒。

6. 评分办法

说明比赛采用的评分规则计分办法，团体赛和单项赛的录取办法。如比赛采用《2009年版全国大众健美操比赛评分规则》，进行团体和单项比赛，团体赛以各单项成绩相加之和评定成绩，成绩优者名次列前，成绩相等，名次并列，无下一名。

7. 录取名次及奖励办法

根据比赛规模说明所设奖项、奖励数量及是否颁发奖品或奖金。

8. 报名与报到

下发规程时应说明报名的方式及要求，截止日期。比赛报道的时间、地点、乘车路线、联系电话和联系人都要清楚、详细，附在报名表后。

9. 其他事宜

凡不包括上述内容的所有事宜均可在该项中进行说明。如参赛队的经费是否由大会承担。

（三）召开领队、教练工作会议

领队和教练员会议是竞赛中一项重要内容，一般由大会组委会主持，各处负责人及裁判长参加。会议的主要内容有：

1. 做比赛场地及设备等情况的汇报。
2. 解释竞赛规程和评分规则等方面的有关问题。
3. 确定比赛顺序。
4. 安排试用场地。
5. 讨论和解决有关比赛的问题。

（四）组织裁判学习

赛前由高级裁判组组织所有裁判员学习竞赛规程和规则，并对裁判员进行分工。通过学习，裁判员可以从思想上提高公平、公正、准确的认识，树立良好的工作作风，可以进一步熟悉、掌握评分标准和细则，做到客观、准确、公正、公平地评判，有利于健美操比赛更好地向前发展。

二、竞赛中的组织工作

（一）比赛的实施

比赛的实施是竞赛组织的中心工作和最终要完成的任务，从比赛开幕到闭幕，所有工作都要在组委会的领导下进行，比赛的工作程序一般包括以下内容：

1. 开幕式

(1)主持人宣布开幕式开始。

(2)参赛者入场。

(3)介绍领导和嘉宾。

(4)领导讲话，运动员及裁判员代表宣誓。

(5)运动员退场。

2. 进行比赛

(1)赛前检录：赛前20分钟按出场顺序第一次检录，赛前5分钟第二次检录。

(2)介绍裁判委员会和裁判员：裁判员入场就座，播音员向观众介绍。

(3)比赛：播音员宣布比赛开始，裁判长示意，参赛者举右手表示准备完毕，参赛者做好准备姿态，发放音乐，完成动作，示意退场，裁判评分，播音员宣布最后得分，记录员将记录交裁判长确认后上交总记录处，裁判长示分得出比赛名次。(如有预赛和决赛重复上述程序)

3. 闭幕式及颁奖

(1)主持人宣布闭幕式开始。

(2)裁判长宣布比赛成绩。

(3)获奖运动员入场。

(4)为获奖运动员颁奖。

(5)运动员退场。

(6)领导致闭幕词。

(7)宣布比赛结束。

(二)比赛中的注意事项

1. 坚持进行思想教育，赛出风格和水平。
2. 总结裁判工作，提高裁判水平。
3. 经常检查场地、设备和器材。
4. 遇到特殊情况，更改比赛场地、日期及时通知。
5. 听取对生活、交通等方面的意见，改进工作。
6. 做好医疗工作，及时处理伤害事宜。
7. 做好治安工作，保证比赛顺利进行。
8. 定期召开领队会。

三、竞赛的结束工作

1. 各组织机构进行比赛工作总结收尾工作。

2. 印发成绩册。

3. 组织各队、裁判员离会。

4. 整理有关资料和文件。

5. 经费结算。

6. 整理器械和场地。

第三节　大众健美操竞赛规则

一、总则

(一)比赛内容

大众健美操比赛包括规定动作比赛和自选动作比赛。

(二)年龄与组别(见表 7-1)

表 7-1　年龄与组别

组别	年龄
儿童组(小学生)	12 岁以下
少年组(中学生)	13～17 岁
青年组	18～34 岁
中年组	35～49 岁
老年组	50 岁以上

(三)参赛人数

1. 规定动作：每队 5 人，性别不限。

2. 自选动作：可分为个人、双人和集体项目等。

(四)比赛场地

赛台高 80～100cm，比赛场地为 12m×12m 的地板或地毯，有背景遮挡。

(五)成套动作时间与音乐

1. 规定动作：按《全国健美操大众锻炼标准》的规定时间进行，音乐由主办单位统一播放。

2. 自选动作：成套动作时间为 2 分 30 秒～3 分，计时从动作开始到动作结束。音乐允许有 2×8 拍前奏，音乐速度不限。

(六)比赛服装

1. 着健身服或运动休闲服和运动鞋(旅游鞋式，不可穿球鞋、体操鞋等)。

2. 服装上可有亮片等装饰物，女运动员可化淡妆；比赛时运动员不可佩戴首饰。

(七)裁判组组成

裁判组由1名裁判长、5～7名裁判员、1名总记录长、2～3名记录员、1名计时员(自选动作比赛)、1～2名放音员、2～3名检录员、1名宣告员组成。

(八)评分方法

1. 采取公开示分的方法，成套动作满分10分制，裁判员的评分精确到0.1分。

2. 裁判员的评分去掉1个最高分和1个最低分，中间3个的平均分即为总分，再减去裁判长减分即为最后得分。

3. 对比赛成绩和结果不接受申述。

二、成套动作评分

(一)规定动作评分

规定动作10分起评，评分因素包括动作的完成、表演和团队精神两方面，具体扣分分值见表7-2。

表7-2 规定动作评分因素与扣分标准

评分因素	内容	扣分		
		一般	较差	不可接受
表演和团队精神4分	表现力与热情 动作要展示内心的激情，体现一种健康向上的情绪	0.1～0.2	0.3～0.4	0.5或更多
	队形 队形变化清晰、流畅，体现集体配合的意识	0.1～0.2	0.3～0.4	0.5或更多
	一致性 集体动作整齐，每个人在完成动作的时间、空间、能力和表现力上一致	0.1	0.2	0.3

续表

评分因素	内容	扣分		
		一般	较差	不可接受
动作的完成 6分	动作正确性	0.1～0.2	0.3～0.4	0.5或更多
	动作不熟练、漏做动作	0.1～0.2	0.3～0.4	0.5或更多
	身体协调性	0.1～0.2	0.3～0.4	0.5或更多
	动作连接	0.1～0.2	0.3～0.4	0.5或更多
	改变动作或附加动作	0.1～0.2	0.3～0.4	0.5或更多
	动作要充分表现音乐的情绪	0.1～0.2	0.3～0.4	0.5或更多
	动作和音乐节奏配合要准确	0.1～0.2	0.3～0.4	0.5或更多

(二)自选动作评分

自选动作10分起评，评分因素包括动作设计、动作完成、表演和团队精神，具体扣分分值见表7-3。

表7-3　自选动作评分因素与扣分标准

评分因素	内容		扣分		
			一般	较差	不可接受
动作设计3分	艺术性	主题健康、充满活力	0.1～0.2	0.3～0.4	0.5或更多
		风格突出、富有创意	0.1～0.2	0.3～0.4	0.5或更多
		动作类型丰富，动作的转换自然流畅	0.1～0.2	0.3～0.4	0.5或更多
		音乐的选择与动作风格相一致并配合协调，录音质量高且清晰	0.1～0.2	0.3～0.4	0.5或更多
		充分利用场地和空间	0.1～0.2	0.3～0.4	0.5或更多
		服饰选择美观协调	0.1～0.2	0.3～0.4	0.5或更多
	安全性		每出现一次不安全动作扣0.5分		
动作完成4分	动作完成轻松、准确、流畅		0.1～0.2	0.3～0.4	0.5或更多
	动作完成能体现所选主题的风格和特点		0.1～0.2	0.3～0.4	0.5或更多
	动作与音乐须协调一致		0.1～0.2	0.3～0.4	0.5或更多

续表

评分因素	内　容	扣　分		
		一般	较差	不可接受
表演和团队精神3分	表现力与热情	0.1～0.2	0.3～0.4	0.5或更多
	队形	0.1～0.2	0.3～0.4	0.5或更多
	一致性(每次)	0.1	0.2	0.3

(三)裁判长减分

裁判长对下列情况进行减分(每项均减0.2分)：被叫到后20秒内未出场；参赛人数不符合规定；成套时间不足或超过；着装不符合规定；比赛时掉物或装束散落。

三、不安全动作

各种竞技体操和技巧运动的翻转和抛接动作：过度背弓；仰卧翻臀；头绕环和过度头后仰；膝转；足尖起；直腿仰卧起坐、直腿举腿、两头起；臀部低于膝关节的深蹲。

在成套动作中不鼓励出现竞技健美操中的难度动作，如出现类似的动作，不仅不予加分，而且对可能出现的错误动作还要进行减分。

四、纪律与处罚

(一)裁判员纪律与处罚

严格按照国家体育总局关于全国体育竞赛裁判纪律有关规定执行。

(二)参赛者纪律与处罚

- 裁判长示意后1分钟内未出场者，取消比赛资格。
- 拒绝领奖者取消所有成绩与名次。
- 检录三次未到者取消该项比赛资格。
- 对不遵守大会其他纪律、不尊重裁判员和大会工作人员、有意干扰比赛者，将视情况给予处罚。

五、特殊情况处理

运动员在遇到播放错音乐，由于音响设备而出现的音乐问题，由于设备问题而出现的干扰灯光、舞台、会场等特殊情况时，应立即停止做动作并向裁判长反映，在问题解决后重做，在成套动作结束后提出的要求将不被接受。

第四节　竞技健美操竞赛规则

一、总则

(一)定义

1. **竞技健美操的定义：**

竞技健美操是一项在音乐伴奏下，能够表现连续、复杂、高强度动作成套动作的运动项目，该项目起源于传统的有氧健身运动。成套动作必须通过连续的动作组合，展示运动员的柔韧性和力量、七种基本步伐的多样性操化动作组合、结合难度动作完美完成成套动作的竞技能力。

2. **操化动作组合定义：**

以健美操基本步法组合手臂动作形式，伴随音乐，创造出动感的、有节奏的、不间断的包容高低不同运动强度的一串动作。

(二)竞赛项目

国际体操联合会下属的世界健美操锦标赛有5个项目，分别是女子单人、男子单人、混合双人、三人和集体六人。

(三)比赛场地

1. 赛台

赛台高80～140cm，后面有背景遮挡，赛台不得小于$14\times14m^2$。

2. 竞赛地板和竞赛区

竞赛的地板必须是$12\times12m^2$，并清楚地标出$7\times7m^2$的单人比赛场地，以及$10\times10m^2$的混双、三人和集体六人的场地。标记带必须是5cm宽的黑色带，标记带是场地的一部分。

所用地板必须符合国际体联的标准，并经国际体联认可，只有经国际体联认可的地板方可用于正式比赛。

3. 座位区

艺术裁判、完成裁判和难度裁判坐于赛台正前方。视线员座位位于赛台的两个对角。高级裁判组、裁判长和计时裁判坐在艺术裁判、完成裁判和难度裁判正后方的高台上。

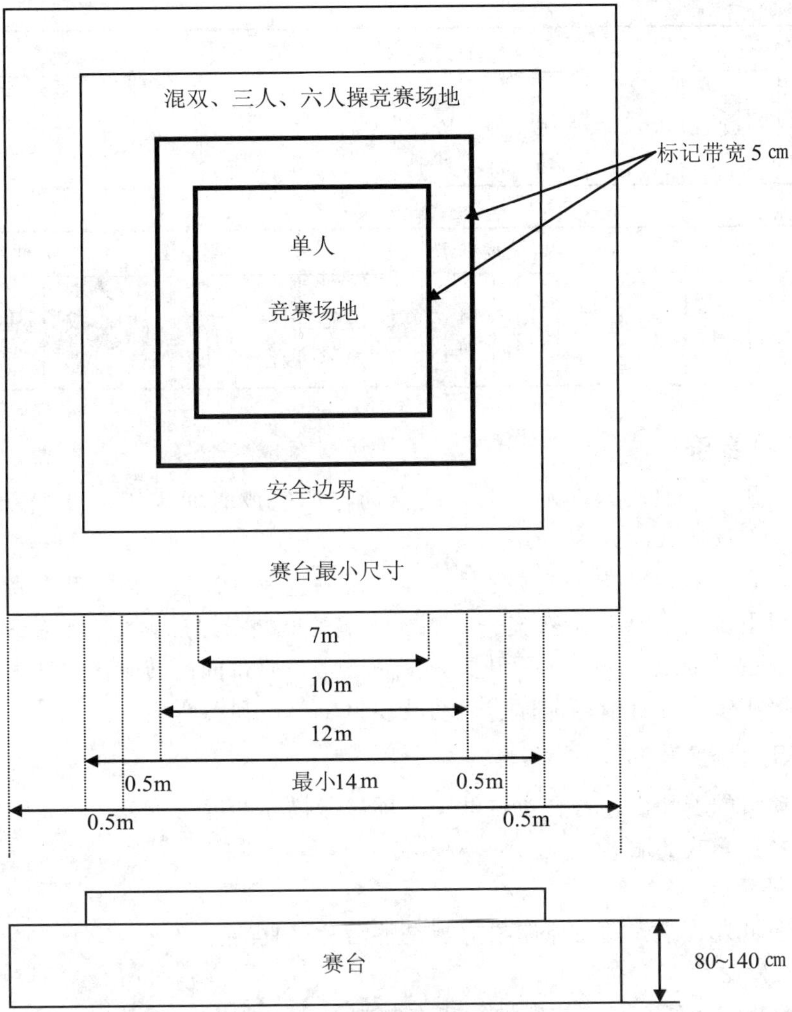

图 7-3　竞技健美操比赛场地

表 7-4　裁判座位排列示范

裁判组 A									
艺术 1	完成 5	艺术 2	完成 6	难度 9	难度 10	艺术 3	完成 7	艺术 4	完成 8

续表

裁判组 B									
艺术 1	完成 5	艺术 2	完成 6	难度 9	难度 10	艺术 3	完成 7	艺术 4	完成 8

裁判组 A			高级裁判组						裁判组 B			仲裁		
计时员	裁判员	官员	艺术	难度 1	助理	主席	难度 2	完成	官员	裁判长	计时员	成员	主席	成员

(四)音乐

规则规定，混双、三人和六人成套动作的完成时间为 1 分 45 秒±5 秒；男单和女单的完成时间为 1 分 30 秒±5 秒。

成套音乐的编辑技巧必须完美，期望使用整 8 段音乐，但必须在音乐结构上给人留下流畅自然、完整统一的感觉。音乐的录制与混合必须达到专业水准，须录在磁带或 CD 的 A 面开头，禁止磁带与磁带间的转录。参赛时，自备两盘比赛用带，并且清楚地标明运动员项目、单位和参赛项目。

(五)比赛着装

运动员的着装必须符合竞技健美操项目所描述的运动着装。不允许穿着戏剧、歌剧及马戏的服装。

1. 外表

运动员外表给人的总体印象应当是整洁和适宜的。

- 头发必须固定在头上。
- 参赛运动员必须穿着能够让所有裁判都能清晰辨认的白色健美操鞋和运动袜。
- 运动员身体禁止涂抹油彩，女运动员可以化淡妆。
- 服装上禁止使用松散或附加的饰物。
- 允许使用肉色的绷带。
- 禁止佩戴饰物。

2. 比赛服装

- 正确的健美操着装不含有任何的透明材料并且不得露出内衣。
- 女装的两袖都可有或无长袖，袖口止于腕处。女运动员着一件带有肉色或透明裤袜的比赛服，不允许穿上部躯干分离的(两件套)服装或上部与躯干仅用绳带连接的服装；前后领口的开口必须得体，前面不得低于胸骨中部，后面不得低于肩胛骨下缘；腿部上缘的开口必须在腰部以下且要遮住髂骨；比赛服必须完全遮住臀纹线。

● 比赛服的设计必须符合如下文字描述。男装只允许《2009—2012 年竞技健美操竞赛规则》上图示的男装样式。男运动员必须着一件套连衣裤或背心、短裤及合体的内衣；整套服装前后都不能有开口；袖口处不得在肩胛骨下有开口。

● 禁止穿有描绘战争、暴力、宗教信仰为主题的服装。

(六)评分

1. 艺术分

4 名艺术裁判打分中去掉最高分与最低分，所剩分数的平均分为最后艺术分，两个中间分为允许的分差范围。对艺术裁判分差大于或等于 1.0，竞赛后将分析全体裁判的评分，并予以适当处罚。

2. 完成分

4 名完成裁判打分中去掉最高分与最低分，所剩分数的平均分为最后完成分，两个中间分为允许的分差范围。对完成裁判分差大于或等于 1.0，竞赛后将分析全体裁判的评分，并予以适当处罚。

竞赛中中间两个有效分的分差不能超过的分值如下，见表 7-5。

表 7-5 艺术与完成分所允许的最大分差

最后得分	10.00～8.00	7.99～7.00	6.99～6.00	5.99～0.00
分差	0.3	0.4	0.5	0.6

注：若有效分的分差多于以上要求，则取全部四个分数的平均分.

3. 难度分

2 名裁判一致同意得分数为最后得分，若意见分歧则取平均分。两名难度裁判评分的分歧大于或等于 0.3 分(在除以 2 或 1.9 之前)，竞赛后将分析全体裁判的评分，并予以适当处罚。

4. 裁判长减分

裁判长根据以下情况执行减分、警告和取消资格：

时间偏差	0.5
时间错误	1.0
20 秒内未出场	0.5
表演错误	0.5

续表

弃权	取消资格
违背奥林匹克精神和评分道德	2.0
多或少于规定的托举次数	每次 0.5
站立托举超过两人高度	每次 1.0
违例托举	每次 1.0
违例动作	每次 1.0
动作中断	每 2～10 秒 0.5
终止比赛	0 分
出现在禁止场地	警告
不适当的举止/形态	警告
不当装饰(首饰、装饰物、身体涂闪光物或油彩等)	0.2
错误着装	2.0
音乐制作质量差	最多 0.5
未穿本国出场服	警告
在颁奖仪式上未穿比赛服	警告
严重违反国际体联章程、技术规程或评分规则	取消资格

5. 总分与最后得分

艺术分、完成分与难度分相加为总分。从总分中减去难度裁判、视线裁判与裁判长减分为最后得分。若一名裁判未及时评分或者根本未打分，则用其他评分的平均数来代替未评分数。

6. 评分样例(见表 7-6)：

表 7-6 评分样例

裁判评分					得 分
艺术分	9.5	9.3	9.4	9.4	9.4
完成分	9.2	9.1	9.0	9.1	9.1
难度分	7	7			3.5
					总分＝22
难度裁判减分	1.0	1.0			－0.5
出界	1×0.1				－0.1
超过三次托举	1×0.5				－0.5
不正确着装	1×0.2				－0.2
					最后得分＝20.70

二、艺术裁判指南

(一)评价标准

艺术裁判根据如下(见表 7-7)标准评价成套动作的创编(总分 10 分)。

表 7-7　艺术裁判评价标准

评价内容及分值	评价标准及分值
动作编排(最高 4 分) 在成套动作的编排中,需评价操化动作、难度动作、过渡动作与连接动作、托举及配合的编排内容、过程及空间	A 成套动作的动感与流畅性　(最高 1 分) B 成套动作的复杂与创新性　(最高 1 分) C 成套动作选择的多样性　(最高 1 分) D 比赛场地的有效使用和在场地内所有成套动作的时间顺序上的安排　(最高 1 分)
操化内容(最高 3 分) 操化动作必须包括配合手臂动作的多种步伐,在呈现高水平身体协调能力的前提下将基本步伐演绎成为复杂的组合形式,而且要被公认为持续的动作形式	A 操化单元的多样性　(最高 1 分) B 操化动作组合的复杂性和创新性　(最高 1 分) C 连续操化动作的数量及均衡性　(最高 1 分)
表现与音乐(最高 3 分) 运动员通过对成套动作的演绎及音乐的使用所呈现出来的表现力应能反映和表现健美操的特征	A 表现力　(最高 1 分) ·运动员必须通过高质量的动作完成给人留有动作干净、利落的整体印象 ·运动员必须以自然的方式表现出身体能力和感染力,通过他的体能、技巧、个人魅力、个性特征、吸引力、表现以及身体语言来接近观众,而非戏剧舞台的表现方式 ·运动员必须自然地表现出自信与欢乐的面部表情,而非叫喊、歌唱 B 适合于健美操的音乐结构要能反映和表现竞技健美操的主要特征　(最高 1 分) C 成套动作的风格必须要与音乐的理念相吻合。选择的音乐必须要与动作完美地配合。在创作过程中,创编者为运动员的动作设计独特的音乐　(最高 1 分)

(二)评分

10.0 的艺术分按照评价标准的要求获得,以 0.1 分的标准递增。(见表 7-8)

表 7-8　艺术裁判评分标准

标准	分值	具体评分要求
优秀	1.0 分	整套动作完美地展现以上所有相关评价标准的特点
很好	0.8～0.9 分	稍偏离完美水平，出现细微错误
良好	0.6～0.7 分	出现偏离完美的一般错误
满意	0.4～0.5 分	出现偏离完美的较大错误
差	0.3～0.0 分	成套动作中完成以上所有相关评价标准的水平不可接受

三、完成裁判指南

(一)评价标准

完成裁判的评分取决于以下各项：

1. 技术技巧

以最高的准确性完成动作的能力。

体能：优秀的成套动作展示完美的身体姿态和关节的正确位置，主动和被动的柔韧、力量、爆发力以及肌肉耐力。

①身体姿态

在完成难度动作、复杂的健美操步伐、动作组合及过渡时，保持正确姿势和身体位置一正常的脊柱位置(地面、站立、腾空与着地)。

● 躯干、腰、髋的位置和稳固性，以及腹肌的收缩。

● 上体的位置，颈、肩、头的姿势与脊柱的关系。

● 脚的位置与踝关节、膝关节及髋关节的关系。

● 所有关节的正确位置。

②准确性

准确性的含义：

● 每个动作都有一个明确的开始与结束。

● 每个动作的完成过程均要表现出完美的控制。

● 在难度动作、过渡动作、起跳与落地以及操化动作组合的完成中应保持适当的身体平衡。

③力量、爆发力与肌肉耐力

● 在整个成套动作中能够展示力量、爆发力以及持续强度的能力。

● 幅度——运用爆发力完成跳、跃及腾空的难度动作。

2. 一致性(每次－0.1分)

同步性是指混双、三人和六人项目中，运动员完成动作整齐划一的能力。

(二)评分

完成分是以扣分的形式评分，对于每一类完成错误的减分标准如下：

1. 小错误(每次－0.1分)：轻微地偏离正确的完成。
2. 中错误(每次－0.2分)：明显地偏离正确的完成。
3. 大错误(每次－0.3分)：严重地偏离正确的完成，可考虑判其无效。
4. 不可接受完成(每次－0.5分)：没有满足正确完成的任何要求。
5. 失误(每次－0.5分)：身体的一个或多个部位(正确的完成动作除外)无控制的触地(例如：单臂俯卧撑，胸和/或膝盖触地；直角支撑，足跟和/或臀部触地)。
6. 每个难度动作最多减0.5分。
7. 全套动作的同步性最多减1.0分。

四、难度裁判指南

(一)难度裁判职责

难度裁判使用FIG官方速记符号记录全部成套动作中的难度动作，计算出难度动作的数量，并现场视觉评判新难度动作。对最先出现的12个(单人10个)难度动作的每一个动作给予0.1～1.0的分值，未达到最低要求的难度动作分值为0分，但仍被视为12个(单人10个)难度动作中的一个动作。对多余的难度动作，每个都将予以减分。

运动员成套动作中所选择的难度动作必须体现空中、站立和地面三个空间的均衡性。难度动作不得重复，每组至少有一个，所有难度动作必须来自不同类别，地面上的难度动作，包括成俯撑/劈腿落地在内不得超过6个，单人最多不得超过5个，成俯撑和劈腿落地的动作每类不能超过2个。

(二)评分

难度动作根据难度级别给分。所得的全部难度分和组合加分相加，然后除以：男单、女单、混双、三人(男子)及六人(男子)须除以2；三人(女子或混合)及六人(女子或混合)须除以1.9，所得的结果即为难度分。得分保留到小数点后2位。全部难度减分将加在一起予以计算。总减分除以2，结果即为难度裁判减分。得分保留到小数点后2位。

思考题

1. 简述健美操竞赛的种类。
2. 目前我国竞技健美操比赛分为几个组别?
3. 简述大众健美操竞赛与竞技健美操竞赛的评分区别。
4. 试写一份省级健美操比赛组织计划及竞赛规程。

实 践 篇

第八章　健美操基本动作与教学

内容提要：健美操基本动作是健美操教学的基础内容，是学习健美操组合动作及成套动作的前提和基础，通过对本章健美操基本动作的概念及练习价值，健美操基本动作以及健美操基本动作教学的学习，为学生迅速、准确地掌握健美操动作的技术要求和特点以及成套动作的学习打下坚实的基础。

教学目标：通过本章的学习了解健美操基本动作的分类，掌握健美操基本步法、常用手臂动作的技术要求及方法。

健美操基本动作是构成健美操组合动作及成套动作的基本要素，是扩展和丰富健美操动作及组合的核心动作；健美操基本动作是健美操教学的基础内容，是学习健美操组合动作及成套动作的前提和基础。在健美操基本动作的教学过程中，教师应根据健美操基本动作内容的分类及技术结构组织教学。通过基本动作的训练，使身体各器官的机能产生适应性变化，培养身体各部位的肌肉感觉，对动作技术进行正确的迁移，为学生更加迅速、准确地掌握健美操动作的技术要求和特点以及成套动作的学习打下坚实的基础。

第一节　健美操基本动作的概念及练习价值

一、健美操基本动作的概念

健美操基本动作是指在健美操运动中出现的具有基础性的最小单位动作，是健美操动作中最主要、最稳定的部分，是一类型动作得以扩展和变化的核心。基本动作是健美操动作变化和创新的基础。某一类型的基本动作具有该类型动作的共性特征，最具代表性和典型性。只要掌握了这些基本动作，再配合身体其他部位的动作，就可以根据一定的需要进行变化和发展，根据一定的形式进行组合，就会创编出不同风格、不同难度、不同运动负荷、不同视觉效果的健美操组合动作。同时，健美操基本动作具有基础性、结构简单、动作变化规律，适合于初学者学习与掌握，有助于健美操组合动作学习过程简单化。

二、健美操基本动作的练习价值

鉴于基本动作具有基础性、代表性和针对性，选择基本动作进行教学训练，学生可以尽快掌握正确的动作规格，建立正确的动作技术概念，建立良好的基本姿态，逐步熟悉健美操动作的特点和规律，逐步掌握健美操动作的内在节奏与感觉，为进一步培养韵律感、节奏感和在动作中学会表现姿态美、动作美、精神美，以及为成套健美操动作的学习打下良好的基础。

健美操动作类型多、变化多，参与活动的身体部位多，对练习者的灵活性、协调性、韵律感等身体素质都有一定的要求。教学中首先要进行基本动作的学习，然后再进行组合动作和成套动作的学习。可以简化学习过程，有助于提高学生的学习兴趣，增强学习的信心，调动学习的积极性，增加运动中的愉快和满意的情感体验，进而缩短教学进程，为顺利完成教学任务奠定基础。

第二节　健美操基本动作

健美操基本动作主要由站立、基本步法和上肢动作等组成。通过基本动作的学习，能够使练习者掌握健美操基础技术。其中，良好的站立姿势是学习健美操的前提，基本步法是健美操最为基础的组成部分，是健美操学习的基本内容。上肢动作包括手臂和手型，是健美操基本姿态的重点练习内容。

一、基本站立姿态

立是指两腿站立的姿势，有直立、分腿立、提踵立、点地立、单腿立等。

(一)直立(图 1-1)

图 1-1

图 1-2

图 1-3

动作做法：两腿伸直并立，臀部上收，立腰、收紧腹部，两肩下沉，两眼平视，下额稍向后收，头的后部向上顶。

技术要求：身体姿态挺拔，头、躯干和腿在一条垂直线上。

（二）分腿立（图 1-2）

动作做法：两脚分开与肩同宽，重心在两脚之间。臀部上收，立腰、收紧腹部，两肩下沉，两眼平视，下额稍向后收，头的后部向上顶。

技术要求：身体姿态挺拔，头、躯干和腿在一条垂直线上 。

（三）提踵立（图 1-3）

动作做法：两脚并立，脚跟提起，臀部上收加紧，立腰、收紧腹部，两肩下沉，两眼平视，下额稍向后收，头的后部向上顶。

技术要求：支撑腿脚跟提起至最大限度，脚跟向前顶，使小腿与脚面在一条垂线上。

（四）点地立（图 1-4）

图 1-4

图 1-5

图 1-6

动作做法：一腿支撑，另一腿伸直前点地（侧点地、后点地）。

技术要求：重心在支撑腿上，动力腿尽量向远伸。

（五）吸腿立（图 1-5）

动作做法：一腿支撑，另一腿屈膝上举，脚贴于支撑腿的膝关节内侧。

技术要求：重心在支撑腿上，举腿至大腿与地面平行，绷脚尖贴于膝关节处。

（六）弓步（图 1-6）

动作做法：1. 前弓步：两脚自然分开，前后大分腿站立，前腿屈膝，后腿伸直。

技术要求：收腹、立腰，小腿垂直于地面，重心在两脚之间。

2. 侧弓步：两腿大分腿开立，一腿屈膝，膝关节指向侧方，另一腿伸直。

技术要求：收腹、立腰，小腿垂直于地面，重心在两脚之间。

二、基本步法

健美操基本步法根据人体运动时对地面的冲击力大小分为低冲击力步法、高冲击力步法和无冲击力步法三大类。许多低冲击力动作通过改变用力方法也可以做成高冲击力动作。

(一)无冲击力步法

无冲击力步法动作是指两脚始终接触地面，身体重心在两脚之间没有腾空的动作。

1. 半蹲 Squat

(1)并立半蹲(图 2-1)

动作做法：两腿并立有控制地弯屈和伸直。

技术要求：屈膝下蹲时膝关节角度不小于 90 度，屈髋上体前倒，臀部向后 45 度方向下蹲，膝关节不超过脚尖。

图 2-1

图 2-2

(2)开立半蹲(图 2-2)

动作做法：两腿左右分开，比肩稍宽，脚尖稍外开，髋、膝有控制地屈和伸。

技术要求：屈膝时关节角度不小于 90 度，膝关节对准脚尖方向，屈髋上体前倒，臀部向后 45 度方向下蹲，膝关节不超过脚尖。

2. 弓步 Lunge

(1)前弓步

动作做法：两脚自然分开，前后大分腿站立，前腿屈膝，后腿伸直。

技术要求：收腹、立腰，小腿垂直于地面，重心在两脚之间。

(2)侧弓步

动作做法：两腿大分腿开立，一腿屈膝，膝关节指向侧方，一腿伸直。

技术要求：收腹、立腰，小腿垂直于地面，重心在两脚之间。

(二)低冲击力步法

低冲击力步法是指在做动作时始终有一脚接触地面，而根据动作完成形式的不同，可分为以下四类：

1. 交替类：两脚做交替落地的动作

(1)踏步 March(图 2-3)

图 2-3

图 2-4

图 2-5

动作做法：两腿原地依次抬起，依次落地。

技术要求：前脚掌先落地，过渡至全脚掌，下落时，踝、膝、髋关节依次有弹性地缓冲。

(2)走步 Walk(图 2-4)

动作做法：迈步向前走或后退，然后反之。向前走时，脚跟先落地，过渡到全脚掌；向后走时则反之。

技术要求：每步落地下肢关节依次缓冲，并随移动方向移重心、蹬伸。

(3)一字步 Easy walk(图 2-5)

动作做法：右脚向前一步，左脚并于右脚，然后再依次还原。

技术要求：向前迈步时，脚跟着地，过渡至全脚掌；前后均要有并腿过程；每次落地下肢关节依次顺势缓冲屈伸。

(4)V 字步 V-step(图 2-6)

图 2-6

图 2-7

动作做法：右脚向右前方迈一步，左脚随之向左前方迈一步，成两脚开立，屈膝缓冲，然后依次退回原位。

技术要求：向前迈步时，脚跟着地，过渡至全脚掌；两脚运动轨迹成 V 字形，每次落地下肢关节依次顺势缓冲屈伸。

(5)漫步 Mambo(图 2-7)

动作做法：右脚向前迈出，屈膝缓冲，重心随之前移，左脚稍抬起，然后原地落下；右脚向后一步，重心后移，左脚稍抬，然后原地落下。

技术要求：两脚始终保持交替落地，身体重心随动作前后移动，但始终在两脚之间。

(6)BOX 步 Box walk(图 2-8)

图 2-8

图 2-9

动作做法：右脚向前迈步，左脚向右前方迈出，随后右脚向后一步，左脚向右脚并拢。

技术要求：重心随步法移动，身体始终保持面向前方。

2. 迈步类：是指一条腿先迈出一步，同时移动身体重心，另一腿用脚跟、脚尖点地或吸腿、屈腿、踢腿等，然后向另一个方向迈步的动作

(1)并步 Step touch(图 2-9)

动作做法：右脚向右侧迈一步，左脚前脚掌并于右脚屈膝点地；随后向反方向迈步。

技术要求：每一拍动作髋、膝、踝始终保持屈伸弹动。

(2)迈步点地 Step tap(图 2-10)

图 2-10

图 2-11

图 2-12

动作做法：右脚向侧迈一步，两腿经屈膝移重心，成左脚侧点地立。可作前、侧、后用脚尖或脚跟点地。

技术要求：两膝同时有弹性地屈伸，动力腿尽量远伸。

(3)迈步吸腿 Step knee(图 2-11)

动作做法：右脚向前迈一步，左腿屈膝举至水平，左、右腿依次向后迈步还原。

技术要求：经过屈膝半蹲，抬膝时支撑腿稍屈膝，上体稍前倾，保持关节的屈伸控制。

(4)迈步后屈腿 Step curl(图 2-12)

动作做法：右脚迈出一步，左腿小腿后屈，后屈腿的脚跟靠近臀部，然后向反方向迈步。

技术要求：经屈膝半蹲，重心控制在支撑腿上稍屈膝，保持关节的屈伸控制。

(5)侧交叉步 Grapevine(图 2-13)

图 2-13

图 2-14

动作做法：右脚向侧迈一步，左脚在其后交叉，稍屈膝，随之再向侧迈一步，左脚点地并腿稍屈膝。

技术要求：第一步脚跟先着地，身体重心快速随着脚步而移动，保持髋、膝、踝关节的屈伸弹动。

(6)拖步 Pull walk(图 2-14)

动作做法：左脚向左跨一步，屈膝落地，右腿伸直并顺势向左拖移，随后还原成直立。

技术要求：落地屈膝、重心拖移随即控制。

(7)恰恰步 Cha-cha-cha(图 2-15)

动作做法：右脚向右迈一步并向上跳起，空中左脚迅速向右脚靠拢，左、右腿依次落地，重心在两脚之间。

技术要求：二拍三动，两脚之间重心移动流畅，身体稍后倾，空中有并腿过程。

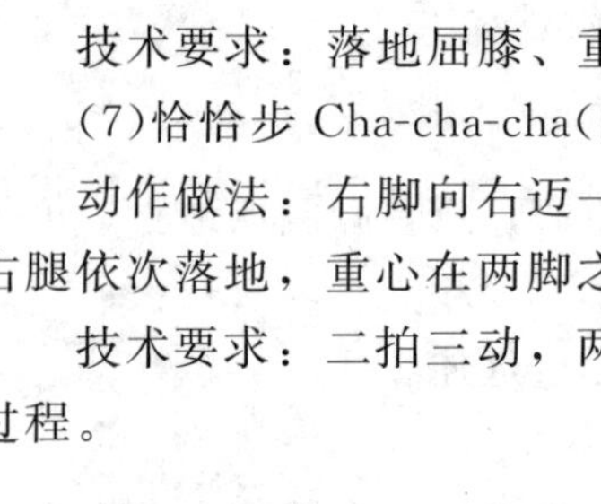

图 2-15

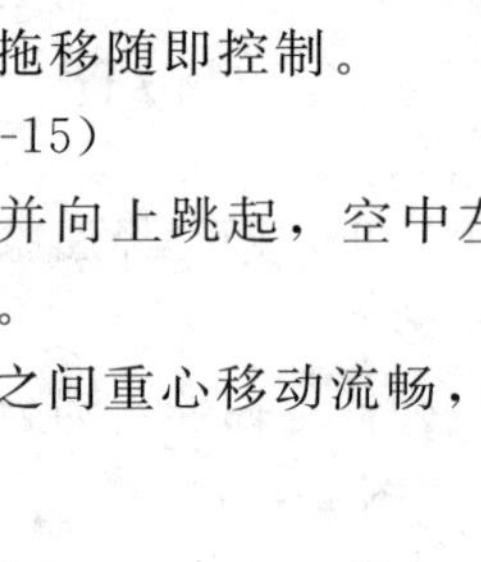

图 2-16

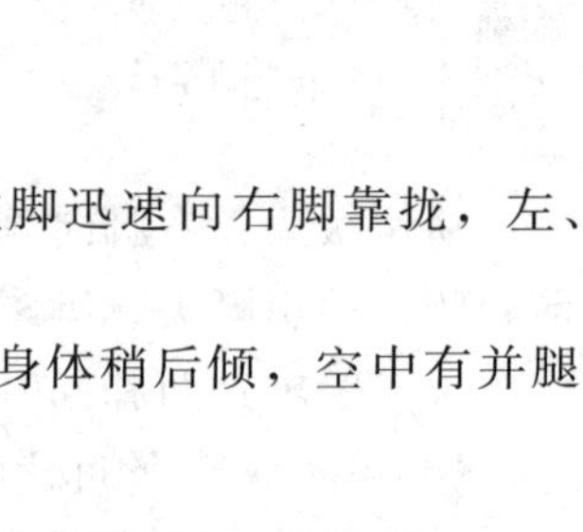

图 2-17

3. 点地类：一腿屈膝站立，另一腿伸出，用脚尖或脚跟点地后还原到并腿位置的动作

(1)脚尖点地 Tap together(图 2-16)

动作做法：一腿稍屈膝站立，另一腿脚尖点地，然后还原到并腿姿势。可做前、侧、后点地。

技术要求：支撑腿始终保持屈膝站立，并且随动作有弹性地屈伸。

(2)脚跟点地 Heel together(图 2-17)

动作做法：一腿稍屈膝站立，另一腿脚跟点地，然后还原到并腿姿势。只可做向前和向侧的脚跟点地。

技术要求：支撑腿始终保持屈膝站立，并且随动作有弹性地屈伸。

4. 抬腿类：一腿站立，另一腿以直腿或屈腿形式向上抬起

(1)吸腿 Knee lift(图 2-18)

图 2-18

图 2-19

图 2-20

动作做法：一腿支撑，另一腿屈膝向上抬起，落下还原。

技术要求：支撑腿保持屈膝弹动，屈膝举至大腿与地面平行，上体保持正直。

(2)摆腿 Leg lift(图 2-19)

动作做法：一腿站立，另一腿向侧、向前或侧前、侧后摆动。

技术要求：支撑腿稍屈，保持身体稳定，摆腿有控制，上体保持正直。

(3)踢腿 Kick(图 2-20)

动作做法：一腿支撑地面，另一腿向前、向侧或向后踢腿，然后还原。

技术要求：支撑腿保持屈膝弹动，向上踢腿加速度，下落速度快，还原两腿并拢，上体保持正直。

(三)高冲击力步法

高冲击力步法是指双脚同时离开地面的动作，有腾空的动作。有些高冲击力步法是从无冲击步法和低冲击步法动作通过改变用力方法演变而来。高冲击步法也分为四种。

1. 双腿起跳类

(1)并腿小跳 Jump(图 2-21)

图 2-21

图 2-22

图 2-23

动作方法：两脚并拢，两腿稍屈膝跳起，腾空时两腿伸直，随后两脚同时落地屈膝缓冲。

技术要求：两腿稍屈膝蹬伸至脚趾尖，空中保持身体肌肉适度紧张，落地时前脚掌着地过渡到全脚掌。

(2)开合跳 Jumping jack(图 2-22)

动作做法：两腿屈膝向上跳起，落地成开立，随后向上跳起，两腿并拢还原落地。

技术要求：分腿落地时前脚掌着地过渡到全脚掌，两脚自然外开，屈膝时关节角度大于 90 度，膝关节对准脚尖方向。

(3)弓步跳 Lunge jump(图 2-23)

动作做法：两腿并拢屈膝向上跳起，落地成前后大分腿立，前腿屈膝，后腿伸直，随后向上跳起，两腿并拢还原落地。

技术要求：收腹、立腰，小腿垂直于地面，重心在两脚之间，落地屈膝缓冲。

2. 交替起跳类

后踢腿跑 Jogging(图 2-24)

动作做法：左腿蹬地跳起，右腿屈膝后踢，两腿依次交替进行。

技术要求：髋关节保持伸展，摆动腿后屈脚尖接近臀部，落地屈膝缓冲。

图 2-24

图 2-25

图 2-26

3. 迈步起跳类

(1)迈步吸腿跳 Step knee jump(图 2-25)

动作做法：右脚向前迈步，左腿屈膝举至水平同时向上跳起，左、右腿依次向后迈步还原。

技术要求：吸腿跳时上体直立稍前倾，落地屈膝缓冲。

(2)迈步后屈腿跳 Step curl jump(图 2-26)

动作做法：右脚迈步，左腿小腿后屈，同时向上跳起。

技术要求：经屈膝向上跳起，屈腿的脚跟靠近臀部，落地屈膝缓冲。

(3)侧交叉步跳 Grapevine jump(图 2-27)

图 2-27

图 2-28

动作做法：右脚向侧迈步，左脚在其后交叉，稍屈膝，随之再向侧迈一步，左脚向右脚并拢同时跳起。

技术要求：身体重心快速随着脚步而移动，保持髋、膝、踝关节的屈伸弹动，腾空落地屈膝缓冲。

(4)小马跳 Pony jump(图 2-28)

动作做法：右脚稍向上举起，左腿蹬地向侧小跳，同时屈膝向右脚靠拢，右、左脚依次落地并交换腿小跳，至右脚站立、左脚前脚掌点地。

技术要求：依次落地，二拍三动，第二拍两脚交换着地。

4. 单腿起跳类

(1)吸腿跳 Knee lift jump(图 2-29)

图 2-29

图 2-30

图 2-31

动作做法：左腿向上跳起同时右腿屈膝上举至水平，随后右腿与左腿并拢落地。

技术要求：摆动腿屈膝至 90 度，小腿垂直地面，上体正直。

(2)钟摆跳 Swing jump(图 2-30)

动作做法：右腿侧摆，同时左腿跳起，右腿着地跳起，同时左腿侧摆。

技术要求：两腿像钟摆一样摆动，重心始终与地面垂直，落地屈膝缓冲。

(3)弹腿跳 Flick jump(图 2-31)

动作做法：右腿后屈同时左腿跳起，左腿继续跳起同时右膝伸直向前下方弹踢。

技术要求：后屈腿大腿垂直于地面，弹踢时大腿先发力，随后小腿有控制地向前下方伸。

(4)踢腿跳 Kick jump(图 2-32)

动作做法：左腿支撑连续跳起两次，同时右腿向前(侧)踢，至最高点达到肩的高度，顺势落下与支撑腿并拢。

技术要求：直腿高踢，下落迅速与支撑腿并拢，向上踢腿和下落都要有加速度，上体保持正直。

(5)踏步跳 March jump(图 2-33)

动作做法：右脚向前一步稍屈膝，随即向上跳起，左腿后举。

图 2-32

图 2-33

技术要求：空中右腿稍前踢，左腿后举有控制，上体保持正直，落地屈膝缓冲。

健美操基本动作分类表

类别	原始动作形式	低冲击力形式	高冲击力形式	无冲击力形式
交替类	踏步 March	踏步 March 走步 Walk 一字步 Easy walk V 字步 V-step 漫步 Mambo BOX 步 Box walk	跑步 Jop	
迈步类	并步 Step touch	并步 Step touch 迈步点地 Stpe tap(heel) 迈步吸腿 Step knee 迈步后屈腿 Step curl 侧交叉步 Grapevine 恰恰步 Cha-cha-cha 拖步 Pull walk	并步跳 Step jump 小马跳 Pony jump 迈步吸腿跳 Step knee jump 迈步后屈腿跳 Step curl jump 侧交叉步跳 Grapevine jump	
点地类	点地 Touch	脚尖点地 Tap together 脚跟点地 Heel together		

续表

类别	原始动作形式	低冲击力形式	高冲击力形式	无冲击力形式
抬起类	抬腿 Lift step	吸腿 Knee lift 摆腿 Leg lift 踢腿 Kick	吸腿跳 Knee lift jump 摆腿跳 Leg lift jump 踢腿跳 Kick jump 钟摆跳 Swing jump 弹腿跳 Flick jump 踏步跳 March jump	
双腿类			并腿跳 Jump 开合跳 Jumping jack 弓步跳 Lunge jump	半蹲 Squat 弓步 Lunge

三、上肢基本动作

健美操上肢基本动作主要包括常用手型及手臂基本动作，在健美操运动中手型和手臂动作的变化既能使动作新颖、多样，又能改变动作的强度和难度。

(一)常用手型

图 3-1

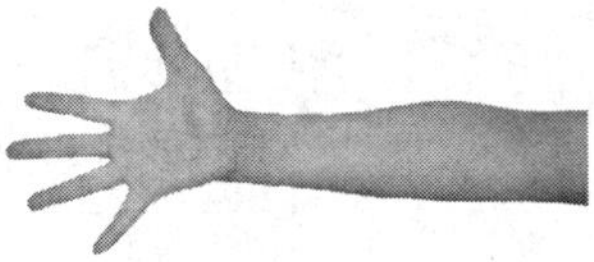

图 3-2

1. 并掌：五指并拢，指关节伸直。(图 3-1)

2. 开掌：五指用力分开，指关节伸直。(图 3-2)

图 3-3

图 3-4

3. 拳：四指指关节弯屈，握紧，拇指扣在食指与中指的第二关节处。(图 3-3)

4. 花掌：五指用力伸直张开，从小拇指依次内旋，形成一个扇面。(图 3-4)

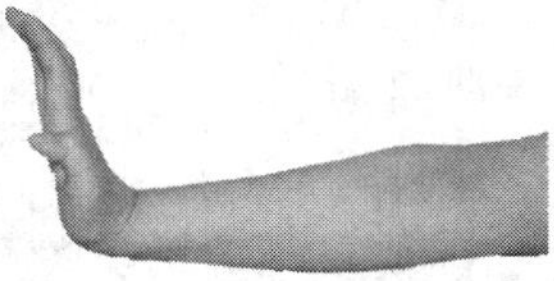

图 3-5

图 3-6

5. 立掌：手掌用力上屈，五指指关节自然弯曲。（图 3-5）

6. 指：食指伸直，其余手指紧握。（图 3-6）

(二)手臂基本动作

1. 举(图 3-6)

图 3-6-1

图 3-6-2

图 3-6-3

图 3-6-4

图 3-6-5

动作做法：臂移动范围在 180 度内，并稍停止在某一方位上的动作。

技术要求：手臂放松，手指远端用力带动手臂移动，停在某一部位时，肩关节放松，指尖向远伸。(有向远延伸的感觉)

2. 屈臂(图 3-7)

图 3-7-1

图 3-7-2

图 3-7-3

动作做法：大臂与小臂关节角度减小。

技术要求：肘关节屈，大小臂收紧，肱二头肌收缩。

3. 伸臂(图 3-8)

动作做法：大臂与小臂关节角度增大。

技术要求：动作过程中，手臂放松，手指和肘关节同时移动，停在某一部位时，肩关节放松、指尖向远伸。

图 3-8

4. 摆动

动作做法：以肩关节为轴，屈臂或直臂在 180 度以内的同时或依次运动。

技术要求：沿身体矢状面或额状面自然摆动。动作放松、幅度大。

5. 绕与绕环

动作做法：以肩关节为轴，手臂在 180 度至 360 度之间的为绕；大于 360 度以上的圆周运动为绕环。

技术要求：绕、绕环时，手指尖带动手臂移动，动作幅度大。

第三节　健美操基本动作的教学

在健美操基本动作的教学过程中，教师应根据健美操基本动作内容的分类及技术结构组织教学。通过基本动作的训练，使身体各器官的机能产生适应性变化，培养身体各部位的肌肉感觉，对动作技术进行正确的迁移，使学生更加迅速、准确地掌握动作的技术要求和特点。

一、健美操基本动作教学步骤

(一)健美操基本步法教学步骤

组合一：

并腿半蹲—屈膝弹动—脚跟前点地—脚跟侧点地—脚尖后点地。

组合二：

开立半蹲— 迈步点地—并步 —迈步后屈腿。

组合三：

迈步点地—并步—两次并步—侧交叉步。

组合四：

踏步—踏步三次点地一次—向前走三步第四步点地—后退三步第四步点地—向前走三步吸腿—后退三步吸腿。

组合五：

一字步—BOX 步—迈步后屈腿—小马跳。

组合六：

并步—迈步吸腿—恰恰步—弹踢腿跳。

组合七：

一字步—V 字步—迈步吸腿—钟摆跳。

组合八：

侧交叉步跳—向前跑步—向后跑步—开合跳—拖步—并腿小跳。

(二)健美操上肢动作教学步骤

组合一：

1 拍左臂前举—2 拍右臂前举—3 拍左臂上举—4 拍右臂上举—5 拍左臂侧举—6 拍右臂侧举—7 拍两臂体前交叉—8 拍还原。

组合二：

1 拍两臂前举，掌心相对—2 拍两臂上举，掌心相对—3 拍两臂侧举，掌心向下—4 拍还原—5 拍左臂侧举，同右臂上举，掌心相对—6 拍左臂上举，右臂侧举，掌心相对—7 拍两臂侧举，掌心向下—8 拍还原。

组合三：

1 拍两臂胸前平屈，拳心向下—2 拍两臂侧上举，掌心向外—3 拍两臂侧下举，掌心向内—4 拍还原—5 拍两臂胸前屈，拳心相对—6 拍左臂侧举，右臂胸前平屈，拳心向下—7 拍右臂侧举，左臂胸前平屈，拳心向下—8 拍还原。

组合四：

1 拍左臂侧上举，右臂侧下举，掌心向下—2 拍两臂胸前屈交叉，拳心向内—3 拍右臂侧上举，左臂侧下举，掌心向下—4 拍两臂胸前屈交叉，拳心向内—5 拍两臂肩上屈，拳心向内—6 拍两臂前举交叉，掌心向下(开掌)—7 拍两臂侧举，掌心向下—8 拍还原。

组合五：

1 拍左臂前举，掌心向内—2 拍左臂上举，右臂前举，掌心向内—3 拍左臂侧举，右臂上举，掌心相对—4 拍还原—5 拍左臂前举，右臂上举，掌心相对—6 拍两臂胸前屈交叉，拳心向内—7 拍右臂前举，左臂上举，掌心相对—8 拍还原。

二、健美操基本动作教学时应注意的问题

(一)动作的准确性

教师在教授健美操基本动作时，不仅要要求学生肢体运动的位置、方向和路线的清晰、准确，而且要要求学生准确控制肢体运动过程中发力的部位、力的大小、方向及作用点。因此，在教学过程中，教师应加强学生控制肌肉收缩与伸展能力的练习，以表现出健美操动作力与美的协调统一。

(二)动作的弹性

弹性是健美操运动的特点之一，主要由踝关节、膝关节及髋关节的屈伸来完成。因此，在进行健美操基本动作教学时，应运用屈腿半蹲、开立半蹲等最基础动作练习学生控制关节屈伸的能力，避免动作过分僵硬和关节的过度伸展，使动作富有弹性。

(三)动作的韵律

健美操动作的韵律与伴奏音乐的节奏相符合，能够更好地体现健美操的力与美，这就要求学生要具有一定的肌肉控制能力和良好的音乐节奏感。因此，教师在基本动作教学中，应注意由慢到快、循序渐进地训练学生的动作节奏感，并在音乐的伴奏中体会动作的韵律。

思考题

1. 简述健美操基本动作的概念及练习价值。
2. 简述健美操基本动作由哪几部分组成。
3. 根据人体运动时对地面的冲击力大小，健美操基本步法分为哪几类？并举例说明。
4. 举例说明低冲击力步法是如何分类的。
5. 健美操上肢的基本动作与手型有哪些？
6. 试述健美操基本动作教学时应注意哪些问题。

第九章　健美操基本姿态控制训练

内容提要： 本章基于健美操基本姿态控制教学实践，结合形体训练理论，为进一步提高健美操运动员姿态控制与动作本体感觉和提高中枢神经系统对肌肉的支配能力，系统地对头、上肢、下肢、躯干动作进行了组合及创编。本章共分七节，主要内容包括头部、肩部控制练习和手臂姿态、胸腰、波浪及下肢和把杆练习。

教学目标： 通过对健美操基本姿态的学习，使运动员掌握健美操基本姿态控制练习的内容和方法，使其身体姿态端正、挺拔，使其气质优雅，外美内秀，使其基本姿态基本符合健美操项目的要求，从而提高艺术表现力。

第一节　健美操基本姿态的概念及作用

一、姿态

姿态是动作在空间概念上，身体或身体各部位运动过程中所处的状态。姿态可分为静态和动态两种形式，静态主要表现为手臂、腿、躯干、头等身体各部位在动作过程中的基本方位，动态主要表现为动作的速度、节奏、幅度、人体重心的变化等。姿态是一个人"美的意识"的直接反映，也是检验一个人"美的意识"强弱的主要标志。良好的姿态不仅能充分表现出形体美，还能反映一个人的精神面貌和气质，提升修养和审美能力。

基本姿态一般是指练习者做动作时，手、臂、躯干、腿、脚和头部所处的符合其专项要求的状态。健美操的基本姿态是在长期训练中逐步形成的，是高质量完成健美操动作的基础条件。

二、健美操基本姿态训练的内容及作用

健美操是健与美的完美结合，健美操运动员基本姿态的好坏直接影响到动作的完成质量和艺术表现，尤其是在竞技健美操比赛中，基本姿态的好坏已成为裁判员评分依据和技术评定因素之一。

一个健美操运动员如果在训练初期不重视基本姿态的训练，当其水平达到一定程度之后，其在基本姿态方面的缺陷就会直接影响到他未来技术动作的发展，甚至成为限制其技术水平提高的瓶颈。

姿态控制训练内容主要包括头、上肢、下肢、躯干、下肢练习。主要练习形式为扶把训练和脱把练习，以芭蕾基础训练为主要训练手段。

姿态控制训练主要对头、颈、胸、腰、髋、膝、臂、手、足等进行细腻化要求和练习，纠正其肩、胸、臂、腿等的不良姿态，使其身体姿态端正、挺拔，使其气质优雅，外美内秀，使其基本姿态基本符合健美操项目的要求，具有艺术性和表现力。

第二节　头部姿态控制练习

(一)基本位置

健美操常用的头部基本动作：

1. 正头—颈部自然挺直，目视前方。
2. 抬头—颈沿额状轴后屈。
3. 低头—颈沿额状轴前屈。
4. 转头—颈沿垂直轴左(右)转动。
5. 倒头—颈沿矢状轴侧屈。
6. 转低头—颈沿额状轴前屈，同时沿垂直轴左(右)转动。
7. 转抬头—颈沿额状轴后屈，同时沿垂直轴左(右)转动。

(二)头部动作组合

第一个八拍

1~2

3~4

5~6

7~8

下肢	1～2 拍直立；3～4 拍左脚向侧成开立；5～6 拍右腿屈膝点地；7～8 拍右腿弓步。
上肢 躯干	1～2 拍两臂胸前交叉，手触肩；3～4 拍两臂侧上举，掌心相对；5～6 拍两臂背于体后，7～8 拍左臂背于体后右臂前上举。
头	1～2 拍低头；3～4 拍抬头；5～6 拍左转头；7～8 拍抬头。
面向	1～4 拍 1 点；5～6 拍 3 点；7～8 拍 8 点。

第二个八拍

1~2　3~4　5~6　7~8

下肢	1～2 拍左腿向侧成开立半蹲；3～4 拍右腿屈膝点地；5～8 拍右脚侧点地立。
上肢 躯干	1～2 拍前举，手背相对；3～4 拍左臂侧举，右臂胸前平屈，掌心向上；5～6 拍左臂侧下举，右臂侧上举；7～8 拍左臂侧上举，右臂侧下举。
头	1～2 拍低头；3～4 拍左转头；5～6 拍左转低头，7～8 左转抬头。
面向	1～2 拍 1 点；3～4 拍 7 点；5～8 拍 8 点。

第三节　肩部控制练习

(一)肩部基本动作

1. 提—肩关节沿垂直轴做向上、向下的运动。
2. 前绕—肩关节在矢状面内向前做大于 180 度小于 360 度的运动。
3. 后绕—肩关节在矢状面内向后做大于 180 度小于 360 度的运动。
4. 绕环—肩关节在矢状面内向前或向后做大于等于 360 度的圆周运动。
5. 内收—单或双肩向内收，含胸。
6. 外展—单或双肩向外展，挺胸。

7. 振—两肩同时向外展做连续的弹性动作。

8. 旋—肩关节以冠状轴为轴，左、右肩交替做前后旋的动作。

(二)肩部动作组合

第一个八拍

1　2　3~4　5~6　7~8

下肢	1～2 拍开立；3～8 拍左腿向后成右腿弓步。
上肢躯干	1～2 拍提肩一次；3～4 拍双肩后绕；5～8 拍左肩前、后各绕一次。
面向	1～2 拍 1 点；3～8 拍 8 点。

第二个八拍

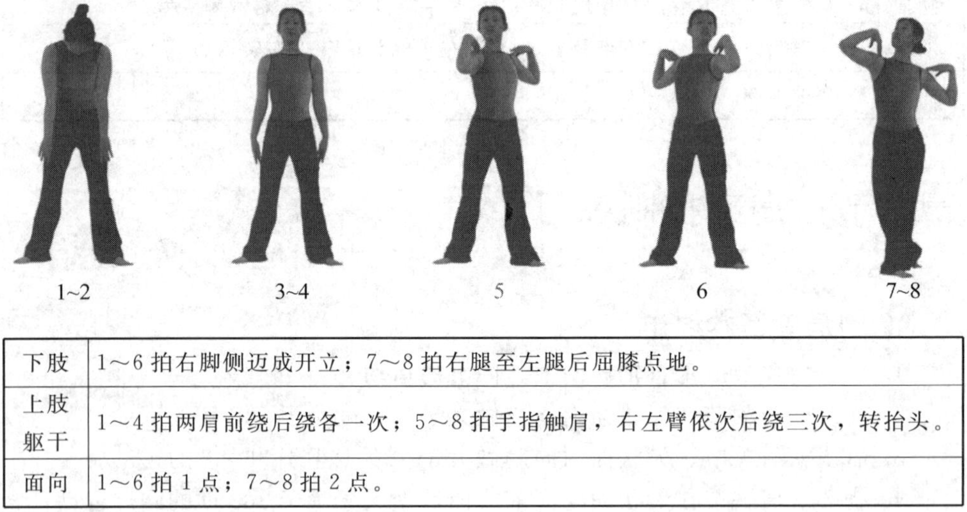

1~2　3~4　5　6　7~8

下肢	1～6 拍右脚侧迈成开立；7～8 拍右腿至左腿后屈膝点地。
上肢躯干	1～4 拍两肩前绕后绕各一次；5～8 拍手指触肩，右左臂依次后绕三次，转抬头。
面向	1～6 拍 1 点；7～8 拍 2 点。

第四节　手臂姿态练习

一、手腕练习

(一)手腕基本动作

1. 立腕—手向上立腕，掌心向前用力。
2. 提腕—手向下屈腕，掌心向后用力。
3. 手腕上绕—以手腕为轴，开始向上做上绕 180 度或 360 度以上的圆周运动。
4. 手腕下绕—以手腕为轴，开始向下做下绕 180 度或 360 度以上的圆周运动。

(二)手腕动作组合

第一个八拍

1-2　3~4　5　6　7　8

下肢	1～4 拍右脚开始依次成开立；5 拍提踵；6 拍半蹲；7～8 拍动作同 5～6 拍。
上肢躯干	1～2 拍右手腕上绕环；3～4 拍左手腕上绕环；5 拍提腕；6 拍立腕；7～8 拍动作同 5～6 拍。
面向	1～8 拍 1 点。

第二个八拍

1　2　3~4　5~6　7　8

下肢	1～7 拍右脚侧迈成开立；8 拍还原。
上肢躯干	1 拍两臂前举交叉；2 拍两臂侧举；3～4 拍手腕下绕环；5～6 拍双手腕上绕环；7 拍立腕；8 拍还原。
面向	1～8 拍 1 点。

二、手臂练习

(一)手臂基本动作

1. 屈—由远端到近端的弯曲动作。

2. 伸—由近端到远端的伸展动作。

3. 举—移动范围在 180 度内，并在某一方位上有短暂停顿的动作。

4. 绕—移动幅度在 180 度以上、360 度以下的弧形动作为绕。

5. 绕环—手臂运动幅度在 360 度或 360 度以上的圆形动作为绕环。

(1)小臂上、下绕环—以肘关节为轴，小臂开始向上、向下做 360 度或 360 度以上的圆周运动。

(2)小臂内、外绕环—以肘关节为轴，小臂开始向内、向外做 360 度或 360 度以上的圆周运动。

(3)大臂绕环—以肩关节为轴，手臂开始向上、向下做 360 度或 360 度以上的圆周运动。

6. 摆动—肢体以相邻关节为轴所做的钟摆式或挥摆式弧形动作为摆动。

(二)手臂动作组合

1. 小臂绕环组合

第一个八拍

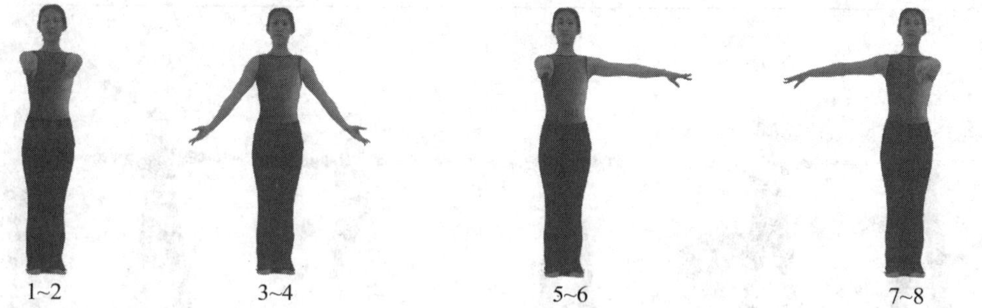

1~2　3~4　5~6　7~8

下肢	1～8 拍直立。
上肢 躯干	1～2 拍小臂向上绕环；3～4 拍小臂依次向下绕至侧下举(右臂先左臂后)； 5～6 拍右臂前左臂侧小臂向上绕环；7～8 拍动作同 5～6 拍，方向相反。
面向	1～8 拍 1 点。

第二个八拍

1~2　　3~4　　5~6　　7~8

下肢	1～2 拍左脚屈膝点地；3～8 拍并立。
上肢 躯干	1～2 拍两臂前下举，手背相对含胸低头；3～4 拍小臂向上绕至侧下举，掌心向上； 5～6 拍右臂上绕环至前上举；7～8 拍动作同 5～6 拍，方向相反，成两臂前上举。
面向	1～2 拍 2 点；3～8 拍 1 点。

2. 手臂摆动组合

第一个八拍

1~2　　3~4　　5~6　　7~8

下肢	1～2 拍左脚侧点地；3～4 拍右脚侧点地；5～6 拍并立提踵；7～8 拍动作同 1～2拍。
上肢 躯干	1～2 拍两臂向侧摆至右臂侧举，左臂前举；3～4 拍动作同 1～2 拍，方向相反； 5～6 拍两臂经下绕至上举；7～8 拍两臂经左摆至右臂侧举，左臂前举。
面向	1～8 拍 1 点。

第二个八拍

1~2

3~4

5~6

7~8

下肢	1～2 拍左腿弓步；3～4 拍移重心成右脚侧点地立；5～6 拍右腿上步并立提踵；7～8 拍左脚后点地立。
上肢躯干	1～2 拍右臂摆前上举，左臂后下举，抬头；3～4 拍两臂摆至侧下举，转低头；5～8 拍经上向后绕至体前交叉，转低头。
面向	1～4 拍 8 点；5～8 拍 1 点。

第三个八拍

1~2

3~4

5~6

7~8

下肢	1～2 拍左脚前点地立；3～4 拍左脚后点地；5～6 拍提踵；7～8 拍并立。
上肢躯干	1～2 拍两臂摆至右臂前下举，左臂后下举；3～4 拍动作同 1～2 拍，方向相反；5～6拍两臂摆至上举；7～8 拍两臂摆至右臂前举，左臂摆至侧举。
面向	1～8 拍 1 点。

第四个八拍

1~2　3~4　5~6　7~8

下肢	1～2 拍左脚侧点地立；3～4 拍动作同 1～2 拍，方向相反；5～6 拍向左立转 360 度；7～8 拍左腿屈膝后点地立。
上肢躯干	1～2 拍右臂摆至侧上举，左臂侧下举；3～4 拍动作同 1～2 拍，方向相反；5～6 拍两臂上举，手心相对；7～8 拍两臂向内绕至左臂侧上举，右臂侧下举。
面向	1～8 拍 1 点。

第五节　胸腰练习

一、胸部练习

(一)胸的基本动作

1. 内收—两肩向内扣，背部向后运动，形成胸凹背弓的动作。
2. 外展—两肩向后展，胸部向前运动，形成胸凸背凹的动作。
3. 胸绕环—胸部沿垂直轴做大于等于 360 度的圆周运动。

(二)胸部动作组合

第一个八拍

1~2　3~4　5~6　7~8

下肢	1～2 拍左脚屈膝点地；3～4 拍开立；5～6 拍右脚屈膝点地；7～8 拍右腿弓步左脚后点地。
上肢躯干	1～2 拍两臂前下举，手背相对，含胸低头；3～4 拍两臂侧下举，掌心向前，挺胸抬头；5～6 拍双手抱肩，含胸低头；7～8 拍两臂侧举，掌心向后，抬头、挺胸。
面向	1～2 拍 2 点；3～8 拍 1 点。

第二个八拍

1~2　　3~4　　5~6　　7~8

下肢	1～2 拍左脚屈膝点地；3～4 拍左腿弓步右脚后点地；5～6 拍右脚屈膝点地；7～8 拍开立。
上肢躯干	1～2 拍双手抱肩，低头；3～4 拍两臂侧举，掌心向后，抬头、挺胸；5～6 拍左臂侧举，右臂前下举，上体前倒含胸低头；7～8 拍两臂经上绕成两臂侧举掌心向上，抬头。
面向	1～4 拍 1 点；5～6 拍 8 点；7～8 拍 1 点。

二、腰部练习

(一)腰部基本动作

1. 前屈—以髋关节为轴向前成弯曲度的动作。
2. 后屈—以髋关节为轴向后成弯曲度的动作。
3. 侧屈—以髋关节为轴向左侧或右侧成弯曲度的动作。
4. 绕环—上体运动幅度在 360 度或 360 度以上的圆形动作为绕环。

(二)腰部动作组合

第一个八拍

1　2　3　4　5~6　7~8

下肢	1～2 拍右脚向侧一步屈膝，左腿于右腿前点地；3 拍左腿后点地立；4 拍左腿弓步右腿后点地；5～6 拍左腿直立，右腿后点地；7～8 拍左腿弓步。
上肢躯干	1～2 拍两臂侧下举至前举，上体前屈；3 拍两臂上举；4 拍左臂侧下举，右臂上举；上体左侧屈，左转低头；5～6 拍动作同 3 拍；7～8 拍两臂侧举，抬头，胸、腰向后屈。
面向	1 拍 1 点；2～8 拍 2 点。

第二个八拍

1~2　3~4　5　6　7　8

下肢	1～2 拍右脚向前一步屈膝；左腿于右腿后点地；3～8 拍直立。
上肢躯干	1～2 拍两臂前举，上体前屈低头；3～4 拍两臂侧举；5～8 拍右臂经左绕环一周同时头胸绕环，头随上体转动。
面向	1～8 拍 1 点。

第六节　波　浪

(一)手臂波浪

动作做法：两臂侧平举，由肩开始带动上臂、前臂和手部的肌肉依次用力，使肘、腕和手指各关节依次屈，然后以同样顺序用力，使各关节依次伸直形成连贯、圆滑而完整的波浪。臂可在各方位上做，可同时做，也可依次做。

技术要点：两臂及身体要放松，以肩带动依次屈、伸，柔和连贯，依次推移。

基本动作练习：

1. 前波浪—两臂前举做波浪。

2. 侧波浪—两臂侧举做波浪。

教学方法：

(1)单臂前波浪、侧波浪慢动作练习。

(2)双臂同时或依次波浪动作练习。

(二)身体波浪

1. 躯干波浪

动作做法：以跪坐为例由髋、腰、胸到颈椎各关节依次挺伸，也可沿相反顺序做依次含收，也可跪撑练习或直立练习。

技术要点：尾椎至颈椎临近关节要依次运动，连续不断。

教学方法：

(1)跪撑做塌腰、拱背练习。

(2)慢动作体会用力方法。

2. 身体前波浪

动作做法：由半蹲，含胸低头，两臂前举开始，从膝、髋、腹、胸、颈各关节依次向前上方挺伸抬头，两臂弧形摆至侧上举。

技术要点：身体各部位由屈到伸，连续不断、依次伸展。

教学方法：

(1)跪撑或扶把杆练习。

(2)慢动作体会身体动作。

3. 身体后波浪

动作做法：由直立抬头挺胸两臂上举开始，由膝、髋、腰、胸、颈各关节依次含收到自然站立，两臂经前、下弧形摆至侧举。

技术要点：身体各部位连续不断、依次向后拱起。

教学方法：

(1)跪撑或扶把杆练习。

(2)慢动作体会用力方法。

4. 身体侧波浪

动作做法(以向左开始为例)：开始姿势左脚侧点地，上体稍向左侧屈，两臂右侧上摆。左、右腿依次半蹲，重心左移，同时髋、腰、胸、颈各关节依次向左侧挺伸，向左抬头，两臂同时经腹前弧形摆至左侧上举，右脚尖侧点地。

技术要点：重心由一侧移至另一侧，身体连绵不断、依次向一侧上方伸展。

教学方法：

(1)向左、右侧移重心。

(2)扶把杆或离把杆慢动作练习。

(三)波浪组合练习

第一个八拍

1　2　3　4　5　6　7　8

下肢	1拍并立；2拍右腿向侧一步提踵，左腿侧举；3～4拍左腿落地，右腿屈膝后点地；5～6拍右腿向前一步并立；7～8拍由右向左移重心至右脚侧点地立。
上肢躯干	1拍两臂体前小波浪；2拍两臂向侧小波浪；3～4拍向侧手臂大波浪；5～6拍向前躯干波浪同时手臂波浪至前上举；7拍向侧躯干波浪；8拍左臂侧上举，右臂前举的手臂波浪。
面向	1拍1点；2～6拍2点；7～8拍1点。

第二个八拍

下肢	1 拍左脚侧点地立；2 拍动作同 1 拍，方向相反；3～4 拍并立半蹲；5～6 拍左侧拖步；7拍右脚向前一步屈膝，左腿于右腿后点地；8 拍右腿向侧后一步，左脚侧点地立。
上肢躯干	1 拍右侧躯干波浪，两臂波浪摆至右臂侧上举左臂侧下举；2 拍动作同 1 拍，方向相反；3～4 拍左臂胸前屈，上体右转 45 度，左臂侧上举；5～6 拍左臂经胸前屈绕至侧上举；右臂侧下举，上体右侧屈；7 拍右臂前上举，左臂背于体后；8 拍右臂侧下举，左臂侧上举。
面向	1～2 拍 1 点；3 拍 3 点；4～6 拍 1 点；7 拍 2 点；8 拍 1 点。

第三个八拍

下肢	1～2 拍左腿屈膝后点地；3 拍右腿后点地立；4～5 拍右腿屈膝点地；6 拍左腿屈膝后点地；7 拍左腿屈膝点地；8 拍左弓步。
上肢躯干	1～2 拍两臂体前交替上下小波浪；3 拍左臂上举；4 拍两臂前上举上体前屈；5 拍两臂上举；6 拍两臂波浪侧举；7 拍双臂交叉扶肩；8 拍两臂波浪侧举。
面向	1～8 拍 8 点。

第四个八拍

下肢	1 拍右腿前点地；2～3 拍提踵向侧小碎步移动；4～6 拍提踵小碎步向右转体 360 度；7～8 拍左脚屈膝后点地。
上肢躯干	1 拍左臂侧举；右臂前举上体前屈；2～3 拍右臂经前绕至上举，左臂侧举；4～6 拍右左臂交替侧波浪；7～8 拍左臂背于体后右臂侧下举。
面向	1 拍 8 点；2～4 拍 1 点；5～7 拍向右转体 360 度；8 拍 1 点。

第七节　把　杆

把杆练习

（一）基本站立—全脚掌推地而立，直膝开髋向上提，使脚尖膝关节与髋关节在一条直线上；立腰、紧腹收臀、挺胸夹背，两肩下沉、脖子梗直，使上体姿态挺拔。

动作要求：脚位准确、重心稳，姿态外开绷直、优美。

（二）擦地—单手或双手扶把，支撑腿伸直向上立髋，重心在支撑腿上。摆动腿脚贴地面向前擦出时脚跟主动向前顶，向后擦出时脚尖主动向后伸，向侧擦出时脚面向上，脚跟主动向前顶保持外开。至点地位置时踝关节和脚面充分绷直，小腿与脚面脚尖成一直线。由前点收回时脚尖主动擦地收回，由后点地收回时脚跟主动擦地收回，由侧点收回时直腿擦地收回。

动作要求：两腿保持伸直、充分外开和正确的脚位，脚掌贴地擦出，有力地绷直，方向正。

（三）下蹲—由支撑腿通过屈伸来完成的练习，有半蹲、全蹲和单腿蹲，单手扶把或双手扶把。

1. 半蹲——一位(二位、五位)站立，屈膝下蹲至膝关节角度大于 90 度。

2. 全蹲——一位(二位、五位)站立，屈膝下蹲至膝关节角度小于 90 度。

3. 单腿蹲——一腿站立，另一腿屈膝或举起，站立腿屈膝下蹲至半蹲或全蹲。

动作要求：蹲起时两膝对准脚尖方向，臀部对准脚跟方向，上体直立；蹲起动作柔和连贯，向下时被动弯曲；起立时大、小腿肌肉主动向上伸直，要有对抗用力的感觉。

(四)小弹腿—单手扶把支撑腿伸直，摆动腿以膝关节为轴，大腿不动小腿屈膝然后有控制快速向前(侧、后)弹出。

动作要求：小腿被动弯曲，伸展时有对抗用力的感觉，腿弹出后有制动。

(五)小踢腿—单手扶把杆站立，外侧腿快速有力地擦地绷脚向前(侧、后)踢出，急停在 25 度位置上，随后摆动腿向下经点地位置擦地收回。

动作要求：支撑腿用力重心稳定，小踢腿快、直、准。

(六)大踢腿—单手扶把杆站立，外侧腿快速有力地擦地绷脚向前(侧、后)上方踢起，随后摆动腿轻轻落下至经点地位置擦地收回。

动作要求：大踢腿快如风、落地轻、重心稳、姿态美。

第八节　小　跳

一、小跳练习

(一)一位小跳

预备姿势：一位站立，双手叉腰。

动作做法：

节前动作：两腿经半蹲蹬地跳起。

1 拍落地成一位半蹲，接着下半拍又蹬地跳起。

2 拍动作同 1 拍。

可连续进行练习。

动作要求：两脚掌用力推地向上跳起，膝和脚面绷直，收腹立腰，臀部收紧，身体正直。以前脚掌过渡至全脚柔和落地成半蹲。

(二)一位、二位交换跳

预备姿势：一位站立，双手叉腰。

动作做法：

节前动作：两腿经半蹲蹬地跳起。

1 拍空中保持一位姿势，落地成二位半蹲，接着下半拍又蹬地跳起。

2 拍空中保持二位姿势，落地成一位半蹲，接着下半拍又蹬地跳起。

可连续进行练习。

动作要求：两脚掌用力推地向上跳起，空中姿态准确，两腿绷直外开，以前脚掌过渡至全脚柔和落地成半蹲。动作轻盈、连贯。也可“二位、五位”交换跳。

二、舞蹈跳步练习

(一)击足跳

预备姿势：自然站立。

动作做法：(以右腿起跳为例)左脚向前(侧、后)做小踢腿(踢至 25 度)，同时右腿经屈膝蹬地跳起并迅速与左脚并拢，随即两腿分开，成右腿落地左腿前举。

技术要求：空中并腿、分腿迅速、清晰，膝和脚面绷直，动作轻巧、连贯、腾空明显。

(二)向前直膝交换腿跳

预备姿势：自然站立。

动作做法：右腿向前一步蹬地跳起，同时左腿向前上方摆起，接着右腿直腿摆起，空中左腿与右腿上下交换摆动，左腿落地，右腿落至前点地。

技术要求：支撑腿蹬地跳起的同时，两腿先后依次用力向上摆起至最高点，两腿在空中迅速交换。

(三)向前屈膝交换腿跳

预备姿势：自然站立。

动作做法：右腿向前一步蹬地跳起，两腿屈膝依次向前上方摆起，并在空中上下交换。前摆大腿稍高于水平，与小腿成钝角，膝稍向外，脚面绷直。

技术要求：支撑腿蹬地充分，空中两腿交换迅速。身体重心随动作上升，动作轻巧、姿态优美。

(四)前后分腿跳

预备姿势：右脚在前五位脚站立，两臂一位。

动作做法：双脚经屈膝蹬地跳起后，右、左腿前后分开，接着右腿落地左腿后举，同时左臂前举，右臂侧举。

技术要求：空中两腿用力前后分开，落地屈膝缓冲，后举腿有控制地落下。

(五)后举腿跳

预备姿势：自然站立。

动作做法：右脚向前上步经屈膝蹬地跳起，左腿后举，同时左臂前举，右臂侧举。

技术要求：支撑腿蹬地跳起，摆动腿主动向后摆，充分伸展。

思考题

1. 什么是姿态？简述姿态分为哪几种。
2. 试述姿态控制练习对提高健美操运动员动作质量的作用。
3. 健美操姿态控制练习主要分为哪几部分？
4. 手臂姿态练习的方法有哪些？

第十章　竞技健美操难度动作技术与教学

内容提要：本章分别介绍了竞技健美操四类难度动作的技术要点和动作规格，并详细阐述了各类难度动作的动作做法、教学步骤和训练方法与手段。

教学目标：通过本章节的学习，了解难度动作的技术要点和动作规格，初步掌握各类难度动作的教学步骤和训练手段。

第一节　动力性力量难度动作

一、俯卧撑类

1. 俯卧撑

动作做法：俯撑姿势开始，两臂距离与肩同宽，屈臂至肩平行于肘，肘关节外开，随后推起成俯撑。

技术要点：俯卧撑的起落，身体和手臂要有控制，腰腹紧张、用力。

教学规格：身体呈一条直线，头处于背部延长线，屈臂时，胸离地面小于10cm。

教学方法：

1)肘关节支撑的俯撑静力练习；俯撑静力练习。

2)跪撑俯卧撑练习。

3)手撑高处的俯卧撑练习。

4)助力下俯卧撑练习。

5)脚放高处加大难度的俯卧撑练习。

2. 单臂单腿俯卧撑

动作做法：单臂单腿俯撑开始，两腿分开与肩同宽，支撑臂屈臂至肩平行于肘，肘关节外开，随后推起成单臂单腿俯撑。

技术要点：两点支撑重心稳，屈臂时支撑手靠近胸骨的垂直线，腰腹始终保持紧张、用力。

教学规格：身体呈一条直线，后举腿处于背部延长线，屈臂时，胸离地面小于10cm。大小臂成45度。

教学方法：

1)单臂俯撑静力练习。

2)单臂单腿俯撑静力练习。

3)单臂俯撑或单臂单腿俯撑，支撑臂做内外绕环练习。

4)单臂支撑的跪撑俯卧撑练习。

5)单手撑高处的俯卧撑练习。

6)有助力的单臂单腿俯卧撑练习。

3. 后倒俯卧撑

动作做法：俯撑姿势开始，屈臂至肩平行于肘，肘关节对准脚尖方向下降后倒，随后身体向前并回到屈臂俯撑，推起成俯撑。

技术要点：俯撑两手距离稍窄，肩前倾，肘关节触地同时与踝关节形成互动。

教学规格：俯撑下落、后倒、前移、推起四部分清晰有控制，屈臂后倒过程，胸离地面小于10cm。

教学方法：

1)屈臂夹肘俯撑静力练习。

2)夹肘屈臂俯卧撑练习。

3)由肘关节支撑的俯撑开始，脚蹬地重心前移成屈臂俯撑练习。

4)跪撑后倒俯卧撑练习。

5)手撑高处的后倒俯卧撑练习。

6)有助力的后倒俯卧撑练习。

二、文森与腾空俯卧撑类

1. 文森俯卧撑

动作做法：俯撑姿势开始，一腿伸展并搭在同侧的肱三头肌上部，后腿伸直脚蹬地，屈臂至肩平行于肘，肘关节外开，随后推起成俯撑。

技术要点：两手支撑稍宽于肩，肩前倾，侧举腿有控制并保持在肱三头肌上部。

教学规格：身体呈一条直线，头处于背部延长线，始终保持侧举腿在肱三头肌上部，屈臂时，胸离地面小于 10cm。

教学方法：

1)俯撑侧控腿练习。

2)俯卧撑屈臂同时侧踢腿练习。

3)文森俯撑静力练习。

4)有助力文森俯卧撑练习。

2. 后举腿文森俯卧撑

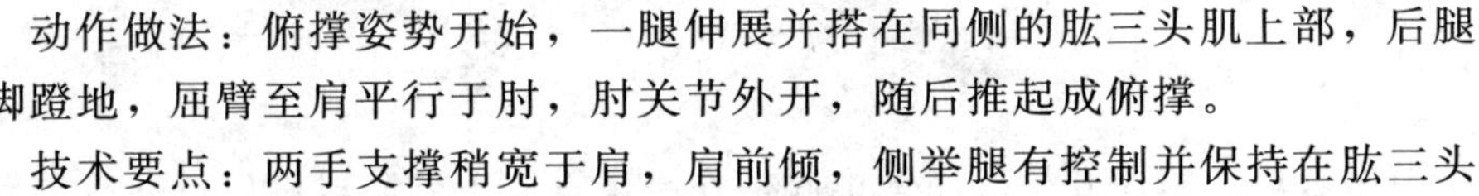

动作做法：后控腿文森俯撑姿势开始，一腿侧举并搭在同侧臂肱三头肌上部，另一腿后举，屈臂至肩平行于肘，肘关节外开，推起成后举腿文森。

技术要点：肩关节在整个动作过程中始终处于支撑点前。

教学规格：身体呈一条直线，后举腿处于背部延长线，始终保持侧举腿在肱三头肌上部，保持此姿势完成俯卧撑。

教学方法：

1)俯撑侧控腿练习。

2)后举腿文森俯撑静力练习。

3)有助力后举腿文森俯撑练习。

3. 俯撑转体360度成俯撑

动作做法：俯撑开始，屈臂推起，在身体重心上升阶段以肩带动身体转体360度，成俯撑姿势结束，双腿始终保持与地面的接触。

技术要点：手臂发力迅速推起，以肩带动身体转体360度，整个动作过程身体有控制，转体时稍收腹。

教学规格：整个转体过程身体保持紧张呈一条直线，头处于背部延长线，屈臂时，胸离地面小于10cm。

教学方法：

1)俯卧撑推起击掌。

2)俯卧撑腾起。

3)助力下完成俯卧撑转体360度成俯撑。

三、提臀起与分切类

1. 提臀起

动作做法：俯卧撑开始，双臂屈推动身体向上，同时双脚蹬地，空中提臀收腹成屈体姿势，随即迅速伸展身体以俯卧撑姿态结束。

技术要点：手脚同时发力推起，提腰收腹，两脚前踢使胸贴近膝关节。

教学规格：空中屈体时双腿垂直于地面，躯干与双腿夹角小于60度。

教学方法：

1)俯卧撑，推起速度快。

2)俯卧撑推起击掌。

3)俯卧撑腾起。

4)俯卧撑腾起手击腿练习。

5)俯卧撑推起成站立练习，体会提臀。

6)俯撑蹬地后摆腿练习。

7)俯撑提臀练习。

8)提臀起完整动作练习。

2. 分切

动作做法：俯卧撑开始，双臂屈推动身体向上，同时双脚蹬地，身体腾空后提腰，双腿分腿向前摆越、并腿成仰撑。

技术要点：手脚同时发力推起，身体腾空后提腰、收腹，双腿快速分腿向前摆越。

教学规格：俯撑推起腾空，两腿经侧摆越至前，并腿成仰撑。

教学方法：

1)俯卧撑推起击掌。

2)俯卧撑腾起。

3)地面俯撑推起双腿侧摆越成坐练习。

4)在地面上助力下练习。

四、旋腿与直升飞机类

1. 俯撑开始的单腿全旋

动作做法：俯撑开始，屈臂推起肘关节伸直时，一腿向侧摆动经前完成旋腿一周成俯撑。

技术要点：俯撑推起含胸、收腹，移重心与摆腿配合协调。

教学规格：单腿全旋时腿伸直，动作幅度大。

教学方法：

1)俯撑一腿屈膝，一腿侧伸，摆越至180度练习。

2)俯撑旋腿练习。

3)俯撑后半圈摆越成俯撑。

4)完整动作练习。

2. 托马斯全旋

动作做法：(以向右全旋为例)俯撑开始，左脚向左迈步成大分腿单臂俯撑，右臂侧举，接着右腿蹬地向侧上摆起，左腿蹬离地向右侧摆动，当左腿摆至右侧方时，右腿摆至最高点控制，同时重心移至左臂，右手抬起，左腿经侧向前摆并带动髋关节向前伸，至分腿后撑，接着左腿向侧摆至最高点控制，右腿向左前方摆同时伸髋，重心移至右臂，当右腿摆至左侧时提腰转动身体同时左臂换撑，身体转动带动两腿向后摆越成俯撑。

技术要点：右腿向侧摆至最高点时，速度最慢，同时左腿经侧向前摆到达最低点，速度最快；进腿时左腿向侧伸，随后右腿远伸走平面，充分打开髋角，两腿分至最大；左腿在左侧摆至最高点时，速度最慢，同时右腿摆至左前方到达最低点，速度最快；向左出腿时左腿上摆提腰、升高身体重心，身体和肩稍向左转，右腿侧摆向远伸，左手尽早获得支撑；控制身体重心下降的速度，含胸、顶肩，移动身体重心。

教学规格：两腿以大于110度的分腿姿态绕身体全旋，至分腿后撑时向前送髋，肩角接近90度。

教学方法：

1)分腿坐，两手体前撑地，臀部抬起，两手依次换至腿外侧撑地，交替重复进行。

2)俯撑两腿经侧向前移动，一手换撑成仰撑，再经侧向后移动换撑成俯撑。成仰撑时送髋，两手在一条线上。

3)助力下，水平支撑侧摆腿练习。两腿重复交替练习。

4)俯撑蹬地侧摆腿练习，腿向耳朵方向摆，两腿交替重复练习。

5)半圈全旋练习，俯撑开始，右腿向侧上摆，左腿经侧向前摆成左腿撑地右腿上举。

6)送髋练习，坐撑开始向右转45度左腿撑地、右腿上摆同时送髋。左转45度右腿撑地、左腿上摆同时送髋，重复练习。

7)旋转练习，地面模仿两腿摆动练习。

8)托马斯完整动作练习。

3. 直升飞机

动作做法：(以右腿为例)分腿坐开始，上体后倒右腿向左摆动，同时以背部支撑转体，当两腿摆过身体时，顶肩伸髋转体180度成俯撑。

技术要点：背部支撑臀部上举，摆腿速度快，右腿摆过身体顶肩伸髋转体同时收腹、紧腰。

教学规格：背部支撑转体，双腿依次摆动贴近躯干，开始和结束方向相同。

教学方法：

1)背部支撑，屈体伸髋连续练习。

2)背部支撑摆腿练习。

3)背部支撑摆腿转体 360 度练习。

4)背部支撑伸髋转体 180 度成俯撑练习。

5)直升飞机练习。

4. 直升飞机成劈腿

动作做法：(以右腿为例)分腿坐开始，上体后倒右腿向左摆动，同时以背部支撑转体，当两腿摆过身体时，顶肩伸髋转体 180 度，提腰，一腿前摆一腿后摆成纵劈腿。

技术要点：背部支撑臀部上举，摆腿速度快，右腿摆过身体顶肩转体同时提腰，一腿前摆。

教学规格：背部支撑转体，双腿依次摆动贴近躯干，开始和结束方向相同。

教学方法：

1)背部支撑摆腿练习。

2)背部支撑摆腿 360 度练习。

3)直升飞机练习。

4)背部支撑顶肩转体 180 度成纵劈腿。

5)完整练习。

5. 直升飞机成文森

动作做法：(以右腿为例)分腿坐开始，上体后倒右腿向左摆动，同时以背部支撑转体，当两腿摆过身体时，顶肩伸髋转体 180 度，同时提腰，一腿侧举并搭在同侧的肱三头肌上部成文森支撑。

技术要点：背部支撑臀部上举，摆腿速度快，右腿摆过身体顶肩转体同时提腰一腿侧举，并保持在肱三头肌上部。

教学规格：背部支撑转体，双腿依次摆动贴近躯干，后腿着地，同时侧举腿搭在同侧的肱三头肌上部，开始和结束方向相同。

教学方法：

1)背撑摆腿练习。

2)背撑摆腿 360 度练习。

3)直升飞机练习。

4)完整练习。

五、开普类

1. 单臂支撑侧水平劈腿

动作做法：(以右臂为例)身体侧倒，右臂支撑同时右腿蹬地，左腿侧摆，空中成侧劈腿姿势。

技术要点：身体侧倒撑地，直臂顶肩，蹬地腿向远摆，摆动腿摆至与地面平行时控制向远伸。

教学规格：支撑臂垂直地面，身体平行地面，双腿开度 180 度。

教学方法：

1)侧撑侧摆腿练习。

2)助力下单臂撑地帮助顶肩。

3)摆腿成单臂侧水平支撑并助其身体平衡。

4)完整练习。

2. 开普成纵劈腿

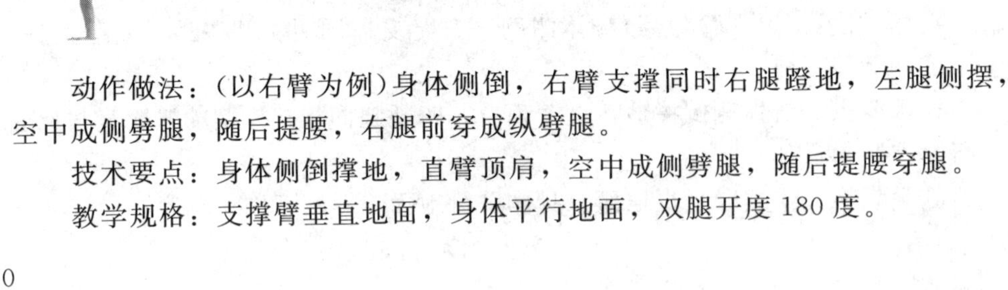

动作做法：(以右臂为例)身体侧倒，右臂支撑同时右腿蹬地，左腿侧摆，空中成侧劈腿，随后提腰，右腿前穿成纵劈腿。

技术要点：身体侧倒撑地，直臂顶肩，空中成侧劈腿，随后提腰穿腿。

教学规格：支撑臂垂直地面，身体平行地面，双腿开度180度。

教学方法：

1)侧撑侧摆腿练习。

2)助力下单臂撑地帮助顶肩。

3)摆腿成单臂侧水平支撑并助其身体平衡。

4)助力下完成开普交换腿成纵劈腿。

第二节　静力性力量难度动作

一、分腿支撑类

1. 分腿支撑

动作做法：分腿坐开始，上体前倾，双手于体前撑地，提腰分腿上举，使两腿及整个身体离开地面，保持支撑两秒以上。

技术要点：支撑时肩前倾，提腰收腹举腿提高重心。

教学规格：两腿分开大于 90 度，两腿平行于地面。

教学方法：

1)分腿坐，双手体前撑地，连续完成提腰、臀部离地动作。

2)分腿坐，双手体前撑地，保持提腰、臀部离地，两手依次换撑体侧，连续重复练习。

3)在低凳上做分腿支撑。

4)在地面助力下完成。

2. 分腿支撑转体 360 度

动作做法：分腿坐开始，上体前倾，双手于体前撑地，提腰分腿上举，使两腿及整个身体离开地面，以肩和脚尖带动身体转体 360 度，移重心双手交替支撑，手移位不多于 4 次。

技术要点：以肩和脚尖带动身体转体，肩始终保持在支撑点前方，提腰举腿提高重心。

教学规格：两腿分开大于 90 度，转体过程两腿始终平行于地面。

教学方法：

1)分腿坐双手体前撑地，保持提腰、臀部离地，两手依次换撑体侧，连续重复练习。

2)分腿支撑移重心，两手交替支撑练习。

3)分腿支撑转体 180 度，练习以脚尖和肩带动身体转体。

4)分腿支撑转体 360 度。

二、直角支撑类

1. 直角支撑

动作做法：直角坐开始，腰背立直稍前倾，双手位于大腿两侧支撑地面，使两腿及整个身体离开地面，支撑两秒以上。

技术要点：支撑时提腰收腹提高重心。

教学规格：支撑时腰背立直，双腿平行于地面。

教学方法：

1)直角坐双手撑地，连续完成提腰、臀部离地动作。

2)手撑高处的直角支撑练习。

3)助力下完成直角支撑。

4)完整动作练习。

2. 直角支撑转体 720 度

动作做法：直角坐开始，上体直立稍前倾，双手位于大腿两侧支撑地面，

使两腿及整个身体离开地面，以肩和脚尖带动身体转体 720 度，移重心双手交替支撑，手移位不多于 8 次。

技术要点：以肩和脚尖带动身体转体，提腰举腿提高重心。

教学规格：支撑时腰背立直，转体过程两腿始终平行于地面。

教学方法：

1)直角支撑移重心，两手交替支撑练习。

2)直角支撑转体 180 度，练习以脚尖和肩带动身体转体。

3)直角支撑转体 180 度或 360 度，停止 3～10 秒，再继续转体。

4)直角支撑转体 720 度。

3. 直角分腿组合支撑转体 720 度

动作做法：(以向左转为例)分腿坐开始，上体直立前倾，双手于体前支撑地面，使两腿及整个身体离开地面，以肩和脚尖带动身体转体 180 度，左右手

依次换至体侧支撑，同时并腿，左腿继续外摆带动身体转体，左右手依次换成体前分腿支撑，依次交替进行至转体720度，成分腿支撑结束，整个动作支撑两秒以上。

技术要点：重心在两手之间平稳移动，摆腿换撑配合协调，支撑转体时提腰收腹提高重心。

教学规格：转体平滑、流畅，双腿始终平行于地面。

教学方法：

1)在低凳上分腿、并腿支撑双手交替支撑练习。

2)在地上分腿、并腿支撑双手交替支撑练习。

3)分腿支撑转体180度换撑成并腿支撑，停止2秒以上。

4)并腿支撑转体180度换撑成分腿支撑，停止2秒以上。

5)完整动作练习。

三、高直角支撑类

1. 高直角支撑

动作做法：直角坐开始，双手在身体两侧支撑，举腿成屈体，双腿靠近胸部，支撑2秒以上。

技术要点：两手支撑靠近臀部，肩稍后倒，臀部稍前举。

教学规格：屈髋两腿上举至垂直并靠近胸部。

教学方法：

1)将肩抵住墙做高直角练习。

2)在助力下完成高直角动作。

3)完整动作练习。

2. 高直角支撑转体360度

动作做法：直角坐开始，双手在身体两侧支撑，屈体举起垂于地面，并靠近胸部，用肩带动身体转体360度，整个动作支撑2秒以上。

技术要点：两手支撑靠近臀部，转体时收腹抬臀双腿贴近胸部，重心移动

平稳。

教学规格：屈髋两腿上举至垂直并靠近胸部，转体平稳。

教学方法：

1)将双腿架高做高直角支撑，移重心交替支撑练习。

2)在助力下完成高直角转体动作。

3)完整动作练习。

四、水平支撑类

1. 水平肘撑

动作做法：双手撑地，双臂屈臂肘关节和肱三头肌支撑身体，两腿处于背部延长线与脊柱成一直线，并与地面平行，保持两秒。

技术要点：支撑时肘位于腹部，双肘向内收紧。

教学规格：支撑时整个身体呈一直线且平行于地面。

教学方法：

1)在助力下完成水平肘撑动作。

2)完整动作练习。

2. 分腿水平支撑

动作做法：俯撑开始，含胸提腰，两腿后伸，整个身体由双手直臂支撑离开地面，手指可向外或向后，双腿分开，整个身体成一直线，不得超过水平面

以上 20 度，整个动作保持 2 秒。

技术要点：支撑时肩前倾含胸提腰，成水平时身体重心前移，腰背收紧。

教学规格：直臂支撑，身体成一直线平行于地面。

教学方法：

1)分腿体前屈提腰倒立练习。

2)在助力下倒立慢落慢起练习。

3)在助力下分腿水平支撑练习。

4)完整动作练习。

3. 后举腿静力文森支撑

动作做法：俯撑开始，一腿侧举并搭在同侧的肱三头肌上部，一腿后举，屈臂至肩平行于肘，肘关节外开，保持 2 秒。

技术要点：支撑时重心前移，支撑点靠近腹部。

教学规格：身体呈一条直线，后举腿处于背部延长线且平行于地面。

教学方法：

1)俯卧撑侧控腿练习。

2)有助力后举腿文森支撑练习。

3)完整动作练习。

4. 水平成控腿文森

动作做法：俯撑开始，整个身体由双手直臂支撑离开地面，手指可向外，身体成一直线，不得超过水平面以上 20 度，保持 2 秒后，屈臂，一腿侧举并搭在同侧的肱三头肌上部，一腿后举，保持 2 秒。

技术要点：成水平支撑时身体重心前移，腰背收紧。屈臂成文森支撑时，重心平稳。

教学规格：身体呈一条直线且平行于地面。

教学方法：

1)分腿水平支撑练习。

2)后举腿文森支撑练习。

3)助力下水平支撑成控腿文森练习。

4)完整动作练习。

第三节　跳与跃类难度动作

一、纵跳类

1. 直体跳

动作做法：双脚屈膝蹬地向上跳起，身体充分伸直，同时两臂上摆，双脚并拢落地，屈膝缓冲。

技术要点：空中含胸、收腹、紧腰。

教学规格：身体在腾空过程中充分伸直，梗头、立腰。

教学方法：

1)原地练习摆臂提踵。

2)完整动作练习。

2. 直体跳转体 360 度

动作做法：(以向左转体为例)左臂上举右臂侧上举，双脚屈膝蹬地向上跳起，身体充分伸直，同时两臂上摆至胸前交叉，以右肩带动身体转体，双脚并拢落地，屈膝缓冲。

技术要点：双腿充分蹬直后，右肩带动身体转体。

教学规格：身体在腾空过程中充分伸直，转体角度准确。

教学方法：

1)练习原地直体跳。

2)原地摆臂练习体会肩带动转体。

3)直体跳转 90 度、180 度，慢慢过渡到 270 度。

4)直体跳转 360 度。

3. 直体跳转 360 度成纵劈腿落地

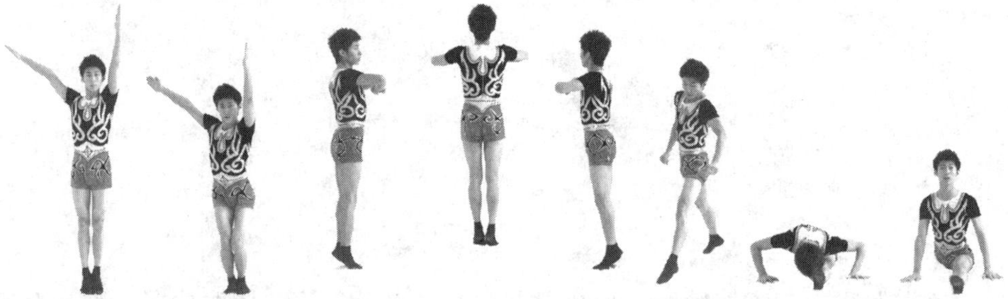

动作做法：(以向左转体为例)左臂上举右臂侧上举，双脚屈膝蹬地向上跳起，身体充分伸直，同时两臂上摆至胸前交叉，以右肩带动身体转体，落地时双腿前后分开成 180 度纵劈腿落地，同时上体前倾双手撑于身体两侧。

技术要点：空中以右肩和手臂带动身体转体，成纵劈腿落地时双手主动撑地缓冲。

教学规格：身体在腾空过程中充分伸直，落地时双腿分开成 180 度纵劈腿。

教学方法：

1)原地直体跳成纵劈腿落地。

2)原地直体跳转 180 度成前后分腿落地。

3)原地直体跳转 180 度成纵劈腿落地。

4)完整动作练习。

4. 自由倒地(跳起成俯撑)

动作做法：双脚屈膝蹬地跳起，身体充分伸直，身体向上腾空前倒，手脚同时以俯卧撑姿态着地。

技术要点：撑地时含胸、收腹、紧腰，成俯撑、屈臂控制。

教学规格：腾空时身体充分伸直，手脚同时着地。

教学方法：

1)面向墙站立离墙一步距离，前倒双手撑墙练习。

2)双腿跪地前倒俯撑练习。

3)直立前倒成俯撑练习。

4)完整动作练习。

二、给纳类

给纳 180 度成俯撑

动作做法：(以右腿为例)右腿向前踢起至水平，同时左腿蹬地摆起与右腿并拢，以肩带动身体转体 180 度，使整个身体腾空平行于地面，落地成俯卧撑。

技术要点：蹬摆腿，空中快速并腿转体，身体在空中与落地时含胸、收腹、紧腰。

教学规格：空中并腿早，身体直，转体后与地面平行，手脚同时着地。

教学方法：

1)练习给纳转体 180 度落海绵包练习。

2)小幅度给纳转体 180 度落成俯撑练习。

3)在助力下完成给纳转体 180 度成俯撑练习。

4)完整动作练习。

三、燕式平衡类

1. 燕式平衡跳起成俯撑

动作做法：燕式平衡开始，支撑腿蹬地跳起，身体向上腾空，两腿并拢身体成一直线，手脚同时着地成俯撑。

技术要点：支撑腿用力蹬地跳起，并快速与摆动腿并拢，空中身体收紧。

教学规格：身体向上腾空并呈一条直线。

教学方法：

1)燕式平衡向上跳练习。

2)燕式平衡小跳接俯撑练习。

3)在助力下进行燕式平衡跳起成俯撑练习。

4)完整动作练习。

2. 塔玛诺

动作做法：燕式平衡开始，支撑腿起跳身体向上腾空，同时手臂和肩带动身体转体360度，空中双腿并拢身体成一直线，以俯撑姿势着地。

技术要点：支撑腿蹬地跳起同时以肩带动身体快速转体，空中身体收紧。

教学规格：身体向上腾空，转体速度快身体并呈一条直线。

教学方法：

1)燕式平衡跳起成俯撑。

2)燕式平衡转体360度落在海绵包上练习。

3)在助力下完成塔玛诺动作。

4)完整动作练习。

四、团身跳类

1. 团身跳

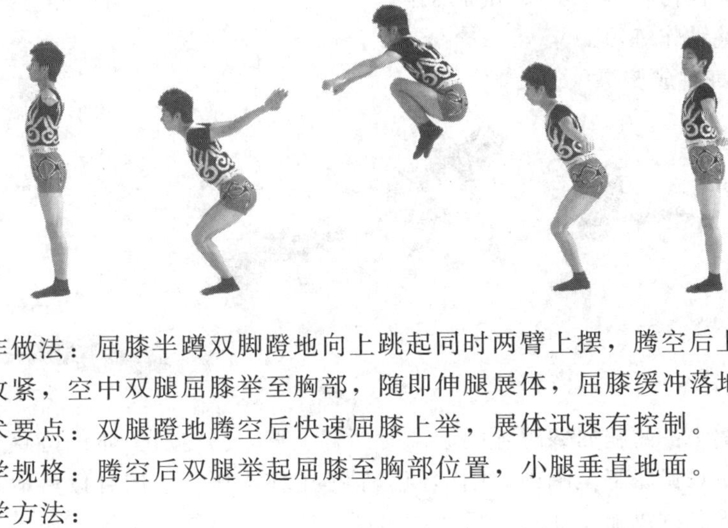

动作做法：屈膝半蹲双脚蹬地向上跳起同时两臂上摆，腾空后上体保持直立双腿收紧，空中双腿屈膝举至胸部，随即伸腿展体，屈膝缓冲落地。

技术要点：双腿蹬地腾空后快速屈膝上举，展体迅速有控制。

教学规格：腾空后双腿举起屈膝至胸部位置，小腿垂直地面。

教学方法：

1)原地直体跳。

2)原地模仿团身动作。

3)在助力下完成团身展体动作。

4)完整动作练习。

2. 转体 180 度团身跳

动作做法：(以向左转体为例)左臂上举右臂侧上举，双脚屈膝蹬地跳起，同时两臂上摆，以肩带动身体转体 180 度，上体直立，双腿迅速屈膝至胸部，随即伸腿展体，屈膝缓冲落地。

技术要点：双腿蹬地腾空以肩带动身体转体，快速屈膝上举，展体落地。

教学规格：腾空转体双腿举起屈膝至胸部，小腿垂直地面。

教学方法：

1)团身跳。

2)原地模仿转体 180 度团身动作。

3)完整动作练习。

3. 团身跳成俯撑

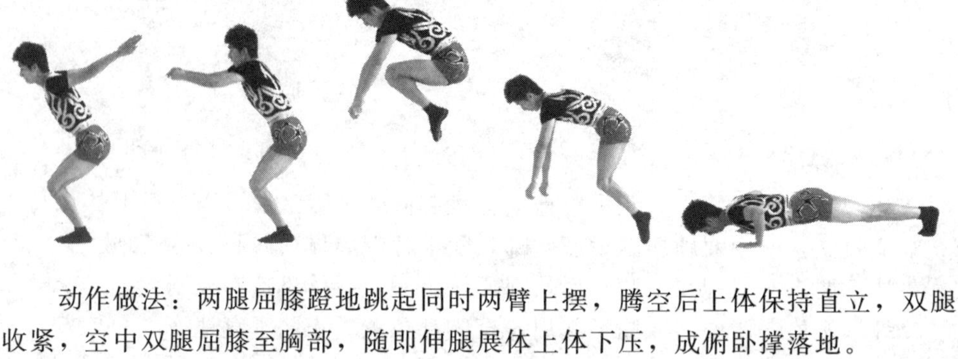

动作做法：两腿屈膝蹬地跳起同时两臂上摆，腾空后上体保持直立，双腿收紧，空中双腿屈膝至胸部，随即伸腿展体上体下压，成俯卧撑落地。

技术要点：双腿蹬地腾空后屈膝举腿，团身展体同时上体下压。

教学规格：腾空后双腿屈膝举至胸部，小腿垂直地面；成俯撑，手脚同时着地。

教学方法：

1)直体跳成俯撑。

2)小幅度团身跳成俯撑。

3)完整动作练习。

五、屈体分腿跳类

1. 屈体分腿跳

动作做法：两腿屈膝蹬地跳起同时两臂上摆，腾空后双腿迅速举至屈体分腿姿势，双腿平行或高于水平位置，接着伸髋并腿，屈膝缓冲落地。

技术要点：腾空后脚尖发力快速上举，收腹、提腰。

教学规格：空中两腿开度大于90度，上体和腿的夹角小于60度，上体保持正直。

教学方法：

1)地面分腿举腿练习。

2)悬垂的分腿举腿练习。

3)小幅度的屈体分腿跳练习。

4)助力下屈体分腿跳练习。

5)完整动作练习。

2. 屈体分腿跳成俯撑

动作做法：两腿屈膝蹬地向上跳起同时两臂上摆，腾空后双腿迅速举至屈体分腿姿势，随后两腿向后下方摆并腿，同时上体下压成俯撑落地。

技术要点：腾空后成屈体分腿时上体前倾，两腿后下方并腿，上体下压，手脚同时着地。

教学规格：空中两腿开度大于90度，上体保持正直，成俯撑落地有控制。

教学方法：

1)跳起成俯撑。

2)小幅度的屈体分腿跳成俯撑练习。

3)在助力下屈体分腿跳成俯撑练习。

4)完整动作练习。

六、科萨克跳类

1. 科萨克跳

动作做法：两腿屈膝蹬地向上跳起同时两臂上摆，腾空后上体保持正直，双腿举起一腿伸直，一腿屈膝，两腿平行于地面，随后伸髋并腿，屈膝缓冲落地。

技术要点：空中收腹，两腿快速上举。

教学规格：腾空后上体与双腿的夹角小于60度，双腿平行或高于水平，弯曲腿收紧，上体保持正直。

教学方法：

1)地面科萨克举腿练习。

2)小幅度的屈体跳练习。

3)小幅度的科萨克跳练习。

4)在助力下科萨克跳练习。

5)完整动作练习。

2. 科萨克跳成纵劈腿

动作做法：两腿屈膝蹬地向上跳起同时两臂上摆，腾空后上体保持直立，双腿举起一腿伸直，一腿屈膝，大腿并拢平行地面，落地时双腿前后分开 180 度成纵劈腿，同时上体前倾双手撑于身体两侧。

技术要点：腾空两腿迅速向上举，成纵劈腿落地时双手主动撑地缓冲。

教学规格：腾空后上体与双腿的夹角小于 60 度，两腿大腿并拢，弯曲腿收紧；落地时双腿分开成 180 度纵劈腿。

教学方法：

1)跳起成纵劈腿落地。

2)团身跳成纵劈腿。

3)科萨克跳成纵劈腿落地。

七、屈体跳类

1. 屈体跳

动作做法：两腿屈膝蹬地向上跳起同时两臂上摆，腾空后双腿迅速举至屈体姿势，双腿平行或高于水平位置，接着伸髋，屈膝缓冲落地。

技术要点：腾空后收腹、提腰，脚尖发力快速上举。

教学规格：腾空时上体和腿的夹角小于60度，上体始终保持正直。

教学方法：

1)地面并腿举腿练习。

2)悬垂的并腿举腿练习。

3)小幅度的屈体跳练习。

4)在助力下屈体跳练习。

5)屈体跳完整动作练习。

2. 转体180度屈体跳再转180度成俯撑

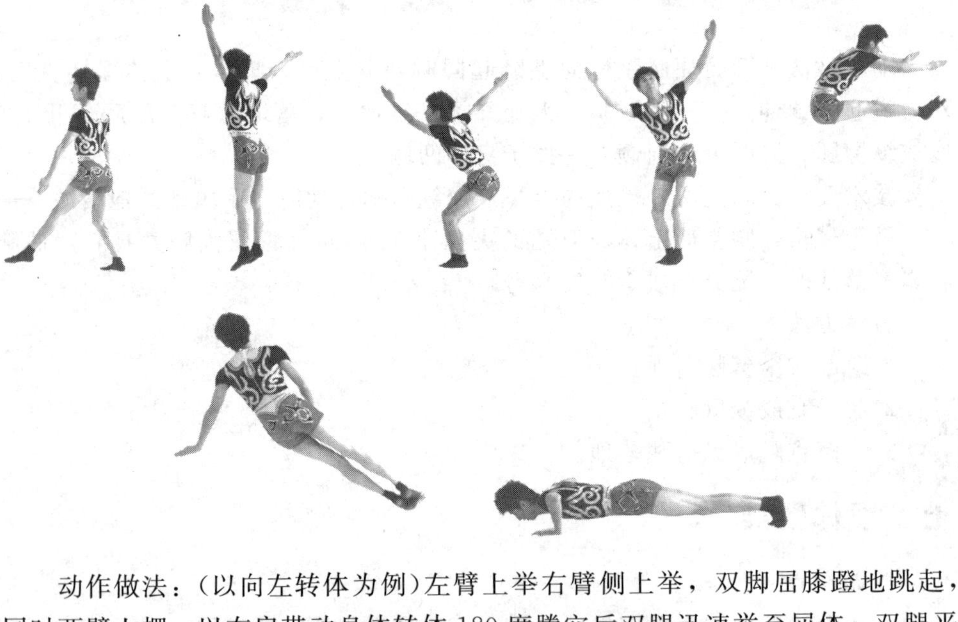

动作做法：(以向左转体为例)左臂上举右臂侧上举，双脚屈膝蹬地跳起，同时两臂上摆，以右肩带动身体转体180度腾空后双腿迅速举至屈体，双腿平行于地面，接着伸髋转体180度，上体下压，成俯撑落地。

技术要点：向上跳起时上体稍向后倒，以肩带动身体转体，伸髋转体成俯撑。

教学规格：空中上体和腿成直角，上体始终保持正直，落地前身体展开。

教学方法：

1)地面站立模仿练习。

2)小幅度的屈体跳转体成俯撑。

3)在助力下完成转体 180 度屈体跳再转 180 度成俯撑动作练习。

4)完整动作练习，逐渐提高完成动作的质量。

八、纵劈腿跳类

1. 跨跳

动作做法：一腿蹬地一腿前举，空中前腿前伸，蹬地腿后摆成纵劈腿姿势，上体保持正直，随后前腿落地，屈膝缓冲。

技术要点：空中前腿前伸同时蹬地腿后摆成纵劈腿。

教学规格：双腿空中前后分腿成 180 度，上体保持正直。

教学方法：

1)纵劈腿练习。

2)扶把踢腿，一腿前一腿后交替练习。

3)前举腿后摆腿模仿练习。

4)小幅度跨跳练习。

5)完整动作练习。

2. 纵劈腿跳成俯撑

动作做法：两腿屈膝蹬地向上跳起，腾空后双腿前后分开成纵劈腿姿态，然后上体下压，前腿迅速后摆与后腿并拢，身体平行于地面成俯撑落地。

技术要点：腾空成纵劈腿时上体下压，快速并腿成俯撑。

教学规格：空中双腿前后分腿成 180 度．落地前身体展开。

教学方法：

1)纵劈腿跳练习。

2)小幅度纵劈腿跳成俯撑练习。

3)在助力下纵劈腿跳成俯撑动作练习。

4)完整动作练习。

九、交换腿类

交换腿跃

动作做法：一腿蹬地一腿前摆，腾空后摆动腿向后摆同时蹬地腿向前摆，在最高点成纵劈腿姿势，随后前腿落地。

技术要点：起跳时身体在支撑点后方，两腿空中交换加速摆至纵劈腿。

教学规格：双腿空中分腿成 180 度，上体保持正直。

教学方法：

1)上步一腿蹬地，一腿前摆练习。

2)上步跳起，小交换腿跳练习。

3)交换腿跳，两腿同时分腿落地 。

4)交换腿跳练习。

十、踢腿类

剪踢

动作做法：一腿蹬地一腿前摆至水平以上，腾空后上体直立，蹬地腿向上踢与摆动腿空中交换，摆动腿落地。

技术要点：摆动腿与蹬地腿空中在上升阶段交换，交换后向上踢腿至肩部，踢腿速度快。

教学规格：向上踢腿时两腿开度 135 度，摆动腿与蹬地腿剪刀式腾空交换。

教学方法：

1)踢腿练习。

2)小幅度剪踢练习。

3)剪踢动作练习。

十一、剪式变身跳类

剪式变身跳

动作做法：一腿蹬地一腿前摆，腾空后以肩带动转体 180 度，随即摆动腿向前，蹬地腿向后快速交换，在最高点成纵劈腿姿势，前后腿依次落地同时顺势转体 180 度。

技术要点：起跳腿蹬直后迅速以肩带动转体；空中交换腿时两腿加速前后摆至纵劈腿。

教学规格：空中变身、前后分腿成 180 度，上体保持直立。

教学方法：

1)上步蹬地、摆腿练习。

2)上步蹬地起跳，肩带动转体练习。

3)小幅度剪式变身跳练习。

4)剪式变身跳，两腿同时前后分腿落地练习。

5)剪式变身跳练习。

第四节　平衡与柔韧类难度动作

一、单足转体类

1. 单足转体 360 度

动作做法：两腿前后站立，后腿蹬地使重心移至支撑腿同时提踵，另一腿吸腿，以肩带动身体转体 360 度。

技术要点：以肩带动身体转体，支撑腿前脚掌为轴，收腹、立腰，身体垂

直地面。

教学规格：身体纵轴垂直地面，转体平滑。

教学方法：

1)单足提踵立。

2)单足转体 90 度～180 度。

3)逐渐增加转体度数。

2. 单足转体 360 度成垂直劈腿

动作做法：两腿前后站立，后腿蹬地使重心移至支撑腿同时提踵，另一腿吸腿，以肩带动身体转体 360 度。转体结束时上体前倒双手撑地，上体贴于支撑腿，一腿后摆至纵劈腿姿势。

技术要点：以肩带动身体转体，支撑腿前脚掌为轴，收腹、立腰，身体垂直地面。成垂直劈腿时上体前倒压于支撑腿足跟处，肩在支撑手后。

教学规格：身体纵轴垂直地面，后摆腿时两腿分开 180 度，动作连贯。

教学方法：

1)单足转体 360 度。

2)扶把垂直劈腿练习。

3)单足转体 360 度成垂直劈腿。

二、平衡类

1. 前控腿平衡

动作做法：一腿支撑，一腿前举至肩上方，上体直立保持 2 秒。

技术要点：支撑腿与上体处于垂直，举腿时收腹立腰。

教学规格：前举腿处于肩关节上方，两腿伸直。

教学方法：

1)扶把踢腿练习。

2)扶把前控腿练习。

3)前控腿练习，逐渐增加高度。

2. 搬腿转体 360 度

动作做法：一腿支撑地面，一腿向前举起，由单或双手抱住，同时以肩带动转体 360 度。

技术要点：以肩带动身体转体，支撑腿前脚掌为轴，收腹、立腰，身体垂直地面。

教学规格：前举腿处于肩关节上方，两腿伸直。

教学方法：

1)搬腿平衡练习。

2)搬腿转体 180 度练习。

3)逐渐增加转体度数。

三、劈腿类

1. 无支撑垂直劈腿

动作做法：一腿支撑，另一腿向后摆起至垂直劈腿位置，上体前倒贴于支撑腿。

技术要点：上体向远倒，后摆腿脚尖发力，成垂直劈腿时，重心稍向后压，处于脚跟处。

教学规格：成垂直劈腿时两腿分开 180 度。

教学方法：

1)手扶把杆后摆腿练习。

2)无支撑垂直劈腿练习。

2. 依柳辛

动作做法：（以摆左腿转体为例）双脚并立，两臂上举同时右腿向前一步重心前移至支撑腿，两臂带动上体向前倒至最低点时，上体向左转，同时左腿向后摆至纵劈腿时一手撑地，以支撑腿脚掌为轴向左转体，当转体接近 270 度时，保持腰背紧张 ，摆动腿下压、立上体呈直立。

技术要点：上体立直前倒与摆动腿后摆成一直线，整个动作过程中始终控

制成一根棍状；重心前移至脚掌；上体前倒至最低点时左臂带动左肩转体；当上体前倒将至最低点时摆动腿加速继续沿圆周运动轨迹的方向运动，此时上体与摆动腿保持一致(使转体角度一致)。

教学规格：摆动腿在垂直面内划一整圆，两腿开度为180度。

教学方法：

1)原地垂地劈腿练习。

2)原地小幅度模仿练习。

3)慢动作练习，体会上体至最低点时带臂转体。

4)在助力下完成依柳辛练习。

5)依柳辛完整动作练习。

3. 无支撑依柳辛完成垂直劈腿

动作做法：(以摆左腿转体为例)两臂上举，右腿向前一步重心前移至支撑腿，两臂带动上体向前倒至最低点时，上体向左转，同时左腿向后摆至纵劈腿，以支撑腿脚掌为轴向左转体360度时，上体直立后，摆动腿继续后摆上体前倒成垂直劈腿。

技术要点：整个动作过程中身体始终控制呈一直线；重心前移至脚掌；上体前倒至最低点时左臂带动左肩转体；当上体前倒将至最低点时摆动腿加速继续沿圆周运动轨迹的方向运动，此时上体与摆动腿保持一致；摆动腿下压与主动立上体要同时完成，保持身体重心。

教学规格：摆动腿在垂直面内划一整圆，两腿开度为180度。两腿始终伸直，后摆腿在垂直面要划360度的圆圈，支撑腿原地要转360度。

教学方法：

1)依柳辛结束成单腿站立和垂直劈腿。

2)无支撑依柳辛结束成单腿站立。

3)无支撑依柳辛接小幅度的垂直劈腿。

4)在助力下完成无支撑依柳辛成垂直劈腿。

5)无支撑依柳辛成垂直劈腿完整动作练习。

第十一章　健美操教学示范套路

内容提要：为更好地帮助学生了解和掌握健美操，我们根据健美操学习由易到难的规律和学生不同的项目需求特点创编了五套不同类型健美操示范套路，本章图文并茂为学生学习健美操提供了新颖、时代感浓厚的动作素材。

教学目标：通过对这些示范套路的学习，使学生能够掌握健美操练习方法、提高健美操的动作技术水平，感受健美操运动的独特魅力。

健美操一套

本套操动作简单、易学，主要由低冲击力健美操步法组成，成套动作流畅，适合健美操初学者学习。通过该操的学习，提高身体姿态的控制能力和协调性，为健美操学习打下良好的基础。

第一节(四个八拍)×2

预备姿势：直立

第一个八拍

1　2　3　4　5　6　7　8

动作说明	下　肢	1～4 拍右脚开始踏步；5～8 拍向前走四步。
	躯干与手臂	1～8 拍手臂自然摆臂。
	面　向	1～8 拍 1 点。

第二个八拍

1　2　3　4　5　6　7　8

动作说明	下　肢	1～8 拍右脚开始两次一字步。
	躯干与手臂	1～2 拍两臂交叉前举；3 拍侧举；4 拍还原；5～8 拍动作同 1～4 拍。
	面　向	1～8 拍 1 点。

第三个八拍

1　2　3　4　5　6　7　8

动作说明	下　肢	1～2拍右脚迈步后屈腿；3～4拍左脚迈步后屈腿；5～8拍动作同1～4拍。
	躯干与手臂	1～2拍两臂摆至右臂侧举，左臂胸前平屈；3～4拍动作同1～2拍，方向相反；5～8拍动作同1～4拍。
	面　向	1～8拍1点。

第四个八拍

1　2　3　4　5　6　7　8

动作说明	下　肢	1～3拍右脚开始后退三步；4拍双足跳；5～8拍动作同1～4拍，方向相反。
	躯干与手臂	1～3拍两臂立掌向前推至前举；4拍击掌；5～8拍动作同1～4拍，方向相反。
	面　向	1～3拍8点；4拍1点；5～7拍2点；8拍1点。

第五至第八个八拍动作同第一至第四个八拍动作，但方向相反。

第二节(四个八拍)×2

第一个八拍

1　2　3　4　5　6　7　8

动作说明	下　肢	1拍右脚侧点地；2拍还原；3～4拍动作同1～2拍，方向相反；5～8拍提踵两次。
	躯干与手臂	1拍右臂前冲拳；2拍还原；3～4拍动作同1～2拍，方向相反；5～8拍击掌2次。
	面　向	1拍8点；2拍1点；3拍2点；4～8拍1点。

第二个八拍

1~2　3　4　5~6　7　8

动作说明	下　肢	1～2 拍直立；3～4 拍右脚左前 1/2 漫步；5～8 拍动作同 1～4 拍；方向相反。
	躯干与手臂	1～2 拍击掌两次；3～4 拍两臂侧上举，花掌；5～8 拍动作同 1～4 拍，方向相反。
	面　向	1～2 拍 1 点；3～4 拍 8 点；5～6 拍 1 点；7～8 拍 2 点。

第三个八拍

1　2　3　4　5　6　7　8

动作说明	下　肢	1～4 拍左脚侧交叉步；5～8 拍右脚 V 字步。
	躯干与手臂	1 拍手互握；2 拍臂前举，手互握；3 拍臂侧举，花掌；4 拍还原；5～6 拍臂侧举；7 拍臂胸前交叉，手触肩；8 拍还原。
	面　向	1～8 拍 1 点。

第四个八拍

1　2　3　4　5　6　7　8

动作说明	下　肢	1～4 拍右脚侧交叉步；5～8 拍左脚 V 字步。
	躯干与手臂	1 拍手互握；2 拍臂前举，手互握；3 拍臂侧举，花掌；4 拍还原；5～6 拍臂侧举；7 拍臂胸前交叉，手触肩；8 拍还原。
	面　向	1～8 拍 1 点。

第五至第八个八拍动作同第一至第四个八拍动作，但方向相反。

第三节(四个八拍)×2

第一个八拍

1　2　3　4　5　6　7　8

动作说明	下　肢	1～4 拍右脚开始后退 4 步；5～6 拍向右转，右脚前弓步；7～8 拍左脚并于右脚。
	躯干与手臂	1～4 拍击掌 4 次；5～6 拍两臂侧举；7～8 拍还原。
	面　向	1～4 拍 1 点；5～6 拍 4 点；7～8 拍 1 点。

第二个八拍

1　2　3　4　5　6　7　8

动作说明	下　肢	1～8 拍右脚开始 4 次侧并步。
	躯干与手臂	1 拍两臂侧举；2 拍双手扶头；3 拍两臂侧上举，花掌；4 拍还原，5～8 拍动作同 1～4 拍。
	面　向	1～8 拍 1 点。

第三个八拍

动作说明	下　肢	1～2 拍右脚向右前并步跳；3～4 拍左脚向左前并步跳；5～8 拍动作同 1～4拍。
	躯干与手臂	1～2 拍两手击掌；3～4 拍动作同 1～2 拍，方向相反；5～8 拍动作同 1～4拍。
	面　向	1～2 拍 2 点；3～4 拍 8 点；5～8 拍同 1～4 拍。

第四个八拍

动作说明	下　肢	1～4 拍右脚向右走弧线；5～6 拍右脚向右一步成开立半蹲；7～8 拍还原。
	躯干与手臂	1～4 拍臂背于体后；5～6 拍右臂侧举，握拳；7～8 拍还原。
	面　向	1 拍 3 点；2 拍 5 点；3 拍 7 点；4 拍 1 点；5～8 拍 1 点。

第五至第八个八拍动作同第一至第四个八拍动作，但方向相反。

第四节(四个八拍)×2

第一个八拍

1 2 3 4 5 6 7 8

动作说明	下　肢	1～3 拍向右侧并步跳；4 拍左腿后屈；5～6 拍左腿向右前交叉步；7～8 拍左脚后 1/2 漫步。
	躯干与手臂	1 拍两臂侧举；2 拍两臂上举击掌；3 拍两臂侧举；4 拍还原；5～8 拍两手叉腰。
	面　向	1～4 拍 1 点；5 拍 2 点；6 拍 1 点；7～8 拍 8 点。

第二个八拍

1 2 3 4 5 6 7 8

动作说明	下　肢	1～3 拍向左侧并步跳；4 拍右腿后屈；5～6 拍右腿向左前交叉步；7～8 拍右脚后 1/2 漫步。
	躯干与手臂	1 拍两臂侧举；2 拍两臂上举击掌；3 拍两臂侧举；4 拍还原；5～8 拍两手叉腰。
	面　向	1～4 拍 1 点；5 拍 8 点；6 拍 1 点；7～8 拍 2 点。

第三个八拍

1　2　3　4　5　6　7　8

动作说明	下　肢	1～4 拍右脚开始迈步后屈腿 2 次，同时转体；5～8 拍右脚开始并步 2 次。
	躯干与手臂	1～2 拍两手击掌；3～8 拍动作同 1～2 拍。
	面　向	1 拍 1 点；2 拍 5 点；3 拍 5 点；4～8 拍 1 点。

第四个八拍

1　2　3　4　5~6　7~8

动作说明	下　肢	1～4 拍右脚漫步；5～6 拍右脚向右成侧弓步；7～8 拍左脚并于右脚。
	躯干与手臂	1～4 拍两臂侧下举，握拳；5～6 拍右臂侧上举，左臂胸前平屈，花掌；7～8 拍还原。
	面　向	1～8 拍 1 点.

第五至第八个八拍动作同第一至第四个八拍动作，但方向相反。

第五节(四个八拍)×2

第一个八拍

动作说明	下　肢	1～4拍右腿迈步吸腿；5～8拍左腿迈步吸腿。
	躯干与手臂	1～4拍双手叉腰；5～8拍动作同1～4拍。
	面　向	1～3拍2点；4拍1点；5～7拍8点；8拍1点。

第二个八拍

动作说明	下　肢	1～3拍向右侧交叉步；4拍双足跳；5～7拍向左侧交叉步；8拍双足跳。
	躯干与手臂	1拍臂侧举；2拍臂体前交叉；3拍臂侧举；4拍双手击掌；5～8拍动作同1～4拍，方向相反。
	面　向	1～3拍2点；4拍1点；5～7拍8点；8拍1点。

第三个八拍

1~2　　3~4　　5~6　　7~8

动作说明	下　肢	1～8 拍左脚开始小马跳 4 次。
	躯干与手臂	1～2 拍小臂胸前屈，两臂互绕环；3～4 拍击掌 3 次；5～8 拍动作同 1～4 拍。
	面　向	1～2 拍 8 点；3～4 拍 1 点；5～8 拍同 1～4 拍。

第四个八拍

1~2　　3　　4　　5~6　　7　　8

动作说明	下　肢	1～2 拍左脚向侧并步跳；3～4 拍右脚向左后 1/2 漫步；5～8 拍动作同 1～4 拍，方向相反。
	躯干与手臂	1～2 拍臂侧举；3～4 拍左臂前举，立掌，右手背于体后；5～8 拍动作同 1～4 拍，方向相反。
	面　向	1～2 拍 1 点；3～4 拍 2 点；5～6 拍 1 点；7～8 拍 8 点。

第五至第八个八拍动作同第一至第四个八拍动作，但方向相反。

第六节(四个八拍)×2

第一个八拍

1　2　3　4　5　6　7　8

动作说明	下　肢	1～2 拍左侧举腿跳；3～4 拍踏步；5～8 拍动作同 1～4 拍，方向相反。
	躯干与手臂	1～2 拍两臂侧上举；3～4 拍手臂自然摆臂；5～8 拍动作同 1～4 拍。
	面　向	1～2 拍 1 点；3～4 拍 2 点；5～6 拍 1 点；7～8 拍 8 点。

第二个八拍

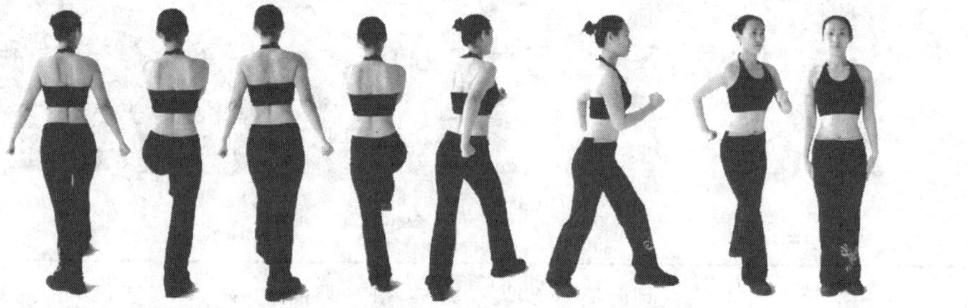

1　2　3　4　5　6　7　8

动作说明	下　肢	1～2 拍右转右腿迈步吸腿跳；3～4 拍动作同 1～2 拍，方向相反；5～8 拍弧线走 4 步。
	躯干与手臂	1～2 拍双手击掌；3～4 拍动作同 1～2 拍；5～8 拍手臂自然摆臂。
	面　向	1～4 拍 5 点；5～8 拍 6 点、7 点、8 点、1 点。

第三个八拍

动作说明	下　肢	1～8 拍右脚开始向侧 4 次恰恰步。
	躯干与手臂	1～2 拍两臂自然摆动；3～8 拍动作同 1～2 拍。
	面　向	1～2 拍 2 点；3～4 拍 8 点；5～8 拍动作同 1～4 拍。

第四个八拍

动作说明	下　肢	1～2 拍右脚前弓步跳；3～4 拍还原；5～6 拍左脚弓步跳；7～8 拍右脚弓步跳。
	躯干与手臂	1～4 拍臂侧下举；5 拍臂侧举；6 拍臂胸前交叉；7 拍臂侧上举，花掌；8 拍还原。
	面　向	1～8 拍 1 点。

第五至第八个八拍动作同第一至第四个八拍动作，但方向相反。

第七节(四个八拍)×2

第一个八拍

1 2 3 4 5 6 7 8

动作说明	下　肢	1～2 拍右腿后屈腿跳 2 次；3～4 拍左腿后屈腿跳 2 次；5～8 拍右腿开始 4 次后踢腿跑。
	躯干与手臂	1～8 拍手臂背于体后。
	面　向	1～8 拍 1 点。

第二个八拍

1 2 3 4 5 6 7 8

动作说明	下　肢	1 拍右侧举腿跳；2 拍左腿后屈；3 拍动作同 1 拍；4 拍跳成并立；5～8 拍开合跳两次。
	躯干与手臂	1 拍臂侧举，握拳；2 拍臂胸前平屈；3 拍动作同 1 拍；4 拍臂胸前交叉；5 拍臂侧上举；6 拍动作同 4 拍；7 拍臂侧下举；8 拍还原。
	面　向	1～8 拍 1 点。

第三个八拍

1　2　3　4　5　6　7　8

动作说明	下　肢	1～2拍左腿后屈腿跳2次；3～4拍右腿后屈腿跳2次；5～8拍左腿开始4次后踢腿跑。
	躯干与手臂	1～8拍手臂背于体后。
	面　向	1～8拍1点。

第四个八拍

1　2　3　4　5　6　7　8

动作说明	下　肢	1拍左侧举腿跳；2拍右腿后屈；3拍动作同1拍；4拍跳成并立；5～8拍开合跳两次。
	躯干与手臂	1拍臂侧举，握拳；2拍臂胸前平屈；3拍动作同1拍；4拍臂胸前交叉；5拍臂侧上举；6拍动作同4拍；7拍臂侧下举；8拍还原。
	面　向	1～8拍1点。

第五至第八个八拍动作同第一至第四个八拍，但方向相反。

第八节(四个八拍)×2

第一个八拍

动作说明	下　肢	1～4 拍右脚开始踏步；5～6 拍右脚前点地；7～8 拍左脚前点地。
	躯干与手臂	1～4 拍自然摆臂；5～6 拍两手击掌一次；7～8 拍动作同 5～6 拍。
	面　向	1～8 拍 1 点。

第二个八拍

动作说明	下　肢	1～4 拍右脚开始踏步；5～6 拍右脚前点地；7～8 拍左脚前点地。
	躯干与手臂	1～4 拍自然摆臂；5～6 拍两手击掌一次；7～8 拍动作同 5～6 拍。
	面　向	1～8 拍 1 点。

第三个八拍

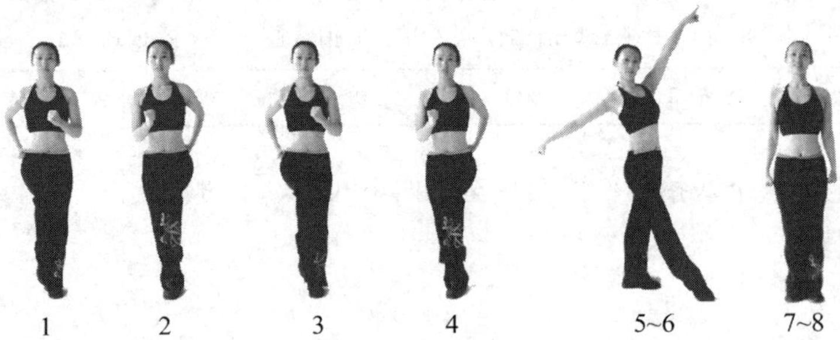

动作说明	下　肢	1～4 拍右脚开始踏步；5～6 拍右脚点地；7～8 拍还原。
	躯干与手臂	1～4 拍自然摆臂；5～6 拍左臂侧上举，右臂侧下举；7～8 拍还原。
	面　向	1～4 拍 1 点；5～6 拍 8 点；7～8 拍 1 点。

第四个八拍

1　　2　　3　　4　　5~6　　7~8

动作说明	下　肢	1～4 拍左脚开始踏步；5～6 拍左脚点地；7～8 拍还原。
	躯干与手臂	1～4 拍自然摆臂；5～6 拍右臂侧上举，左臂侧下举；7～8 拍还原。
	面　向	1～4 拍 1 点；5～6 拍 2 点；7～8 拍 1 点。

健美操二套

本套操动作变化多、难度较大，适合专选或有一定基础的健美操练习者，通过该操的学习，不仅可进一步提高身体机能，增进健康，而且将会进一步提高健美操的动作技术水平，为进行高难动作的学习和竞技健美操的学习打下基础。

第一节（四个八拍）×2

预备姿势：直立

第一个八拍

1 2 3 4 5 6 7 8

动作说明	下　肢	1～4 拍右脚开始走 4 步；5～8 拍右脚开始并步 2 次。
	躯干与手臂	1～4 拍两臂经侧至侧上举，花掌；5 拍两臂侧举；6 拍右臂背于体后，左臂胸前屈；7 拍动作同 5 拍；8 拍臂上举交叉。
	面　向	1～8 拍 1 点。

第二个八拍

1 2 3 4 5 6 7 7~7 8

动作说明	下　肢	1 拍右脚向前一步；2 拍左腿前踢；3 拍开立半蹲；4 拍还原；5 拍左脚向左一步成弓步；6 拍还原；7 拍右脚向侧一步成开立；8 拍还原。
	躯干与手臂	1～2 拍臂胸前平屈，拳心向下；3 拍臂侧下举，掌心向前，开掌；4 拍还原，5 拍臂头后屈；6 拍还原，7～8 拍右左依次上、下提肩三次。
	面　向	1～2 拍 2 点；3～4 拍 1 点；5 拍 7 点；6～8 拍 1 点。

第三个八拍

1 2 3 4 5 6 7 8

动作说明	下　肢	1～4 拍右脚开始 1 次一字步；5～8 拍右脚开始 1 次 V 字步。
	躯干与手臂	1～2 拍臂胸前屈；3～4 拍还原；5 拍臂经胸前至上举，合掌；6 拍臂侧举；7 拍右臂背于体后，左手扶头；8 拍还原。
	面　向	1～8 拍 1 点。

第四个八拍

1　2　3　4　5　5~5　6　7~8

动作说明	下　肢	1～4 拍右、左脚侧点地各 1 次；5～6 拍右腿向侧成开立半蹲，向右移重心，至左腿屈膝点地；7～8 拍右腿直立，左腿屈膝脚尖点地。
	躯干与手臂	1 拍右臂前冲拳，左臂至腰际；2 拍两臂至腰际；3～4 拍动作同 1～2 拍，方向相反；5～6 拍上体前倒，手扶腿，肩波浪；7～8 拍击掌三次。
	面　向	1 拍 8 点；2 拍 1 点；3 拍 2 点；4 拍 1 点；5～6 拍 1 点；7～8 拍 2 点。

第五至第八个八拍动作同第一至第四个八拍动作，但方向相反。

第二节(四个八拍)×2

第一个八拍

1　2　3　4　5　6　7　8

动作说明	下　肢	1～4 拍向右侧交叉步；5～8 拍右腿开始迈步后屈腿 2 次。
	躯干与手臂	1 拍手胸前互握；2 拍手互握前举；3 拍臂侧举，花掌；4 拍还原；5～6 拍两臂前举绕小五花；7 拍臂胸前平屈，握拳；8 拍还原。
	面　向	1～8 拍 1 点。

第二个八拍

1　2　3　4　5　6　7　8

动作说明	下　肢	1～4 拍右脚漫步；5～8 拍右脚 V 字步，转体。
	躯干与手臂	1～4 拍自然摆臂；5～6 拍左、右臂依次上举；7～8 拍臂侧下举，还原。
	面　向	1～6 拍 1 点；7～8 拍 5 点。

第三个八拍

1~2　3　4　5　6　7　8

动作说明	下　肢	1～2 拍右脚前并步跳；3～4 拍左脚漫步转体；5～8 拍左、右脚并步各 1 次。
	躯干与手臂	1～2 拍臂侧举；3～4 拍自然摆臂；5 拍臂侧举；6 拍右臂胸前屈，左臂背于体后；7～8 拍动作同 5～6 拍，方向相反。
	面　向	1～3 拍 5 点；4～8 拍 1 点。

第四个八拍

1　　2　　3~4　　5~6　　7~8

动作说明	下　肢	1～2 拍向左转体 360 度；3～4 拍左腿向侧一步成右脚后点地立；5～6 拍两腿屈膝；7～8 拍前后开立。
	躯干与手臂	1～2 拍自然摆臂；3～4 拍两臂经下成上举；5～6 拍上体前屈，两臂自然下垂；7～8 拍双手扶髋。
	面　向	1～2 拍转体 360 度；3～4 拍 8 点；5～8 拍 8 点。

第五至第八个八拍动作同第一至第四个八拍动作，但方向相反。

第三节(四个八拍)×2

第一个八拍

1~2　　3　　4　　5~6　　7　　8

动作说明	下　肢	1～2 拍右脚侧并步；3～4 拍左脚后 1/2 漫步；5～8 拍动作同 1～4 拍，方向相反。
	躯干与手臂	1～2 拍两臂胸前交叉，花掌；3～4 拍右臂侧下举，左臂侧上举；5～8 拍动作同 1～4 拍，方向相反。
	面　向	1～2 拍 2 点；3～4 拍 7 点；5～6 拍 8 点；7～8 拍 3 点。

第二个八拍

1　2　3　4　5　6　7~8

动作说明	下　肢	1～4 拍右腿迈步后屈腿两次，同时转体 360 度；5 拍右脚向前搓步；6 拍向前走 1 步；7～8 拍右脚在前提踵立。
	躯干与手臂	1～4 拍双手叉腰；5～6 拍右臂前举，立掌，左手叉腰；7～8 拍右臂侧举，立掌。
	面　向	1 拍 3 点；2 拍 5 点；3 拍 7 点；4～7 拍 8 点；8 拍 1 点。

第三个八拍

1　2　3　4　5　6　7　8

动作说明	下　肢	1～2 拍右腿上步，左举腿跳；3～4 拍左脚向前一步，右脚向左脚并拢同时转体；5～6 拍右后举腿跳；7～8 拍右脚向前一步与左脚并拢。
	躯干与手臂	1～2 拍右臂侧上举，左臂侧下举；3～4 拍右臂胸前屈；5～6 拍右臂前举，左臂侧举；7～8 拍两臂自然摆动。
	面　向	1 拍 1 点；2～3 拍 2 点；4 拍 8 点；5～7 拍 7 点；8 拍 1 点。

第四个八拍

1　2　3　4　5~6　7~8

动作说明	下　肢	1～2 拍右脚迈步吸腿；3～4 拍左、右摆髋跳；5～6 拍开立；7～8 拍还原。
	躯干与手臂	1 拍右手叉腰，左臂前举，立掌；2 拍左臂侧举；3～4 拍双手互握，左、右摆动；5～6 拍体前屈，右臂前举左臂后举；7～8 拍还原。
	面　向	1 拍 2 点；2～8 拍 1 点。

第五至第八个八拍动作同第一至第四个八拍动作，但方向相反。

第四节(四个八拍)×2

第一个八拍

1　2　3　4　5　6　7~8

动作说明	下　肢	1 拍右脚弹踢；2 拍两腿依次成左弓步；3～4 拍开合跳；5～6 拍右脚上步吸腿；7～8 拍左转成左腿弓步。
	躯干与手臂	1 拍击掌；2 拍还原；3 拍臂侧上举；4 拍还原；5 拍右臂侧上举；6 拍右臂胸前屈；7～8 拍右臂侧上举，立掌。
	面　向	1～4 拍 1 点；5～6 拍 2 点；7～8 拍 7 点。

第二个八拍

1　2　3　4　5　6　7　8

动作说明	下　肢	1～4 拍右脚漫步；5～7 拍向右转体 360 度；8 拍吸左腿。
	躯干与手臂	1～4 拍臂下举；5～6 拍自然摆臂；7 拍两臂侧举；8 拍上体前屈，双手抱膝。
	面　向	1～4 拍 7 点；5～6 拍转体 360 度；7 拍 1 点；8 拍 3 点。

第三个八拍

1　2~3　4　5　6　7　8

动作说明	下　肢	1 拍左脚前举；2～3 拍左脚前并步跳；4～5 拍右脚迈步后屈腿；6～7 拍后退两步；8 拍左腿吸腿跳。
	躯干与手臂	1～3 拍臂侧举；4 拍臂前举；5～7 拍自然摆臂；8 拍击掌。
	面　向	1～3 拍 1 点；4～6 拍 7 点；7～8 拍 1 点。

第四个八拍

1　2　3~4　5　6　7　8

动作说明	下　肢	1～2 拍左脚漫步转体；3～4 拍左脚前并步；5～6 拍右脚上步吸腿转体；7 拍左腿拖步；8 拍还原。
	躯干与手臂	1～2 拍自然摆臂；3～4 拍臂侧举；5～6 拍臂体前交叉；7 拍左臂侧上举，右臂侧下举；8 拍还原。
	面　向	1 拍 1 点；2～5 拍 5 点；6～8 拍 1 点。

第五至第八个八拍动作同第一至第四个八拍动作，但方向相反。

第五节(四个八拍)×2

第一个八拍

1　2　3　4　5　6　7　8

动作说明	下　肢	1～4 拍右腿开始后踢腿跑四次；5 拍跳成开立；6 拍左脚在前锁步；7～8 拍右踢腿跳。
	躯干与手臂	1 拍臂侧上举，花掌；2 拍臂体前交叉；3 拍臂经侧绕至上举，击掌；4 拍臂胸前屈；5 拍臂侧下举，握拳；6 拍臂上举交叉；7 拍动作同 5 拍；8 拍还原。
	面　向	1～8 拍 1 点。

第二个八拍

1　2　3　4　5　6　7　8

动作说明	下　肢	1～4 拍左、右各 1 次恰恰步；5 拍右举腿跳；6～8 拍右脚开始走弧线。
	躯干与手臂	1～4 拍手背于体后；5 拍右臂侧举，花掌；6～8 拍臂还原。
	面　向	1～2 拍 8 点；3～4 拍 2 点；5 拍 7 点；6～8 拍 5 点、3 点 、1 点。

第三个八拍

1　2　3　4　5　6　7　8

动作说明	下　肢	1～4 拍右腿连续吸腿跳两次；5 拍左吸腿跳；6 拍左弓步跳；7 拍转体右吸腿跳；8 拍还原。
	躯干与手臂	1 拍臂胸前屈，握拳；2 拍臂下举；3 拍臂胸前平屈；4 拍还原；5 拍臂上举，手腕相触，掌心向外；6 拍臂侧下举，立掌；7 拍左臂侧举，花掌；8 拍还原。
	面　向	1～6 拍 1 点；7～8 拍 3 点。

第四个八拍

1　2　3　4　5　6　7　8

动作说明	下　肢	1～4 拍右、左弓步跳各 1 次；5～8 拍右、左大踢腿跳各 1 次。
	躯干与手臂	1 拍左臂前举，右臂侧举；2 拍还原；3 拍双手扶头；4～8 拍臂侧下举。
	面　向	1 拍 3 点；2～8 拍 1 点。

第五至第八个八拍动作同第一至第四个八拍动作，但方向相反。

第六节(四个八拍)×2

第一个八拍

1　2　3　4　5　6　7　8

动作说明	下　肢	1～4 拍右脚开始踏步 4 次；5～6 拍右脚前点地一次；7～8 拍动作同 5～6 拍，方向相反。
	躯干与手臂	1～4 拍自然摆臂；5～6 拍击掌一次；7～8 拍动作同 5～6 拍。
	面　向	1～8 拍 1 点。

第二个八拍

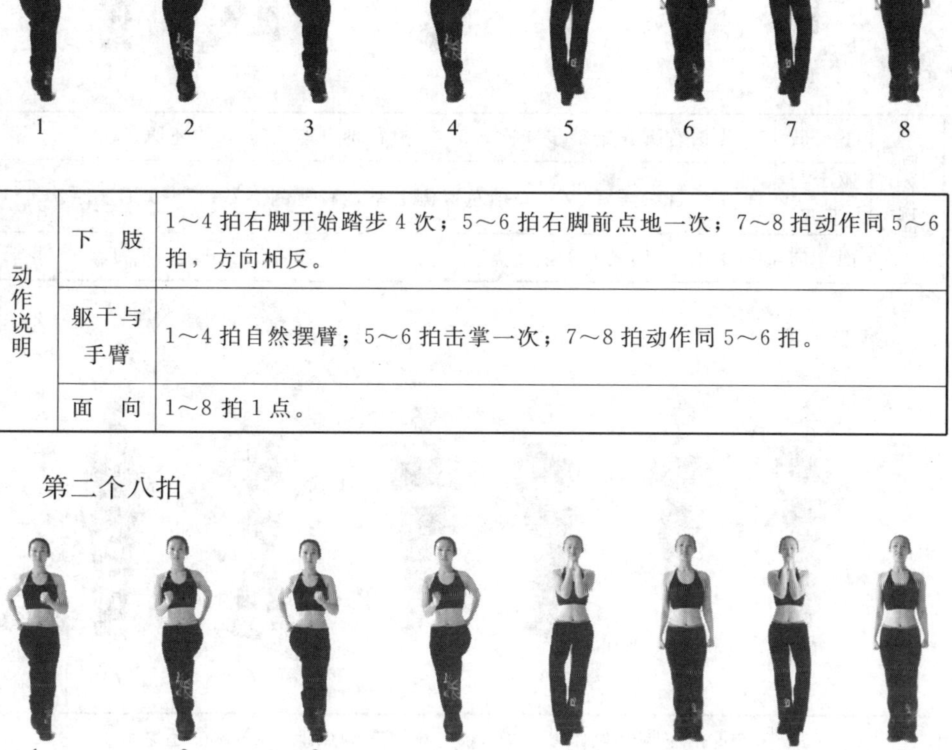

1　2　3　4　5　6　7　8

动作说明	下　肢	1～4 拍右脚开始踏步 4 次；5～6 拍右脚前点地一次；7～8 拍动作同 5～6 拍，方向相反。
	躯干与手臂	1～4 拍自然摆臂；5～6 拍击掌一次；7～8 拍动作同 5～6 拍。
	面　向	1～8 拍 1 点。

第三个八拍

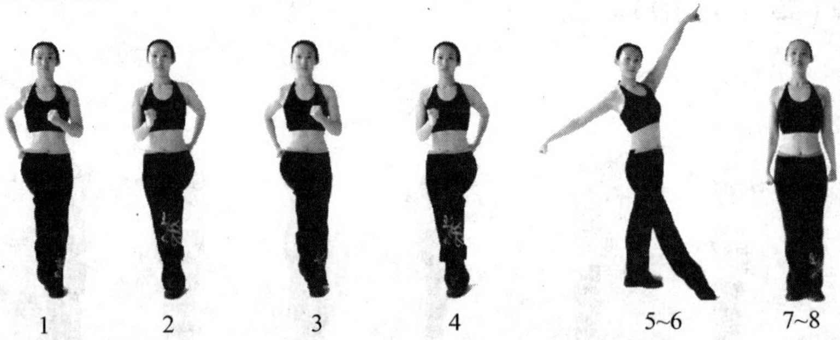

动作说明	下　肢	1～4 拍右脚开始踏步 4 次；5～6 拍右脚点地；7～8 拍还原。
	躯干与手臂	1～4 拍自然摆臂；5～6 拍左臂侧上举，右臂侧下举；7～8 拍还原。
	面　向	1～4 拍 1 点；5～8 拍 8 点。

第四个八拍

动作说明	下　肢	1～4 拍左脚开始踏步 4 次；5～6 拍左脚点地；7～8 拍还原。
	躯干与手臂	1～4 拍自然摆臂；5～6 拍右臂侧上举，左臂侧下举；7～8 拍还原。
	面　向	1～4 拍 1 点；5～8 拍 2 点。

第五至第八个八拍动作同第一至第四个八拍动作，但方向相反。

健美操三套(拉丁操)

拉丁健美操是将拉丁舞的基本舞步和健美操动作科学、巧妙地组合创编而成的一种新颖的健美操。它将伦巴、桑巴、斗牛、牛仔、恰恰等拉丁舞的动作风格融入到健美操当中。其动作注重腰髋的扭动，动作活泼、优美，刚柔相济、热情奔放，具有浓郁的异国情调。

本套操共 4 节，前 3 节为单人动作，第 4 节为双人配合动作，在动作形式上更加多样化，突出了拉丁舞蹈的双人配合特点，可以增加练习者之间的交流。

第一节(4 个八拍)×2

预备姿势：直立

第一个八拍

1　2　3　4　5~6　7　8

动作说明	下　肢	1～4 拍右、左恰恰步各一次；5～8 拍右脚漫步一次。
	躯干与手臂	1～4 拍两臂自然摆臂；5～6 拍两臂侧上举；7～8 拍两臂侧下举。
	面　向	1～8 拍 1 点。

第二个八拍

1~2　3　4　5　6　7　8

动作说明	下　肢	1～2 拍右脚向前一步；3～4 拍左脚漫步转体 360 度；5～6 拍左右摆髋跳各一次；7～8 拍左脚恰恰步。
	躯干与手臂	1～2 拍两臂侧举；3～8 拍两臂自然摆臂。
	面　向	1～2 拍 1 点；3 拍 5 点；4～8 拍 1 点。

第三个八拍

1~2　3~4　5　5~5　6　7　7~7　8

动作说明	下　肢	1～4 拍右、左点地立各一次；5～6 拍迈右脚依次成右弓步；7～8 拍动作同 5～6 拍，方向相反。
	躯干与手臂	1～2 拍右臂上举，左手扶髋；3～4 拍动作同 1～2 拍，方向相反；5～6 拍两臂侧举；7～8 拍右臂侧举、左手绕头至侧举。
	面　向	1～2 拍 8 点；3～4 拍 2 点；5～8 拍 1 点。

第四个八拍

1　2　3　4　5　6　7　8

动作说明	下　肢	1～3 拍转体右脚开始向前走三步；4 拍左脚点地立；5～8 拍转体成左脚在前的开立，屈膝。
	躯干与手臂	1～3 拍两臂自然摆动；4 拍两臂上举；5～6 拍两臂侧下举握拳；7～8 拍右左依次提肩三次。
	面　向	1～4 拍 5 点；5～8 拍 1 点。

第五至第八个八拍动作同第一至第四个八拍动作，但方向相反。

第二节(四个八拍)×2

第一个八拍

1　2　3　4　5　6　7　8

动作说明	下　肢	1～2 拍右脚前 1/2 漫步；3～4 拍右、左脚依次落地成右弓步；5～6 拍左脚前、后各点地一次；7 拍左脚并于右脚；8 拍右、左脚依次落地成左弓步。
	躯干与手臂	1～2 拍两臂自然摆臂；3～4 拍左臂前举、右臂侧举；5 拍两臂自然摆臂，6～7 拍上体前倒，8 拍右臂前举，左臂侧举。
	面　向	1～2 拍 8 点；3～7 拍 2 点；8 拍 8 点。

第二个八拍

1　2　3　4　5　6　7　8

动作说明	下　肢	1～2 拍右腿开始向前走两步；3 拍右腿前举；4 拍右腿吸腿；5～6 拍向右转体 360 度；7 拍开立，8 拍半蹲。
	躯干与手臂	1～2 拍两臂自然摆臂；3 拍臂侧举；4 拍双手抱肩；5～6 拍两臂自然摆臂；7 拍臂上举；8 拍两臂侧下举，上体右转。
	面　向	1～4 拍 8 点；5～6 拍转体 360 度；7 拍 7 点；8 拍 1 点。

第三个八拍

1　2　3　4　5　6　7　8

动作说明	下　肢	1～2 拍开立半蹲；3～4 拍左脚开始走两步；5 拍左脚向前一步；6 拍左腿后屈举腿；7 拍左脚向前一步；8 拍右腿屈膝点地。
	躯干与手臂	1 拍左臂扶髋、右臂上举；2 拍双手扶髋；3～5 拍两臂自然摆臂；6 拍左臂前下举，右臂侧上举；7～8 拍两臂向后绕至体侧。
	面　向	1 拍 5 点；2 拍 1 点；3～5 拍 7 点；6～7 拍 3 点；8 拍 2 点。

第四个八拍

1　2　3　4　5　6　7~8

动作说明	下　肢	1～2 拍右脚前并步一次；3～4 拍左脚迈步吸腿；5～6 拍向前走两步转体成左脚侧点地立；7～8 拍并立屈膝。
	躯干与手臂	1～2 拍臂小臂绕环同时躯干小波浪；3～4 拍右手扶髋、左臂前举；5～6 拍右臂上举，左手扶腹部；7～8 拍双手经后至体侧。
	面　向	1～2 拍 2 点；3～4 拍 7 点；5～8 拍 1 点。

第五至第八个八拍动作同第一至第四个八拍动作，但方向相反。

第三节(四个八拍)×2

第一个八拍

1　2　3　4　5　6　7　8

动作说明	下　肢	1～4 拍右脚 V 字步转体 360 度；5～6 拍右脚 1/2 后漫步；7～8 拍右脚恰恰步一次。
	躯干与手臂	1～8 拍两臂自然摆臂。
	面　向	1～2 拍 1 点；3 拍 5 点；4 拍 1 点；5～6 拍 3 点；7～8 拍 2 点。

第二个八拍

1　2　3　4　5　6　7　8

动作说明	下　肢	1～2 拍迈左脚右脚后点地；3～4 拍动作同 1～2 拍，方向相反；5～7 拍沃达斯步；8 拍左腿侧举腿。
	躯干与手臂	1 拍两臂侧上举；2 拍左臂前下举，右臂后下举；3～4 拍动作同 1～2 拍，方向相反；5～7 拍臂侧举；8 拍两臂向右绕至右臂上举，左臂侧上举。
	面　向	1～8 拍 1 点。

第三个八拍

1　2　3~4　5　6　7　8

动作说明	下　肢	1～2 拍左脚开始走两步；3～4 拍向左转体 360 度；5 拍吸左腿；6 拍左脚前迈一步；7～8 拍右脚并于左脚同时转体 180 度，右腿屈膝点地。
	躯干与手臂	1～2 拍自然摆臂；3～5 拍上举；6 拍右臂上举，左臂向前绕；7～8 拍击掌三次。
	面　向	1～2 拍 2 点 ；3～4 拍转体 360 度；5～6 拍 3 点；7～8 拍 8 点。

第四个八拍

1　2　3　4　5　6　7　8

动作说明	下　肢	1～4 拍右、左向后吸腿摇摆跳各一次；5～6 拍向右转体 360 度；7～8 拍双腿屈膝开立左脚点地。
	躯干与手臂	1～4 拍两臂自然摆臂；5～6 拍双手扶头；7～8 拍左臂前举右手叉腰。
	面　向	1～4 拍 1 点；5～6 拍转体 360 度；7～8 拍 1 点。

第五至第八个八拍动作同第一至第四个八拍动作，但方向相反。

第四节(四个八拍)×2

双人配合(女为甲，男为乙)

第一个八拍

1 2 3 4

5 6 7 8

动作说明	下肢	甲 1～2 拍右脚向前桑巴步；3～4 拍左脚向前桑巴步；5～6 拍右脚向左前方桑巴步同时转体；7～8 拍左脚向右前桑巴步同时转体。 乙 1～2 拍左脚向前桑巴步；3～4 拍右脚右前方桑巴步；5～6 拍左脚向右前方桑巴步；7～8 拍右脚向左前桑巴步。
	躯干与手臂	1～2 拍内侧手互扶腰部，外侧手侧举；3～8 拍内侧手互握，外侧手侧上举。

第二个八拍

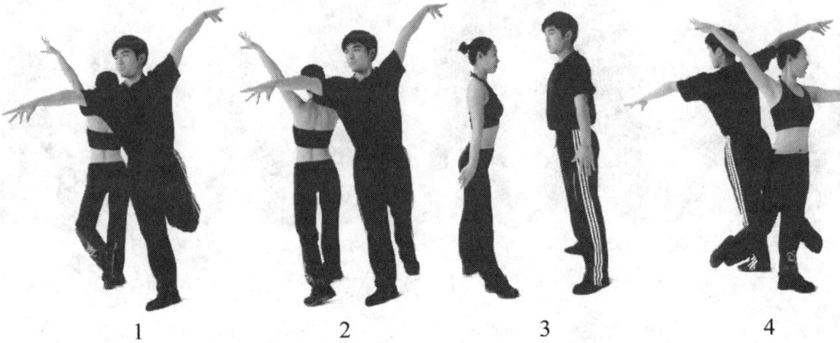

1 2 3 4

5 6 7 8

动作说明	下　肢	甲 1～6 拍右、左脚各一次漫步；7～8 拍左腿后屈。 乙 1～6 拍右、左脚各一次漫步；7～8 拍左腿后屈。
	躯干与手臂	甲 1～2 拍右臂前举，左臂侧上举；3 拍手臂还原；4～5 拍左臂前举、右臂侧上举；6 拍还原；7～8 拍右臂绕至体侧屈，握拳。 乙 1～8 拍动作同甲。

第三个八拍

1 2 3 4

5 6 7 8

动作说明	下　肢	甲 1～2 拍左脚恰恰步；3～4 拍右脚后点地立；5 拍右腿后弓步；6 拍移重心至开立半蹲；7～8 拍左腿后弓步。 乙 1～8 拍动作同甲。
	躯干与手臂	甲 1～2 拍两臂自然摆臂；3～4 拍双手扶头；5～8 拍上体随重心而转动，两臂下举、立掌。 乙 1～8 拍动作同甲。

第四个八拍

动作说明	下　肢	甲 1～2 拍右脚前漫步；3～7 拍垫步转体 360 度；8 拍提踵立。 乙 1～8 拍动作同甲。
	躯干与手臂	1～2 拍两臂自然摆臂；3～7 拍右臂侧下举，左臂侧上举；8 拍两臂上举。 乙 1～8 拍动作同甲。

第五至第八个八拍动作同第一至第四个八拍动作。两人换位。

造型

动作说明	下　肢	甲向右转，两腿屈成左脚后点地立。 乙向右转，左脚后点地立。
	躯干与手臂	甲两臂侧举。 乙两臂侧上举。

健美操四套(搏击操)

搏击健美操也称跆搏，是在有氧健美操的基础上融入了拳击、跆拳道等搏击运动的基本内容。其动作灵活、有力、动感。搏击健美操在节奏清晰、动感十足的音乐伴奏下，通过整齐有力的手臂、躯干、步法、腿法及综合练习动作使激情得到充分释放，并在科学、安全的基础上，达到增进健康、娱乐身心的目的。

本套操共 4 节，前 3 节为单人动作，第 4 节为双人配合动作，体现了搏击运动的对抗性特点，更增强了该操的宏伟气势。

第一节(四个八拍)×2

预备姿势：双腿并立、两臂胸前屈，握拳。

第一个八拍

1　2　3　4　5~6　7　8

动作说明	下　肢	1～4 拍右脚向侧一步成开立；5～6 拍向右侧并步跳；7 拍吸左腿；8 拍左脚落地。
	躯干与手臂	1 拍右臂直拳；2 拍还原；3～4 拍动作同 1～2 拍，方向相反；5～6 拍臂胸前屈，7～8 拍左臂侧下举。
	面　向	1～6 拍 1 点 ；7～8 拍 2 点。

第二个八拍

1　2　3　4　5　6　7　8

动作说明	下　肢	1～4 拍右脚 box 步；5～8 拍右脚右迈一步成开立。
	躯干与手臂	1～4 拍胸前屈；5～6 拍右臂直拳一次；7～8 拍左臂直拳一次。
	面　向	1～8 拍 1 点。

第三个八拍

1　2　3　4　5~6　7~8

动作说明	下　肢	1～2 拍吸左腿；3～4 拍右脚前踢；5～6 拍左侧并步跳；7～8 拍开立。
	躯干与手臂	1～4 拍两臂侧下举；5～6 拍两胸前屈；7～8 拍右臂摆拳。
	面　向	1～4 拍 1 点 ；5～6 拍 1 点；7～8 拍 7 点。

第四个八拍

1　2　3　4　5~6　7~8

动作说明	下　肢	1～4 拍右脚 box 步；5～6 拍右腿侧踹，7～8 拍还原。
	躯干与手臂	1～4 拍两臂胸前屈；5～6 拍右臂侧下举；7～8 拍两臂贴体侧。
	面　向	1～2 拍 7 点；3～8 拍 1 点。

第五至第八个八拍动作同第一至第四个八拍动作，但方向相反。

第二节(四个八拍)×2

第一个八拍

1　2　3　4　5　6　7　8

动作说明	下　肢	1～4 拍右脚漫步一次；5～6 拍吸右腿；7～8 拍左腿前踢。
	躯干与手臂	1～2 拍右臂直拳一次；3～4 拍左臂直拳一次；5 拍两臂胸前屈；6～8 拍侧下举。
	面　向	1～4 拍 8 点；5～6 拍 1 点；7～8 拍 7 点。

第二个八拍

动作说明	下　肢	1～2 拍左转 90 度右脚前并步；3～4 拍转体右腿后退并步；5～8 拍右脚一字步。
	躯干与手臂	1～4 拍右、左各直拳一次；5～6 拍两臂绕至胸前屈；7～8 拍还原。
	面　向	1～2 拍 5 点；3～8 拍 1 点。

第三个八拍

动作说明	下　肢	1～3 拍跳成开立；4 拍还原，5～6 拍左侧举腿跳；7 拍右腿弓步；8 拍还原。
	躯干与手臂	1～3 拍右、左交替冲拳三次；4 拍两臂体侧；5 拍臂侧上举、花掌；6 拍还原；7 拍左臂前下冲拳、右臂胸前屈；8 拍还原。
	面　向	1～6 拍 1 点 ；7 拍 3 点 ；8 拍 1 点。

第四个八拍

1~2　3　4　5~6　7~8

动作说明	下　肢	1～2 拍左侧并步跳；3～4 拍向左转体 360 度；5～6 拍开立；7～8 拍还原。
	躯干与手臂	1～2 拍左臂直拳两次；3～4 拍还原；5～6 拍左臂侧劈；7～8 拍胸前屈。
	面　向	1～2 拍 1 点；3～4 拍转体；5～8 拍 1 点。

第五至第八个八拍动作同第一至第四个八拍动作，但方向相反。

第三节(四个八拍)×2

第一个八拍

1~2　3~4　5　6　7~8

动作说明	下　肢	1～2 拍小跳两次；3～4 拍小跳两次同时转体 180 度；5 拍小跳一次同时转体 180 度；6 拍同 5 拍；7～8 拍动作同 1～2 拍。
	躯干与手臂	1～8 拍胸前屈。
	面　向	1～2 拍 7 点；3～4 拍 3 点；5 拍 7 点；6 拍 3 点；7～8 拍 7 点。

第二个八拍

1　2　3　4　5　6　7~8

动作说明	下　肢	1～2 拍右脚后退一步；3 拍右腿弓步；4 拍左脚点地；5～6 拍开立半蹲；7～8 拍移重心至右脚点地。
	躯干与手臂	1 拍臂上举；2 拍还原；3 拍左臂前下冲拳；4 拍左臂侧下举、右臂胸前屈；5～8 拍臂侧下举。
	面　向	1～2 拍 1 点；3 拍 3 点；4～5 拍 2 点；6～8 拍 8 点。

第三个八拍

1　2　3　4　5　6　7　8

动作说明	下　肢	1～4 拍右脚并步跳；5～8 拍左脚并步跳。
	躯干与手臂	1～4 拍两臂侧绕至胸前屈；5～8 拍动作同 1～4 拍。
	面　向	1～3 拍 2 点；4 拍 1 点；5～7 拍 8 点；8 拍 1 点。

第四个八拍

1　2　3　4　5~6　7~8

动作说明	下　肢	1～3 拍开立半蹲；4 拍并立；5～6 拍左脚上步吸腿跳；7～8 拍左脚后点地立。
	躯干与手臂	1～3 拍两臂依次屈伸三次；4 拍臂上举、手互握；5～6 拍臂侧下举；7～8 拍左臂前下举，右臂胸前屈。
	面　向	1～8 拍 1 点。

第五至第八个八拍动作同第一至第四个八拍动作，但方向相反。

第四节(四个八拍)×2

(双人配合，男为甲，女为乙)

第一个八拍

1　2　3　4

5　6　7　8

动作说明	下　肢	甲 1～8 拍后退。 乙 1～6 拍前进；7 拍吸右腿；8 拍右脚落地。
	躯干与手臂	甲 1～6 拍防守、挡拳；7 拍挡腿；8 拍还原。 乙 1～6 拍左、右交替冲拳、进攻；7～8 拍两臂胸前屈。

第二个八拍

1　2　3　4

5　6　7　8

动作说明	下　肢	甲 1～6 拍前进；7 拍吸右腿；8 拍右脚落地。 乙 1～8 拍后退。
	躯干与手臂	甲 1～6 拍左、右交替冲拳、进攻；7～8 拍两臂胸前屈。 乙 1～6 拍防守、挡拳；7 拍挡腿；8 拍还原。

第三个八拍

1~2　3~4　5~6　7　8

动作说明	下　肢	甲 1～2 拍开立下蹲，低头；3～4 拍左脚后点地立；5～6 拍向右侧并步跳；7～8 拍开立。 乙 1～2 拍左脚后点地立；3～4 拍开立下蹲，低头；5～6 拍向右侧并步跳；7～8 拍开立。
	躯干与手臂	甲 1～2 拍两臂胸前屈；3～4 拍小臂互绕环；5～6 拍两臂胸前屈；7～8 拍右臂冲拳一次。 乙 1～2 拍小臂互绕环；3～6 拍两臂胸前屈；7～8 拍右臂冲拳一次。

第四个八拍

1~2　　3~4　　5　　6　　7~8

动作说明	下　肢	甲 1～2 拍右腿后屈小跳两次；3～4 拍左腿后屈小跳两次；5 拍右腿后屈腿跳同时转体；6 拍右弓步；7～8 拍向左转体 180 度。 乙 1～2 拍右腿后屈小跳两次；3～4 拍左腿后屈小跳两次；5 拍右腿后屈腿跳同时转体；6 拍右弓步；7～8 拍向左转体 180 度。
	躯干与手臂	甲、乙 1～5 拍手臂肩侧屈；6 拍内侧臂相交；7～8 拍还原。

第五至第八个八拍动作同第一至第四个八拍动作，两人换位。

健美操五套(舞蹈健美操)

舞蹈健美操中采用了现代舞、爵士舞和其他代表性舞蹈中的动作，将舞蹈动作健美操化，使整套操动作优美、流畅，锻炼时能达到愉悦身心，提高人的创造、想象、表现和艺术修养等综合能力，具有健身、健心、健形体的多重功效。

第一节(四个八拍)×2

预备姿势：直立

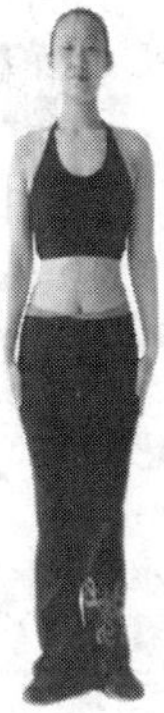

第一个八拍

1　2　3　4　5　6　7　8

动作说明	下　肢	1～2 拍右脚开始向前两步；3～4 拍摆髋跳两次；5 拍并立；6 拍右脚上步；7～8 拍吸左腿转体。
	躯干与手臂	1～4 拍两臂自然摆臂；5～6 拍两臂上举；7～8 拍两臂扶髋。
	面　向	1～4 拍 1 点；5～6 拍 7 点；7～8 拍 2 点。

第二个八拍

1 2 3 4 5 6 7 8

<table>
<tr><td rowspan="3">动作说明</td><td>下　肢</td><td>1～4 拍右脚开始两次并步；5～8 拍右、左各一次恰恰步。</td></tr>
<tr><td>躯干与手臂</td><td>1～2 拍两臂侧上举，掌心向外；3～4 拍动作同 1～2 拍方向相反；5～8 拍两臂自然摆动。</td></tr>
<tr><td>面　向</td><td>1～2 拍 3 点；3～4 拍 7 点；5～6 拍 2 点；7～8 拍 8 点。</td></tr>
</table>

第三个八拍

1 2 3 4 5 6 7 8

<table>
<tr><td rowspan="3">动作说明</td><td>下　肢</td><td>1～4 拍右脚漫步转体；5～6 拍右脚上步吸腿转体；7～8 拍左脚落地依次成左弓步。</td></tr>
<tr><td>躯干与手臂</td><td>1～2 拍两臂前上举小五花；3～4 拍左臂前下，右臂侧上举；5～6 拍还原；7 拍臂前举立掌；8 拍两臂侧下举，握拳。</td></tr>
<tr><td>面　向</td><td>1～2 拍 8 点；3～4 拍 2 点；5～8 拍 7 点。</td></tr>
</table>

第四个八拍

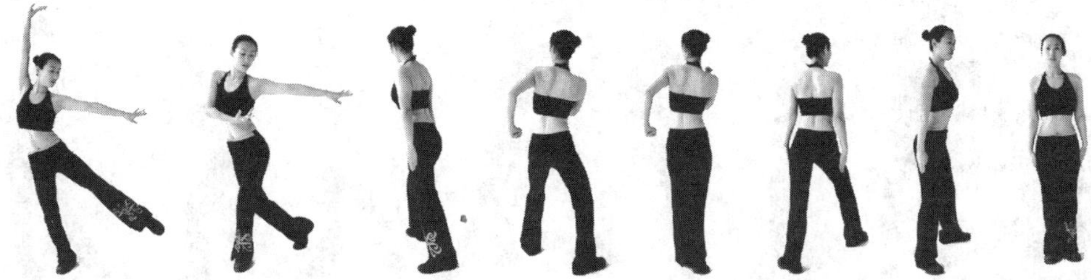

1　2　3　4　5　6　7　8

动作说明	下　肢	1拍跳起侧举腿；2～3拍走两步；4～5拍左腿恰恰步；6拍右腿小跳；7～8拍上步转体。
	躯干与手臂	1拍左臂侧举，右臂上举；2～3拍右臂向内绕至下举；4～8拍臂自然摆动。
	面　向	1～2拍1点；3～4拍4点；5～7拍5点；8拍1点。

第五至第八个八拍动作同第一至第四个八拍动作，但方向相反。

第二节(四个八拍)×2

第一个八拍

1　2　3　4　5　6　7　8

动作说明	下　肢	1～2拍右脚开始上步成开立；3～4拍右脚向前一步；5～6拍右脚前1/2漫步；7～8拍向右转体360度。
	躯干与手臂	1～2拍左臂开始依次前举交叉，掌心向下；3～4拍左臂上举，右臂侧举后振；5～6拍两臂自然摆动；7～8拍右臂绕头。
	面　向	1～4拍1点；5～6拍8点；7～8拍转体360度。

第二个八拍

1 2 3 4 5 6 7 8

动作说明	下　肢	1～2 拍右脚开始后退 3 步成右弓步；3～4 拍动作同 1～2 拍方向相反；5～6拍右脚前点、后点；7 拍右脚并于左脚；8 拍转体右腿前举。
	躯干与手臂	1～2 拍左臂前举，右臂侧举；3～4 拍右臂前举，左臂侧举；5～6 拍两臂自然摆动；7～8 拍右臂侧举左臂胸前屈，开掌。
	面　向	1～2 拍 2 点；3～7 拍 8 点；8 拍 2 点。

第三个八拍

1 2 3 4 5 6 7 8

动作说明	下　肢	1～2 拍向前两步；3～4 拍转体 360 度；5～6 拍左腿上步吸腿；7～8 拍右腿上步转体成右弓步。
	躯干与手臂	1～2 拍臂自然摆动；3～4 拍两臂上举；5～6 拍双手扶髋；7～8 拍两臂置于体侧。
	面　向	1～2 拍 2 点；3～4 拍转体 360 度；5～6 拍 7 点；7～8 拍 1 点。

第四个八拍

1　2　3　4　5　6　7　8

动作说明	下　肢	1～2 拍吸左腿；3～4 拍向前走两步；5～6 拍转体 90 度右脚后点地立；7～8拍转体 180 度成左脚后点地立。
	躯干与手臂	1～2 拍右臂前上举，左臂后下举；3～4 拍臂自然摆动；5～6 拍右臂前上举，左臂侧下举；7～8 拍两臂还原，头经下右绕。
	面　向	1～4 拍 3 点；5～6 拍 5 点；7～8 拍 1 点。

第五至第八个八拍动作同第一至第四个八拍动作，但方向相反。

第三节(四个八拍)×2

第一个八拍

1　2　3　4　5　6　7　8

动作说明	下　肢	1～2 拍右腿向前一步同时弹动；3～4 拍动作同 1～2 拍；5 拍左腿后屈小跳；6～8 拍左脚落地转体 360 度。
	躯干与手臂	1～4 拍两臂置于体侧；5 拍两手上举重叠；6～8 拍两臂置于体侧。
	面　向	1～5 拍 1 点；6～7 拍转体 360 度；8 拍 1 点。

第二个八拍

1　2　3~4　5　6　7~8

动作说明	下　肢	1～2 拍右脚向右并步跳；3～4 拍左腿前举；5～8 拍动作同 1～4 拍，方向相反。
	躯干与手臂	1～2 拍两臂上举；3～4 拍上体稍后倒，右臂前举，左臂侧举；5～8 拍动作同 1～4 拍，方向相反。
	面　向	1～2 拍 1 点；3～4 拍 7 点；5～6 拍 1 点；7～8 拍 3 点。

第三个八拍

1　2　3　4　5　6　7　8

动作说明	下　肢	1 拍右腿在前成前后开立屈膝；2 拍转体右腿后举；3～4 拍右腿前 1/2 漫步；5 拍右腿前举；6～7 拍右腿开始向前两步；8 拍右腿弓步。
	躯干与手臂	1 拍上体前倒；2 拍身体左转 180 度，两臂侧上举；3～4 拍两臂自然摆动；5～6 拍身体右转 180 度，两臂侧上举；6～8 拍两臂自然摆动。
	面　向	1 拍 2 点；2～4 拍 7 点；5～7 拍 3 点；8 拍 5 点。

第四个八拍

1 2 3 4 5 6 7 8

动作说明	下 肢	1 拍左腿弓步；2 拍转体 180 度右腿弓步；3～4 拍吸右腿；5～6 拍右腿开始向前两步；7～8 拍向右转体 360 度。
	躯干与手臂	1 拍两臂侧举；2 拍身体右转 180 度，两臂自然摆臂；3～4 拍左臂侧上举，右臂侧下举；5～8 拍两臂自然摆动。
	面 向	1 拍 1 点；2 拍 5 点；3～4 拍 1 点；5～6 拍 7 点；7～8 拍转体 360 度。

第五至第八个八拍动作同第一至第四个八拍动作，但方向相反。

第四节(四个八拍)×2

第一个八拍

1~2 3~4 5 6 7 8

动作说明	下 肢	1～2 拍右腿向后并步；3～4 拍左腿向后并步；5～8 拍右腿开始上两步转体 360 度。
	躯干与手臂	1～2 拍身体右转，两臂置于体侧；3～4 拍动作同 1～2 拍，方向相反；5～6 拍两臂体前交叉转体；7～8 拍两臂下伸。
	面 向	1～2 拍 3 点；3～4 拍 7 点；5～6 拍转体 360 度；7～8 拍 1 点。

第二个八拍

1 2 3 4 5 6 7 8

动作说明	下　肢	1～2 拍左腿后弓步；3～4 拍并立提踵立；5～6 拍右腿上步右转 90 度；7～8 拍两脚并立。
	躯干与手臂	1～2 拍两手互握；3～4 拍两臂向下经后绕至上举，身体前波浪；5～6 拍两臂侧下举；7～8 拍还原。
	面　向	1～4 拍 8 点；5～8 拍 3 点。

第三个八拍

1 2 3 4 5 6 7 8

动作说明	下　肢	1～2 拍分腿跳；3～4 拍右腿开始向前两步；5 拍开立半蹲；6 拍并立提踵；7～8 拍右腿上步吸腿。
	躯干与手臂	1～2 拍左臂侧上举，右臂侧下举；3～4 拍臂自然摆动；5 拍左臂前举；6 拍右臂上举；7～8 拍右臂向前绕至体侧。
	面　向	1～2 拍 1 点；3～4 拍 1 点；5 拍 3 点；6～7 拍 7 点；8 拍 1 点。

第四个八拍

1　2　3　4　5　6　7~8

动作说明	下　肢	1～2 拍左腿开始走两步；3～4 拍上步右举腿跳；5～6 拍向左弧形走步；7～8 拍左腿吸腿跳。
	躯干与手臂	1 拍左臂侧举；2 拍右臂侧举；3～4 拍左臂经上向内绕至上举；5～6 拍臂自然摆动；7～8 拍两臂上举。
	面　向	1～4 拍 1 点；5～7 拍 5 点；8 拍 1 点。

第五至第八个八拍动作同第一至第四个八拍动作，但方向相反。

第十二章　啦啦操运动

内容提要：本章主要介绍了啦啦操运动的发展简况及基础知识；详述了啦啦操基本动作并列举了不同风格的舞蹈啦啦操示范套路。

教学目标：通过本章学习，认识并了解啦啦操运动。正确了解啦啦操的概念、分类及运动特点。了解啦啦操的起源以及在国内外的发展简况。通过练习能够掌握舞蹈啦啦操练习方法及动作技术，感受啦啦操运动的魅力与活力。

第一节　啦啦操运动发展简况

一、国际啦啦操运动发展简况

(一)啦啦操运动的起源与发展

啦啦操(又称啦啦队)是体育运动中的一个新兴项目，起源于美国，至今已经有一百多年的历史。最初为美国球赛呐喊助威的活动，经过多年发展和完善，现在成为世界范围内的一项体育运动。

现代啦啦操的运动可以追溯到19世纪80年代的美国。在当时普林斯顿大学的一次橄榄球比赛中，为了帮助队员加油、呐喊、助威、烘托赛场气氛，第一次出现了自发的、有组织的团队表演形式，这即是现代啦啦操运动的雏形。第一支啦啦队成立于1898年，明尼苏达大学学生Johnny Campdell在一次橄榄球比赛中非常激动，从人群中跳出来在队伍前面带领观众为比赛加油助威，这次事件被记载在明尼苏达大学发行的“ariel”刊物上。1898年11月12日最后一场橄榄球比赛中，明尼苏达大学的学生组织了6名男生带领观众呐喊助威，由此第一支啦啦队诞生了。

自明尼苏达大学组织了第一支啦啦队的这一期间，喇叭开始在啦啦队的表演中使用。在20世纪20年代以前，啦啦队表演还主要是以男性为主，后来女性也开始活跃其中。30年代啦啦操表演中开始使用纸做的花球，这样更加提升了啦啦队表演的观赏性。40年代 LawrenceR. Herkimer 在 Texas 的 Dastoff 成立了第一家啦啦队公司。50年代，美国各大学成立了啦啦队工作室，研究与教授啦啦队的基本动作。60年代"国际啦啦队基金会"开始在美国各地为各校啦啦队教练进行专门的训练课程。1967年美国开始第一届年度"十佳大学啦啦队"排名。同时"国际啦啦队基金会"开始颁发"全美优秀啦啦队员"奖项，奖项的设立进一步推动了啦啦队运动的发展。1978年哥伦比亚广播公司 CBS 体育频道首次向全国范围转播了"大学生啦啦队锦标赛"，从此，啦啦队运动开始被人们视为一项严肃的体育项目。此时，啦啦队的技术技巧也有了很大的提高，增加了体操中的技巧、叠罗汉和跳跃等动作。20世纪80年代美国啦啦队在大学之间进行比赛的同时，也出现了中学、高中之间的比赛活动，这样啦啦队运动又有了进一步的发展。后来啦啦队的涉足领域更加广泛，得到了各界的认可。1980年美国第一届啦啦队锦标赛，首次制定了比较规范的比赛规则，标志着啦啦队运动正式进入到竞技比赛的行列中。随着啦啦队运动的发展，难度不断的增加，训练和比赛期间难免会出现一些意外事故，因此，在1983年作出规定，限制危险性的动作和不健康的叫喊，并在1985年制定了安全指导规则。90年代以后随着啦啦队的飞速发展，全美各州大、中学校都拥有自己的啦啦队及团体协会，并且建立了自己的啦啦队网站。同时开展了很多全国性的大赛——US OPEN CHAMPIONSHIPS(美国公开赛啦啦队和舞蹈锦标赛)、US NATIONAL CHAMPIONSHIPS(全美啦啦队和舞蹈锦标赛)，并且制定了比较完善的竞赛和安全规则。参加美国高规格的大赛并获得冠军的啦啦队将享有极高的荣誉。

(二)国际啦啦操联盟的成立

1998年国际啦啦操联盟(International Cheerleading Federation)成立，是啦啦操运动发展史上的重要转折点，它是一个以推动啦啦操运动向世界范围发展，通过传播啦啦操知识提高世界青少年健康水平以及促进国家、地区之间啦啦队协会之间友谊和世界和平为目标的非盈利组织。总部设在东京，目前有15个会员国。2001年第一届世界啦啦操锦标赛在东京召开，吸引了全世界8个国家和地区参与(芬兰、德国、日本、挪威、斯洛文尼亚、瑞典、英国和中国台湾)，正式将啦啦队提升为世界竞技运动。此后，每两年一次，参赛国也随比赛届数增加而增多。

二、我国啦啦操运动发展简况

啦啦操运动在中国是一项新兴的现代体育项目。啦啦操这种运动形式最初是由美国 NBA 传入我国，1998 年我国 CUBA 诞生以来，各高校学生为其加油呐喊的啦啦操表演形式便出现在赛场上，因此啦啦操运动首先在高校得到发展与 CUBA 的产生有着直接的影响。

1999 年由中国大学生健美操艺术体操协会(简称两操协会)发起并拟写中国啦啦操运动开展设想方案，得到了包括教育部中国大体协领导的一致肯定和支持。1999～2001 年进行前期筹备，于 2001 年 4 月编写了《中国学生啦啦队竞赛评分规则(第一版)》。同年 6 月在广州体院举办首次啦啦队教练员及评判员培训。2001 年 11 月在广州暨南大学举办了首届“中国大学生动感啦啦队大赛”，这标志着中国啦啦操运动的正式开始。2002 年两操协会在四川举办了“西部阳光杯”全国大学生健美操、艺术体操锦标赛即第二届中国大学生啦啦队大赛，此届比赛在规模和观赏性上比第一届都有了大大的提高。这两次比赛并没有进行啦啦操细的项目划分，由于当时啦啦操运动在我国发展只有两三年的时间，大多数人对其项目特征还较为模糊，还只是处于对国外的影像资料的模仿阶段。

2004 年两操协会首次系统地进行了啦啦操运动相关理论和技术的培训，编排了四套规定动作，出版了光碟，并将此项目正式列为两操协会正式比赛项目。2004 年 4 月颁布实施《中国学生啦啦队竞赛评分规则(第二版)》。2004 年 12 月在广州体院举办“第三届中国学生啦啦队锦标赛”。这次比赛制定了比较完善的评分规则，明确制定了比赛项目，共有 26 支代表队，这标志着我国啦啦操运动发展提升到了更高的一个层次。2005 年 12 月在广州中山大学举行“第四届中国学生啦啦队锦标赛暨 2006 年世界啦啦队锦标赛选拔赛”。最终广州体育学院等六所学校组成中国啦啦队代表团于 2006 年 4 月首次参加了在美国奥兰多举行的“2006 年世界啦啦队锦标赛”，并获得全女生组亚军的好成绩。这次是我国啦啦队首次走出国门，参加世界顶级的啦啦队比赛，标志着中国啦啦操运动正式迈向国际啦啦操舞台。

第二节 啦啦操运动基础知识

(一)啦啦操定义

啦啦操：英文 cheerleading，其中 cheer 有振奋精神、提振士气的意思。啦啦操是在音乐的衬托下，通过队员集体共同完成复杂、高难的啦啦操特有的难度技巧，并结合各种舞蹈风格动作，集中体现青春活力、健康向上的团队精神，并追求最高团队荣誉感的一项体育运动。

（二）啦啦操项目特征

1. 团队精神

团队精神特征是啦啦操运动有别于其他运动的最显著特征。通过各种动作的配合、难度的展现、队员的口号以及队形的转换等形成积极协调的组织氛围，提高团队整体的凝聚力。同时，动作的整齐一致性充分体现了团队的凝聚力、配合能力以及完成动作时所表现出来的自信心、运动能力、感染力、号召力的完美结合。完成动作时要体现团队的整齐划一，包括团队整体的运动能力、表演能力、默契配合等因素。

2. 技术特征

啦啦操技术特征体现在所有肢体类动作的发力方式，即通过短暂加速、定位制动来实现啦啦操特有的力度感，具有清晰的开始和结束，完成干净利落并且位置精确；在运动过程中要求重心低、身体控制移动平稳。

（三）啦啦操的分类

啦啦操是一项新兴的现代体育项目，根据当今世界的发展状况和发展趋势，啦啦操运动可分为技巧啦啦操和舞蹈啦啦操。

1. 技巧啦啦操

定义：技巧啦啦操是以翻腾、托举、抛接、金字塔组合、舞蹈动作、过渡连接及口号等形式为基本内容的团队项目。

运动特点：技巧啦啦操主要是由高难度的啦啦操技术技巧的展示组成，其队员必须要具备高素质、高标准、自信和充满活力的高水平完成动作的能力，使技巧啦啦操更具有强烈的视觉冲击感、刺激性、感染性与竞技性。其难度分为四类，即翻腾、抛接、托举、金字塔。

2. 舞蹈啦啦操

定义：舞蹈啦啦操是以舞蹈动作为主，通过展示各种舞蹈技巧和元素并可以结合道具为基本内容的团队项目。

运动特点：舞蹈啦啦操具有广泛的适应性，它主要以舞蹈动作为主，没有高难度的技巧动作，因此在大中小学中得到了大力的推广。舞蹈啦啦操的成套强调整体动作编排的风格化与艺术性，因此又具有强烈的观赏性。其难度分为三类，即转体、跳步、平衡与柔韧。

第三节　啦啦操基本动作

啦啦操动作技术要求：重心稳，移动快；手臂发力狠，位置准；手臂动作要保持在额状轴前方。

一、啦啦操基本手位

(一)对称类：

上M (up M)

下M(hand on hip)

平举W(muscle man)

高举V(high V)

下举V (low V)

T(T)

小T (half T)

直臂平举X(front X)

高举X (high X)

下举X (low X)

屈臂X (bend X)

X(X)

上举A(up A)

下举A (down A)

屈臂A (applauding)

上举H(touch down)

下举H(low touch down)

(二)不对称类

斜举T (diangonal)

小H(little H)

L(L)

倒L(low L)

K(K)

Side K(Side K)

R(R)

大弓箭(bow and arrow)

小弓箭(bow)

旗兵1(high punch)

旗兵2(low side punch)

旗兵3(low cross punch)

旗兵4(up cross punch)

旗兵5(half dagger)

旗兵6(high side punch)

二、啦啦操基本站位

立正站（feet together）

军姿站(hand on back)

弓步站(lunge)

侧弓步站(side lunge)

锁步站(lock step)

吸腿站(knee)

三、啦啦操基本手势与意义

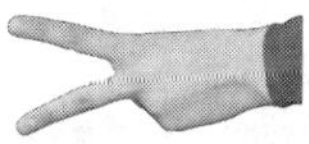
胜利（victory）

力量(fist)

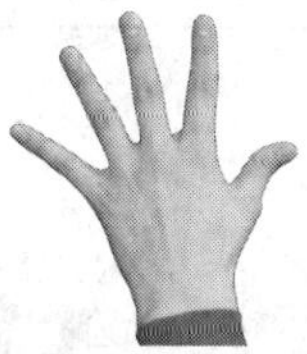
喝彩(open palm)

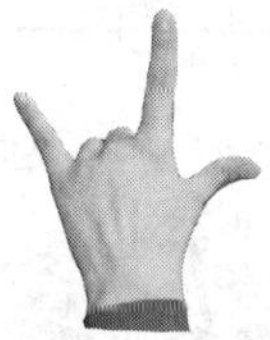
酷(cool)

团结

真棒(thumb)

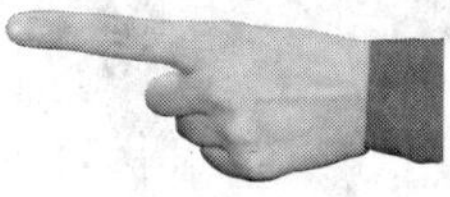
勇往直前(forefinger)

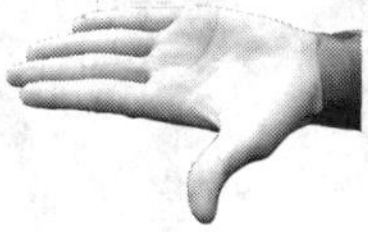
自信张扬(palm)

第四节　舞蹈啦啦操示范动作

一、基础套路

第一段：

第一个八拍

准备　1~2　3　4　5　6　7　8

动作说明	下　肢	1～2 拍右脚向前成弓步；3 拍转体成半蹲；4 拍还原成弓步；5 拍收右脚成并立提踵；6 拍半蹲；7 拍小分腿跳；8 拍并立半蹲。
	躯干与手臂	1～2 拍屈臂 X 成下举 V；3 拍双手成 X；4 拍上举 V；5～6 拍双手向内绕环；7 拍上举 V；8 拍低头双手还原。
	面　向	1～2 拍 1 点；3 拍 7 点；4～8 拍 1 点。

第二个八拍

1~2　3　4　5　6　7　8

动作说明	下　肢	1～2 拍上左脚成弓步；3 拍吸右腿；4 拍转体成左弓步；5 拍吸右腿；6～7 拍右脚落地成开立半蹲；8 拍双腿并立提踵。
	躯干与手臂	1～2 拍上举 H；3 拍屈臂 H 低头；4 拍 K；5 拍骑兵手势；6～7 拍右手向内绕环；8 拍上举 A。
	面　向	1～3 拍 1 点；4 拍 7 点；5～8 拍 1 点。

第三个八拍

1~2　3　4　5　6　7　8

动作说明	下　肢	1～2 拍右脚右前方上步成弓步；3 拍上左脚；4 拍上右脚；5 拍半蹲；6 拍左腿后屈腿；7～8 拍向左并步。
	躯干与手臂	1～2 拍左手高举 V，右手 X；3～4 拍小 T；5 拍下举 X 低头；6 拍骑兵手势，头右倒；7～8 拍右臂小臂向内绕环，头左倒。
	面　向	1～8 拍 1 点。

第四个八拍

1~2　3　4　5~6　7~8

动作说明	下　肢	1～2 拍双脚开立；3 拍双脚并立；4 拍上左脚成弓步；5～6 拍吸右腿；7～8 拍双脚开立。
	躯干与手臂	1～2 拍左手叉腰；右手 T；3 拍上举 A；4 拍左手侧举，右手前举；5～6 拍小 T，转体甩头；7～8 拍下举 V，点头。
	面　向	1～4 拍 1 点；5～6 拍转体 360 度；7～8 拍 1 点。

第五个八拍

1　2　3　4　5~8

动作说明	下　肢	1 拍开立半蹲；2 拍左腿后屈腿；3 拍开立半蹲；4 拍右腿前吸腿；5～8 拍后退。
	躯干与手臂	1 拍屈臂 X，低头；2 拍下举 V，头右倒；3 拍屈臂 X，低头；4 拍上举 V；5～8 拍下举 X，低头。
	面　向	1～8 拍 1 点。

第六个八拍

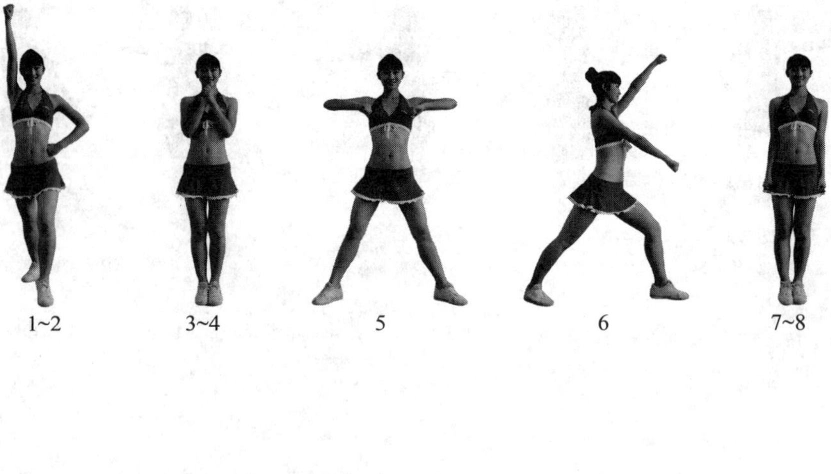

1~2　3~4　5　6　7~8

动作说明	下　肢	1～2 拍左脚向前成弓步；3～4 拍收右脚成并立；5 拍右脚向右成开立；6 拍成左弓步；7～8 拍收右脚成并立。
	躯干与手臂	1～2 拍骑兵手势；3～4 拍屈臂 A；5 拍小 T；6 拍 K；7～8 拍双臂还原。
	面　向	1～5 拍 1 点；6 拍 7 点；7～8 拍 1 点。

第二段：

第一个八拍

1　2　3　4　5　6~7　8

动作说明	下　肢	1～2 拍左脚开始 V 字步成开立半蹲；3 拍双膝内扣；4 拍成并立；5～7拍向前迈右脚成弓步；8 拍收右脚成并立。
	躯干与手臂	1 拍右手 X；2 拍左手 X；3 拍双肘内扣，低头；4～5 拍上举 V；6 拍臂还原；7 拍点头；8 拍屈臂 A。
	面　向	1～2 拍 1 点；3～8 拍 3 点。

第二个八拍

1~2　3~4　5~6　7~8

动作说明	下　肢	1～2 拍转体右腿后撤成左弓步；3～4 拍吸左腿；5～6 拍向后撤左腿成前后开立半蹲，左腿重心；7～8 拍成并步。
	躯干与手臂	1～2 拍直臂前举 A；3～4 拍上举 V；5～6 拍双手扶膝；7～8 拍双手还原。
	面　向	1～6 拍 7 点；7～8 拍 1 点。

第三个八拍

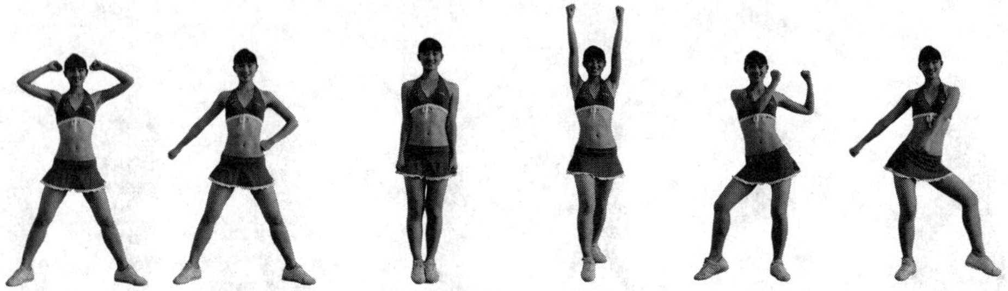

1~2　3　4　5~6　7　8

动作说明	下　肢	1～3 拍左腿侧出成开立；4 拍还原并立；5～6 拍右腿向前成弓步；7～8 左右摆髋。
	躯干与手臂	1～2 拍 X；3 拍骑兵手势；4 拍还原；5～6 拍上举 H；7 拍屈臂 H；8 拍下举 H。
	面　向	1～8 拍 1 点。

第四个八拍

1~2　3　4　5　6　7　8

动作说明	下　肢	1～2 拍右腿重心开立半蹲；3～4 拍收左腿成并步；5～8 拍连续向左侧并步。
	躯干与手臂	1～2 拍左手 T；右手小 T；3～4 拍左手向下绕环一周半；5～8 拍小 T。
	面　向	1～2 拍 1 点；3～8 拍 3 点。

第五至第八个八拍动作同第一至第四个八拍动作，方向相反。

第三段：

第一个八拍

1~4　　5　　6　　7　　8

动作说明	下　肢	1～4 拍左脚向左弧线走一周；5～8 拍开立摆髋。
	躯干与手臂	1～4 拍屈臂 H；5 拍右手 X，左手上举 V；6 拍同 5 拍；7 拍同 5 拍；8 拍同 6 拍。
	面　向	1～4 拍 8 点、6 点、4 点、1 点；5～8 拍 1 点。

第二个八拍同第一个八拍，动作相同，方向相反。

第三个八拍

1~2　　3　　4　　5　　6　　7~8

动作说明	下　肢	1～2 拍左脚向左成开立；3 拍左转；4 拍左腿跪撑；5～8 拍向右转体同时臀部坐地，两腿依次举腿绕，成右腿跪撑。
	躯干与手臂	1～3 拍胸前直臂 H；4 拍扶膝；5～8 拍双手扶地。
	面　向	1～2 拍 1 点；3 拍 7 点；4 拍 3 点；5～7 拍转体至 3 点；8 拍 1 点。

第四个八拍

1~2　　3~7　　8

动作说明	下　肢	1～7 拍开立；8 拍还原成并立。
	躯干与手臂	1～2 拍体前，屈左手扶左髋右手前举；3～7 拍身体做向前波浪；8 拍还原。
	面　向	1～7 拍 3 点；8 拍 1 点。

第五至第八个八拍动作同第一至第四个八拍动作，方向相反。

第四段：

第一个八拍

1　　2　　3　　4　　5~6　　7　　8

动作说明	下　肢	1～4 拍右脚开始踏步；5～6 拍跳成开立；7～8 拍摆髋。
	躯干与手臂	1 拍小 T；2 拍直臂 X；3 拍同 1 拍；4 拍上举 X；5～6 拍左臂斜 T；7～8拍右手扶左髋，左手 X。
	面　向	1～8 拍 1 点。

第二个八拍

1　2　3~4　5~7　8

动作说明	下　肢	1 拍成并立；2～7 拍左脚向侧成开立半蹲；8 拍成并立。
	躯干与手臂	1 拍屈臂 A；2 拍双手扶膝，低头；3～4 拍 T；5～7 拍身体前波浪；8 拍还原。
	面　向	1 拍 1 点；2～4 拍 3 点；5～8 拍 1 点。

第三个八拍

1~2　3　4　5~6　7　8

动作说明	下　肢	1～2 拍向右跳转 180 度成开立；3～4 拍左右摆髋；5～6 拍锁步；7～8 拍右腿大踢腿。
	躯干与手臂	1～4 拍下举 V；5～6 拍上举 X；7 拍下举 V；8 拍还原。
	面　向	1～8 拍 5 点。

第四个八拍

1　2　3~4　5　5　6　7~8

动作说明	下　肢	1～2 拍左脚开始向前两步；3～4 拍跳成开立；5～6 拍转髋两次；7～8 拍向右转体 180 度。
	躯干与手臂	1 拍右手上举 X；2 拍左手上举 X；3～6 拍下举 V；7～8 拍还原。
	面　向	1～6 拍 5 点；7～8 拍 1 点。

第五至第八个八拍动作同第一至第四个八拍动作，方向相反。

二、表演套路组合

第一段：

第一个八拍

1~2　3~4　5~6　7~8

动作说明	下　肢	1～4 拍左脚开始向前走 4 步；5～6 拍跳成开立半蹲；7～8 拍收右脚成并步半蹲。
	躯干与手臂	1～4 拍左手叉腰，右手从左前方至右前方，指掌；5～6 拍下举 V；7～8拍胸前直臂 A。
	面　向	1～6 拍 1 点，7～8 拍 7 点。

第二个八拍

1~2 3~4 5 6 7~8

动作说明	下 肢	1～4 拍右脚开始踏步两次；5 拍右脚向前成弓步；6 拍摆髋成左腿弓步；7～8 拍摆髋成右腿弓步。
	躯干与手臂	1～4 拍左臂保持前举，右臂从斜下举摆至上举；5 拍小 T；6 拍屈臂 H，低头；7～8 拍上举 V。
	面 向	1～4 拍 7 点；5 拍 1 点；6 拍 5 点；7～8 拍 1 点。

第三个八拍

1 2 3 4

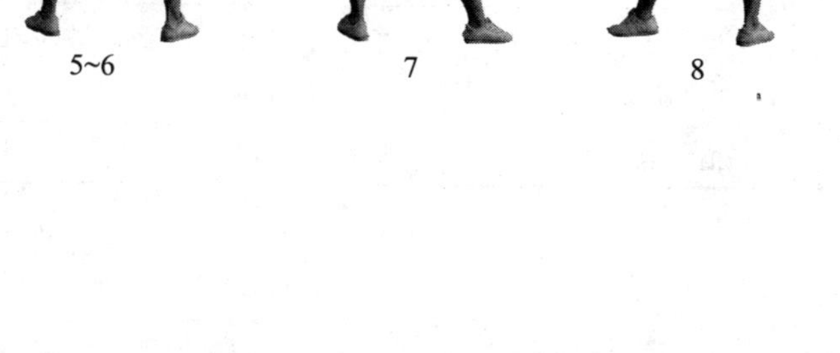

5~6 7 8

动作说明	下　肢	1～2 拍原地小马跳；3～4 拍左腿向左一步成开立半蹲同时左右摆髋；5～6 拍向右跳转 180 度成开立半蹲；7～8 拍左右两次摆髋。
	躯干与手臂	1 拍左手高举 V，右手 X；2 拍同 1 拍方向相反；3～4 拍左手叉腰，右手左前举至右前举，指掌；5～8 拍下举 V。
	面　向	1～4 拍 1 点；5～8 拍 5 点。

第四个八拍

1~3　4　5　6　7　8

动作说明	下　肢	1～4 拍左脚开始弧线走向；5～6 拍左脚向左一步成开立，向左顶髋两次；7 拍半蹲；8 拍双脚还原并立。
	躯干与手臂	1～4 拍双手由小 T 经前举 H 经小 T 至还原；5～6 拍下举 V；7 拍小 T，向右倒头；8 拍还原。
	面　向	1～4 拍 3 点、5 点、7 点、1 点；5～6 拍 1 点；7～8 拍 1 点。

第五个八拍

1　2　3　4　5　6　7　8

动作说明	下　肢	1～4 拍原地小马跳；5～8 拍左腿向左一步成开立，左右摆髋。
	躯干与手臂	1～4 拍双手上举击掌；5～6 拍左手叉腰，右手上举左右摆动；7～8 拍双手扶髋。
	面　向	1～8 拍 1 点。

第六个八拍

1~2　3　4　5~6　7　8

动作说明	下　肢	1～2 拍开立；3～4 拍并立向右转体 360 度；5～6 拍左腿向前一步成弓步半蹲；7 拍左腿向左成开立半蹲；8 拍还原。
	躯干与手臂	1～2 拍左臂上举 V，右臂 X；3～4 拍屈臂 A；5～6 拍下举 V；7 拍双手扶膝；8 拍还原。
	面　向	1～2 拍 1 点；3～4 拍 5 点；5～8 拍 1 点。

第七个八拍

1　2　3　4

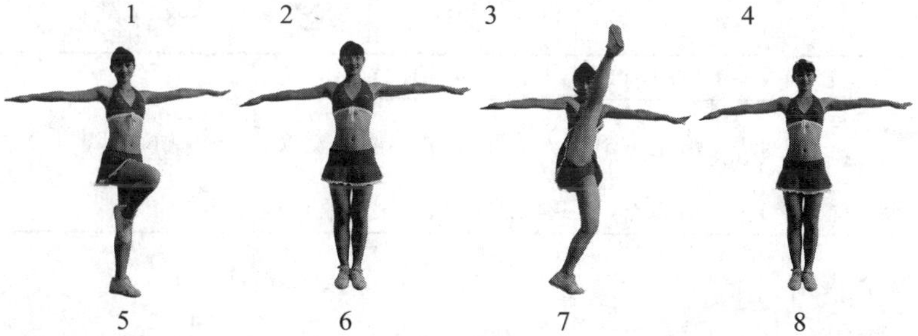

5　6　7　8

动作说明	下　肢	1～4 拍左脚开始向前走 4 步；5～6 拍吸右腿；7～8 拍踢右腿。
	躯干与手臂	1 拍右手上举 X；2 拍左手上举 X；3～8 拍 T。
	面　向	1～8 拍 1 点。

第八个八拍

1　　2~3　　4　　5~6　　7　　8

动作说明	下　肢	1 拍右脚向侧后一步；2～4 拍向右并立转体 360 度；5～6 拍左脚向侧点地一次，7～8 拍左脚并步一次。
	躯干与手臂	1 拍 T；2～4 拍屈臂 A 至上举 A；5～6 拍左手叉腰，右手 X 变形动作；7 拍上举 V；8 拍还原。
	面　向	1 拍 2 点；2～4 拍向右转体 360 度；5～8 拍 3 点。

第九个八拍

1~2　　3~4　　5~8

动作说明	下　肢	1～4 拍向前走两步；5～8 拍向前走 4 步。
	躯干与手臂	1～4 拍左手下举，右手上举，依次交换；5～8 拍小 T，4 次振胸。
	面　向	1～2 拍 2 点；3～4 拍 5 点；5～8 拍 3 点。

第十个八拍

1~4　　5~6　　7~8

动作说明	下　肢	1～4 拍踏步；5～6 拍开立；7～8 拍成半蹲。
	躯干与手臂	1～4 拍双手置于体侧；5～6 拍屈臂 A；7～8 拍右手扶髋，左手置于体前。
	面　向	1～8 拍 1 点。

第十一个八拍

1　　2　　3~4　　5~6　　7~8

动作说明	下　肢	1～4 拍开立半蹲身体向下振，一慢两快；5～6 拍右弓步；7～8 拍左弓步。
	躯干与手臂	1～4 拍右手扶髋，左手前扶；5～6 拍右手下举，左手屈臂 H；7～8 拍相反。
	面　向	1～8 拍 1 点。

第十二个八拍

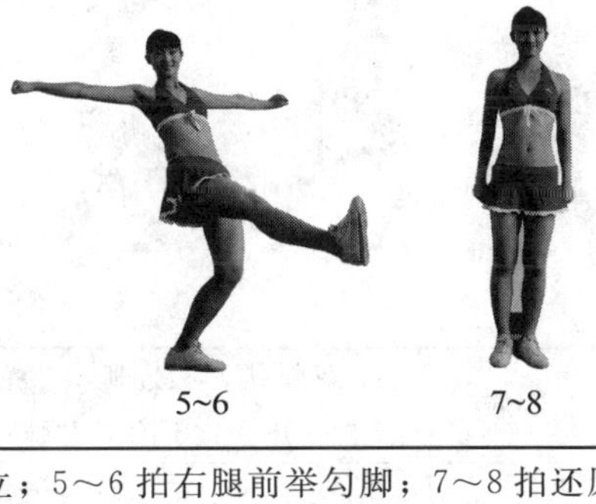

1~2　　3~4　　5~6　　7~8

动作说明	下　肢	1～2 拍开立；3～4 拍并立；5～6 拍右腿前举勾脚；7～8 拍还原。
	躯干与手臂	1～2 拍屈臂 A；3～4 拍还原；5～6 拍 T，身体稍后倒；7～8 拍还原。
	面　向	1～8 拍 1 点。

第二段：个性舞蹈

第一个八拍

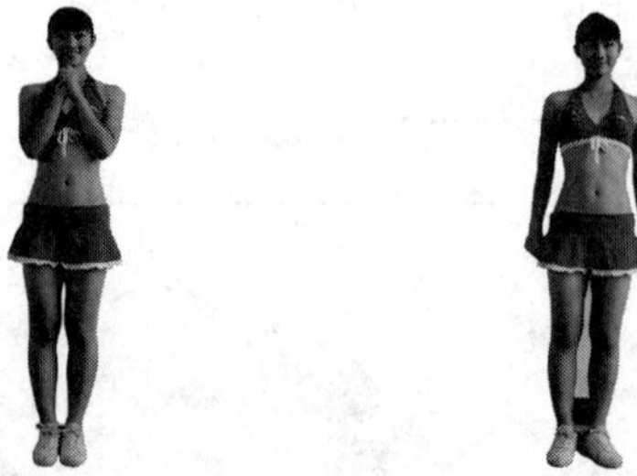

1~6　　7~8

动作说明	下　肢	1～6 拍踏步；7～8 拍成并立。
	躯干与手臂	1～6 拍屈臂 A；7～8 拍还原。
	面　向	1～8 拍 1 点。

第二个八拍

1　1　2　2　3~4　5　6

7　7　8

动作说明	下　肢	1 拍双腿跳，吸左腿；2 拍左脚向左一步成开立，吸右脚；3～4 拍右脚落地成开立；5 拍吸左腿；6 拍成右弓步；7～8 拍左腿交叉步成锁步。
	躯干与手臂	1 拍左手 X，右手 T，开掌，头右转，双手小 T；2 拍两臂侧下举，开掌，双手小 T；3 拍同 2 拍方向相反；4 拍振胸；5 拍双手屈臂 H，握拳，低头；6 拍双手前举，上体后仰，花掌，掌心向上；7 拍屈臂 X 交叉两次；8 拍上举 V。
	面　向	1 拍 7 点；2～4 拍 1 点；5～6 拍 3 点；7～8 拍 1 点。

第三个八拍

1 2 3 4 5 6 7 8

动作说明	下　肢	1拍左脚向左成开立半蹲；2～3拍向右摆髋；4拍向左转体90度成弓步；7拍成开立半蹲；8拍还原。
	躯干与手臂	1拍左手背后，右手扶左肩；2拍T；3拍左手侧举，右手从左绕头一周；4拍胸前直臂A；5～6拍甩头到1点；7～8拍身体前波浪。
	面　向	1～3拍1点；4拍7点；5～6拍7点；7～8拍1点。

第四个八拍

1 2 3 4 5 6 7 8

动作说明	下　肢	1拍左脚前点，2拍左脚后点；3～4拍向前上步吸腿；5～8拍落地成开立。
	躯干与手臂	1拍左臂下举；右手上举；2拍同1拍方向相反；3～4拍左臂下举，右手从左绕头；5～6拍提右肩2次；7拍身体后仰，双手小T在头部前方，低头；8拍身体前倾，双手下举V。
	面　向	1～4拍1点；5～6拍8点；7～8拍8点。

第三段：

第一至第五个八拍动作与第一段第一至第五个八拍动作相同。

第六个八拍

1~2　3　4　5~6　7　8

动作说明	下　肢	1～2 拍右脚右前方成弓步；3 拍上左脚；4 拍上右脚；5～6 拍锁步；7～8 拍踢右腿。
	躯干与手臂	1～2 拍左手高举 V，右手 X；3～4 拍小 T；5～6 拍上举 X；7 拍下举 V；8 拍还原。
	面　向	1～2 拍 1 点；3～4 拍 1 点；5～8 拍 1 点。

第七个八拍

1　2　3　4　5　6~7　8

动作说明	下　肢	1～2 拍左脚开始 V 字步成开立半蹲；3 拍双膝内扣；4 拍成并立；5～7 拍右脚向前成弓步；8 拍收右脚成并立。
	躯干与手臂	1 拍左手 X；2 拍右手 X；3 拍双肘内扣，低头；4～5 拍上举 V；6 拍臂还原；7 拍点头；8 拍屈臂 A。
	面　向	1～8 拍 1 点。

第八个八拍

1~2　3~4　5~6　7~8

动作说明	下　肢	1～2 拍转体右腿后退成弓步；3～4 拍吸左腿；5～6 拍左腿后退成右点地立，屈膝半蹲；7～8 拍成并立。
	躯干与手臂	1～2 拍直臂前举 A；3～4 拍上举 V；5～6 拍左手扶髋右手扶膝；7～8 拍还原。
	面　向	1～6 拍 7 点；7～8 拍 1 点。

第九个八拍

1~4　5　6　7　8

动作说明	下　肢	1～4 拍左脚开始弧线走，低头；5～7 拍开立摆髋，8 拍成并立。
	躯干与手臂	1～4 拍屈臂 H，5 拍右手 X，左手上举 V，6 拍同 5 拍方向相反，7 拍同 5 拍，8 拍同 6 拍。
	面　向	1～4 拍 2 点、4 点、6 点、1 点，5～8 拍 1 点。

第十个八拍

1　2　3~4　5　6　7　8

动作说明	下　肢	1～2 拍右腿上步；3～4 拍并立转体 360 度；5～8 拍开立左右摆髋。
	躯干与手臂	1～2 拍 T；3～4 拍上举 A；5～8 拍双手扶髋。
	面　向	1～2 拍 2 点；3～4 拍转体；5～8 拍 1 点。

第十一个八拍

1~2　　3~4　　5~8

动作说明	下　肢	1～2 拍开立半蹲；3～4 拍吸右腿转体 360 度；5～8 拍开立。
	躯干与手臂	1～2 拍左手 T，右手前举；3～4 拍转体小 T；5～6 拍上举 V；7～8 拍点头。
	面　向	1～2 拍 1 点；3～4 拍转体；5～8 拍 1 点。

第十二个八拍

1　～　8

动作说明	下　肢	1～8 拍跑步。
	躯干与手臂	自由欢呼。
	面　向	自由。

第十三个八拍

动作说明	下　肢	弓步。
	躯干与手臂	上举 V。
	面　向	1 点。

主要参考文献

1. 肖光来，马鸿韬，张平. 健美操[M]. 北京：人民体育出版社，2004

2. 黄宽柔，姜桂萍. 健美操　体育舞蹈[M]. 北京：高等教育出版社，2006

3. 黄宽柔，周建社. 健美操　团体操[M]. 桂林：广西师范大学出版社，2000

4. 王洪. 健美操教程[M]. 北京：人民体育出版社，2000

5. 黄宽柔. 艺术体操与健美操[M]. 广州：广东高等教育出版社，2003

6. 王洪，杨晓龙. 从规则变化分析竞技健美操的发展趋势[J]. 首都体育学院学报，2006，18(1)：97—99

7. 马桂霞. 健美操普修课教程[M]. 天津：天津科学技术出版社，2005

8. 马鸿韬. 健美操运动教程[M]. 北京：北京体育大学出版社，2007

9. 张莹. 国家级健美操指导员培训教材. 北京：国家体育总局体操运动管理中心，2001

10. 体操运动管理中心中国健美操协会. 国际体操联合会竞技健美操竞赛规则 2009—2012 年版，2008

11. 马鸿韬. 竞技健美操[M]. 北京：高等教育出版社，2005

12. 田麦久. 运动训练学[M]. 北京：高等教育出版社，2006

13. 车晓波. 体能训练理论与方法. 上海体育学院自编教材系列，2003

14. 黄宽柔，姜桂萍. 舞蹈与健美操[M]. 北京：高等教育出版社，2001

15. 李秉德，李定仁. 教学论[M]. 北京：人民教育出版社，2001

16. 韩宏飞. 现代体操教学理论与方法[M]. 北京：北京师范大学出版社，2001

17. 王振明. 简明体育课程教学论[M]. 北京：北京师范大学出版社，2009

18. 金钦昌. 学校体育学[M]. 北京：高等教育出版社，1994

19. 田野. 运动生理学[M]. 北京：高等教育出版社，2003

20. 王瑞元. 运动生理学[M]. 北京：人民体育出版社，2002

21．樊超．竞技健美操表现力探索[J]．西安体育学院学报，2004，(S1)

22．黄璐．对我国竞技健美操发展战略的探讨[J]．首都体育学院学报，2005，(02)

23．桑国强．我国竞技健美操专业化发展趋势之研究[J]．山东体育科技，2001，(04)

24．熊萍．健美操操化动作力度训练的初步研究[J]．江汉大学学报(自然科学版)，2003，(03)

25．王保华．大学音乐[M]．北京：中国科学文化出版社，2003

26．林克明．科学健身 增强体质 抵御非典[J]．多媒体世界 2003，(03)

27．刘玉雯．科学健身不容忽视[J]．长寿，2007，6(35)

28．李忠东．科学健身[J]．安徽科技，2007，(7)：27

29．张宗国．论科学健身[J]．菏泽师专学报，1999，11(91～93)

30．凌月红．体育健康教育与运动处方[M]．北京：北京体育大学出版社，2004

北京师范大学出版集团
BEIJING NORMAL UNIVERSITY PUBLISHING GROUP
北京师范大学出版社
高教分社
人文室

地址:北京新街口外大街19号　邮编:100875
电话:010—58802695　传真:010—58802695
网址:www.bnup.com.cn

高教分社人文室工作人员填写:

来源:电话/传真/信函/电邮/巡展/活动/会议/其他____

获表日期:____年____月____日　签收人____

处理时间____　用途:新建/更新　责任人____

教师用免费教材样本申请表

请您在我社网站上所列的高校体育类教材中选择样书(每位教师每学期限选1～2种),以清晰的字迹真实、完整填写下列栏目,并由所在院(系)的主要负责人签字或盖章。符合上述要求的表格将作为我社向您提供免费教材样本的依据。本表复制有效,可传真或函寄,亦可发e-mail。

姓名:________　主要授课专业:________

学历:□专科 □本科 □硕士 □博士 其他:________(海外经历可一并注明)

职称:□助教 □讲师 □高级讲师 □副教授 □教授 □硕士生导师 □博士生导师　其他:________

职务:□教研室主任 □系副主任 □系主任 □副院长 □院长 □无职务 其他:________

学校全称:________(若必要请注明所在校区)

学校地址:________　邮编:________

所在院、系、教研室:________

电话区号:____办公电话:____宅电:____手机:____e-mail:____(必填项)

授课科目1:____学生人数____所用教材是____出版社出版的《____》

教学层次:□中职中专 □高职高专 □本科 □硕士 □博士 其他:________

授课科目2:____学生人数____所用教材是____出版社出版的《____》

教学层次:□中职中专 □高职高专 □本科 □硕士 □博士 其他:________

教材指定者:□本人　其他:________

所需要的教材样本书名	作者	定价

您认为本书有何缺点,具体应如何修改(可另附纸,您的意见被采纳后我们将酌付酬谢):

您近期高校文科教材方面有何写作计划:

您最重要的科研与教学成果:________

院(系)负责人签章:________　联系电话:________

感谢您对我社的信任,很荣幸接受您的意见和建议,祝您健康快乐!

欢迎您从我社高教分社网站 http://gaojiao.bnup.com.cn"资源下载"栏目下载教学课件!